KB150783

인민

THE PEOPLE
by Margaret Canovan

프리즘 총서 020
인민

발행일 초판 1쇄 2015년 9월 15일 | **지은이** 마거릿 캐노번 | **옮긴이** 김만권
펴낸곳 (주)그린비출판사 | **펴낸이** 임성안 | **편집** 김현정 | **디자인** 이민영 | **등록번호** 제313-1990-32호
주소 서울시 마포구 동교로17길 7, 4층(서교동, 은혜빌딩) | **전화** 02-702-2717 | **이메일** editor@greenbee.co.kr

ISBN 978-89-7682-790-6 93300
이 도서의 국립중앙도서관 출판시도서목록(CIP)은 서지정보유통지원시스템 홈페이지(http://seoji.nl.go.kr)와
국가자료 공동목록시스템(http://www.nl.go.kr/kolisnet)에서 이용하실 수 있습니다.(CIP제어번호: CIP2015023267)

인민

마거릿 캐노번 지음 | 김만권 옮김

한국어판 서문

이 책이 처음 출간된 이래, 많은 정치적 사건들이 '인민'이란 개념이 지닌 다양하고 상충하는 의미를 명료히 할 필요성을 분명히 보여 주며 이 개념을 부각시켜 왔다. 예를 들어, 모든 체제 변화는 '인민의 의지'를 표현할 수 있는 새로운 질서를 요구한다. 경계 갈등 역시 일반적으로, 한 특정한 인민의 분리독립을 통한 혹은 나뉘어 있는 인민의 재통합에 의한, 인민의 자기 결정권에 대한 주장과 연관되어 있다. [민주정체에서도 인민은 여전히 쟁점이 되는데] 거의 모든 민주국가에서, 선거는 당연히 인민에게 호소하는 것이지만, 권력을 '인민에게 되돌려 주자'고 요구하는 대중영합적 운동이 인민을 대의하기로 되어 있는 정치가들에게 도전하는 사례 또한 점점 늘어나고 있다.

이런 모든 익숙한 정치적 수사의 저변엔 어려운 이론적 문제들이 숨어 있다. 주권 인민sovereign people은 실제 어떤 존재일까? 왜 주권 인민은 궁극적 정치 권위일까? 우리가 어떤 특정한 상황에 처했을 때 '인민의 의지'가 무엇인지 알 수 있긴 한 것일까? 가장 근본적으로, 인민이란 이 개념이, 정치인들을 위한 단순한 하나의 조작 도구라는 측면에서 [허구로서의] 신화인 것a myth일까, 아니면 [정치적 구원이라는] 좀더 긍정적인 측면에서 신화적mythical이라 할 수도 있는 것일까?

현재 세계에서 일어나고 있는 사건들은 이런 쟁점들이 앞으로 더욱 꾸준히 제기될 것임을 시사하며 지속적으로 인민에 주목하도록 만들고 있다.

2015년 5월 스태퍼드셔에서
마거릿 캐노번

감사의 말

필자가 이 책을 시작할 수 있었던 것은 킬대학교와 인문학 연구위원회가 내어 준 연구안식년 덕분이었다. 그리고 록펠러 재단이 몇 달 동안 벨라지오에 제공해 준 주거 시설 덕분에 이상적인 환경에서 이 책을 끝맺을 수 있었다. 심사위원으로서 마이클 프리덴, 이브 메니, 노엘 오설리번, 비쿠 파레크는 관대하게 지지와 격려를 해주었다. 이 책의 몇몇 부분은 학술 회의 혹은 세미나에서 논의한 글에서 나온 것이다. 그 부분들을 맡아 읽어 준 분들이 필자에게 많은 가르침을 주었다. 이 책의 몇몇 구절은 이브 메니와 이브 수렐이 편집한 『민주정체와 대중영합주의의 도전』*Democracies and the Populist Challenge*, 2002의 「인민에게 정치를: 민주주의의 이데올로기로서 대중영합주의」Taking Politics to the People: Populism as the Ideology of Democracy(25~44쪽)와 『정치 이데올로기 저널』*The Journal of Political Ideologies* 9권 3호(2004)에 펴낸 논문 「왜 정치 이론가들은 대중영합주의에 관심을 기울여야 하는가?」Populism for Political Theorists?(241~252쪽)에 이미 실었던 것들이다.

[참고자료와 관련해서는] 『정치 사상에서 로마공화국』*The Roman Republic in Political Thought*, 2002의 원고를 출간 전에 미리 볼 수 있었는데 이 책의 저

자인 퍼거스 밀라에게 감사한다. 버나드 야크는 곧 출간 예정인 자신의 저서 『민족과 개인: 근대의 정치적 삶에서 우연성, 선택, 공동체』*Nation, and Individual: Contingency, Choice, and Community in Modern Political Life*[1]를 읽어 볼 수 있도록 해주었을 뿐만 아니라, 내 원고의 대부분을 읽고 유익하면서도 힘이 되는 비평을 해주었다. 로버트 다이슨은 2장 원고를 보고 로마와 중세에 관한 나의 무지를 덜어 주기 위해 최선을 다했다. 킬대학교의 이전 동료들, 특히 앤드루 돕슨, 로즈메리 오케인, 히데미 스가나미가 몇몇 장의 초기 원고에 유익한 논평을 해주었다. 그리고 존 허튼과 에이프릴 카터에게 특히 많은 빚을 졌는데, 두 사람은 이 책 전체를 읽고 날카로운 비평과 함께 건설적인 제안을 해주었다. 마지막으로, 변함없이 인내하고 성원해 주는 남편에게 고마움을 전한다.

---

1) 현재 동일한 제목으로 출간된 저서는 없으며, 2012년에 『민족주의와 공동체의 도덕 심리』(Bernard Yack, *Nationalism and the Moral Psychology of Community*, Chicago: The University of Chicago Press)가 출간되었다.

차례

| 일러두기 |

1 이 책은 Margaret Canovan, *The People* (Cambridge: Polity Press, 2005)을 옮긴 것이다.

2 본문의 주석은 모두 각주로 표시했다. 원저자 주는 '[원주]'라고 표시했으며, 옮긴이 주는 따로 표시하지 않았다. 본문 내용 중 옮긴이가 추가한 내용은 대괄호([ ])로 묶어 표시했다.

3 원서에서 이탤릭체로 강조한 표현들은 고딕체로 표시했다.

4 단행본·정기간행물 등에는 겹낫표(『 』)를, 논문 등에는 낫표(「 」)를 사용했다.

5 외국 인명·지명은 2002년 국립국어원에서 펴낸 '외래어 표기법'에 따라 표기했다. 다만 관례로 굳어서 쓰이는 것들은 관례를 따랐다.

모든 인민들은 자기 결정권을 갖는다
이 권리의 미덕으로 인해 모든 인민들은 자유롭게
자신들의 정치적 지위를 결정하고
자신들의 경제·사회·문화 발전을 추구한다

1장/ 서론

'우리, 미국 인민'We, the people of the United States이 자신들의 권위를 미국 헌법에 부여한 지 200년이 지났다. 이후 두 세기가 지나는 동안, 인민의 동의가 정당한 정부의 기반이라는 원칙은 상식이 되었다. 당대의 정치에서 '인민'[1]은 떨쳐 버릴 수 없는 말이다. 정치가들이 선거에서 거둔 승리가 인민의 요구였다며 축배를 들 수도 있지만, 이 정치가들의 정책에 반대하는 이들은 논란이 되는 쟁점을 인민 스스로 결정해야 한다고 요구하거나, (고전적인 대중영합주의자들의 울부짖음에서 볼 수 있듯) 심지어 정치 권력을 정치가들로부터 회수해 '인민들에게 돌려주자'고 요구할 수도 있다. 안정적인 민주주의 정치가 이뤄지지 않는 곳에선, 인민에게 호소할 때 더 많은 것의 성패가 좌우된다. 1989년 동부 유럽에서 공산주의의 붕괴는 '인민

---

1) 북한이 '인민'이라는 용어를 선점한 탓에 the people의 의미를 보다 폭넓게 수용할 수 있는 번역어로서 '인민'은 우리 사회에서 쓰기에 부담스러운 용어가 되었다. 그 대신 인민의 단편적 측면만을 보여 주는 '국민'이라는 용어가 일반적으로 쓰이고 있다. 모든 말에 '국민'이라는 말을 습관적으로 붙이는 정치가들을 떠올리며 '인민'이란 단어에 '국민'이란 말을 대입해 보면, '인민'이 떨쳐 버릴 수 없는 말이 되었다는 캐노번의 설명이 쉽게 이해될 것이다.

권력'people power이 벌인 거대한 시위로 인해 촉발되었다. 인민 권력은 소위 '인민 민주주의'People's Democracy의 자격[을 누가 가져야 하는지]에 도전했다. 1989년 동독 시위대는 '우리가 인민이다'We are the People라고 소리 높여 외쳤다. 정권, 당신이 아닌, 우리 시위대가 인민이라는 뜻이었으며, 이는 권위와 권리가 자신들에게 있다는 의미를 담고 있었다. (국제연합의 선언들이 승인하듯) 어떤 '인민'이든 자기 운명을 스스로 결정할 수 있는 권리를 갖는다는 신념은 그 무엇보다 체제 전복적인 것이다. 공산주의가 붕괴된 이후 이어진 10여 년 동안, 경쟁 관계에 있는 '인민들'이 이런 권리를 요구하자 발칸반도와 그 이외 다른 곳에선 혹독한 전쟁이 일어났다.

인민이 경계,[2)] 헌법, 정체, 정책을 두고 이에 대해 명백하게 정당성을 부여할 수 있는 [근거가 되는] 까닭에, 모든 집단과 이익 단체가 자신이야말로 이 인민을 대변한다고 주장할 만한 유인을 지닌다. 그렇기에 인민이란 용어가 우리에게 익숙한 만큼이나 애매하다는 점은 전혀 놀랍지 않다. 모든 사람이 떠들어대는, 자기야말로 인민의 목소리라는 주장은 이 용어가 지닌 의미를 흐린다(현대 민주정치가 출현하기 오래전부터 사실상 이미 이런 과정이 진행되고 있었다). 현재 존재하는 인민이란 말의 모호성은, 이 용어가 수 세기 동안 정치적 논쟁에 쓰이면서 생겨난 유산이다. 17세기 영국, 찰스 1세의 적들이 인민이란 개념을 내세웠을 때 이에 맞서 공격에 나선 왕당파의 로버트 필머 경Sir Robert Filmer은 "인민이란 말에는 일치된 의미조차 없다"는 사실까지 지적해 냈다(Filmer 1949: 252). 당시 주권 인민이란 말을 사용하고 적용하며 확장한 이들은 의회파와 수평파였는데, 이

2) 여기서 boundaries는 '국경'이 아닌 '경계'로 번역했다. 예를 들어 분리독립 운동의 경우는 한 국가 내 경계의 문제이기 때문이다. '인민의 경계'와 '국가의 경계'는 상이하다.

들이 쓴 용어들은 오래전 고대 로마 정치가들이 자신의 계획에 포풀루스populus [3]가 동의한다는 주장을 펼쳤을 때 사용한 말들을 반영했다.

많은 의미가 경쟁하며 논란을 겪은 다른 용어들과 마찬가지로 인민 역시 여러 작은 의미가 모여 집합을 이루고 있고, 이 중 많은 의미가 서로 양립할 수 없는 것들이다. 일부 몇몇 측면은 다른 언어로 옮기기 용이하지만 그렇지 않은 다른 측면도 있다. 영어에서 쓰는 인민이란 용어는 다른 유럽 언어들에서 사용되는 인민이란 용어와 기본적으로 세 측면에서 동등한 쓰임새를 지닌다. 첫째, 주권으로서 인민. 둘째, 민족으로서 인민들. 셋째, (과거에는 '평민'common people이라고 불리던) 지배 엘리트와 상반된 입장의 인민이 그것이다(Mény and Surel 2000). 비록 이 세 관점conception [4]이 언급하는 정체성이 서로 다르고 모두 이런저런 방식으로 문제가 있긴 하지만 이 세 관점 모두 집단적인 정치적 정체성을 나타낸다. 그러나 현대 민주정치의 주제들을 형성하는 데 상당히 기여한 영미권 담론에서 (관사 없이 쓰일 때) '피플'people [5]은 또한 인간 그 자체, 다시 말해 일반적인 개인들human beings, individuals in general을 뜻하기도 한다. 이런 용어의 쓰임새

3) '포풀루스'는 로마의 인민을 말한다. 현재 쓰이는 인민이란 말은 시대, 언어, 지역에 따라 조금씩 의미가 다른데, 여기서는 로마의 인민이란 의미를 정확하게 하기 위해 '포풀루스'라는 용어를 그대로 썼다.

4) Conception과 concept를 '개념'이라고 동일하게 번역하는 경우가 있으나, conception은 '개념'보다는 '대상을 바라보는 관점'을 의미한다. 이는 특히 현대 자유주의 및 민주주의 정치 철학에서는 엄격하게 구분되는 표현이다. 예를 들어 concept of the sovereign people은 '주권 인민'의 개념이지만 conception of the sovereign people은 '주권 인민관'이다. 이처럼 conception은 우리말로 '관'(觀)으로 옮기는 것이 좋으나 명확하게 표현할 수 없는 경우엔 '관점'이란 말로 옮겼다.

5) '사람들'이라고 옮기는 것은 적절하지 않아, 관사 없이 쓰이는 표현에 한정하여 people은 부득이하게 영어 발음 그대로 '피플'이라 옮겼다.

는 ['인민'이란 말의] 좀더 분명한 정치적 측면과는 문법적으로 분리된 것이기는 하지만, 관사 없이 쓰이는 피플의 의미는 다음의 두 가지 또 다른 정치적 모호성을 유발하며 이 용어가 다른 방식으로 쓰이는 데 영향을 미치고 있다. 첫째, 관사 없는 '피플'이란 말은 '주권 인민'이 하나의 집단적 결속체a collective body[6]일 뿐만 아니라 개인들로 이루어진 하나의 집합체a collection of individuals로 보이게끔 만든다. 둘째, 이는 또한 은연중에 [일반 사람들로서] '피플' 및 이들의 권리가 [집단으로서] '특정한 인민들'particular peoples을 구별 짓는 경계들을 넘어서는 보편적인 것이란 의미를 함의한다.[7] 이러한 추가적 측면들은 앵글로아메리카의 전통에서 나온 사상과 담론을 혼란스럽게 하면서도 한편으로는 풍성하게 해왔다. 그러므로 이 책은 특히 (반드시 그렇게만 하겠다는 것은 아니지만) 이러한 전통에 관심을 기울일 것이다. 2장에서는, 이후에 이어질 좀더 분석적인 장들을 위해 밑그림을 마련하면서, 현재 인민의 [의미의] 불명확성 뒤에 놓여 있는 논쟁들을 통해 이 용어가 적응하며 지나온 긴 역사를 간략히 살펴볼 것이다.

인민의 모호함은 이 용어가 지닌 정치적 유용성의 표시이다. 서로 다

---

6) 이 책에서 collective는 문맥에 따라 '집단적인' 혹은 '결속된'으로 옮겼다. 관련하여 collectivity는 주로 '결속체'로 번역했으며 문맥에 따라 '집단체'로 번역했다. collectivity의 은유적 표현이 일상화되어 정착된 body란 용어는 이 은유적 표현이 담고 있는 하나의 집단으로서 단일성을 표현하고자 주로 '집결체'로 번역했다. 사실상 '결속체'와 '집결체'는 거의 동일한 의미이며, 원문에서 쓰인 표현의 구분을 위해 달리 썼다. collective body와 같은 경우 사실상 collective에 방점이 있음을 고려해 '집단적 결속체'로 번역했다.

7) People이란 용어가 관사 없이 '인간'이란 의미를 지닐 때 이것이 보편적 인류를 뜻하는 의미가 되어 이들의 권리도 마치 보편적인 것처럼 보인다는 의미다. 정확하게 일치하는 것은 아니지만, 관사와 같이 쓰일 때 people은 집단 간 경계를 만들어 '시민권'과 유사한 의미의 권리를 만드는 반면, 관사 없이 쓰일 때는 집단 간 경계를 없애며 '인권'과 유사한 의미의 권리를 만든다는 뜻으로 이해하면 좋을 듯하다.

른 많은 정치적 대의명분이 서로 다른 시기에 점유해 쓰면서, 이 용어의 의미는 이런 서로 다른 상황에 알맞도록 신축성 있게 변모해 왔다. 하지만 인민을 대중영합주의적인 정치가들이 쓰는 공허한 수사로 일축하는 것은 오류일 수도 있다. 인민의 개념의 불명확성과 이런 흐릿한 의미를 명확하게 하려는 시도에는 그럴 만한 좋은 이유들이 존재한다. 인민이란 개념을 정의하기 매우 어렵게 하는 이 모호함은 정치적 갈등의 역사뿐만 아니라 이런 갈등과 연루된 실제적인 쟁점들을 반영하고 있다.

인민의 [개념에 내재해 있는] 문제들은 두 가지 측면에서 각각 두 가지 다른 범주로 간략하게 나눌 수 있다. 우선 외부와 내부라는 경계와 관련된 쟁점이다. 한 [구체적 개별] 인민^one people^은 다른 인민^another^ 혹은 인민 일반^people in general^[8]과 어떻게 구별되는 것일까? 또한 '인민'은 정치 공동체의 한 부분을 의미하는 것일까 아니면 전체를 의미하는 것일까? 둘째, 대체 주권 인민의 권위라는 건 무엇일까? 이런 권위가 행사될 수는 있는 것이며 명백하게 인식이라도 할 수 있는 것일까? 인민은 신화보다 더 견고한 다른 어떤 기반을 지니고 있는 것일까? 1장의 나머지 부분에선 이와 관련된 쟁점들을 요약해 보려 한다.

1. 인민의 정체성 찾기

정치적 권위의 궁극적 원천을 형성하는 '인민'은 누구일까? 그 분명한 답

---

8) 캐노번은 people in general을 '모든 인류'(all humanity)라는 말과 동일한 의미로 쓰고 있다. 여기서는 '인민 일반'으로 옮기는데, 이 용어가 모든 사람을 포용하는 한 인민이라는 의미와도 맞닿아 있기 때문이다.

은 아마도 '국제연합에 속한 각국의 인구를 구성하는 성인들'일 것이다. 하지만 이는 너무나 단순화된 답이다. 우리는 한 국가가 지닌 외부 경계들이 한 인민이 지닌 경계들과 서로 상응한다고 당연시해서는 안 된다. 내부를 들여다보면 이런 상황은 한층 더 복잡하다. 우리가 정체the polity를 하나의 전체로서 언급하는 반면, 하나의 범주로서 인민은 종종 [전체] 인구 구성원population[9]보다는 더 좁은 개념으로 쓰여 왔다. 이 말이 특권을 가진 시민들이 이룬 배타적 집단을 언급하거나 때로는 (그와는 반대로 그리고 혼란스럽게도) 엘리트 집단에서 배제된 사람들인 '평민'을 뜻하는 말로도 쓰였기 때문이다. 내부적으로나 외부적으로나 인민의 불명확한 경계들은 민주정치를 지속적으로 괴롭히고 있는 갈등과 딜레마를 반영하고 있다.

우리 자신과 타자들

자기 결정권을 확실히 보유한 '인민들'이 누구인지는 현존하는 국가의 경계를 따라 때때로 규정될 수도 있을 것이다. 사실 자기 결정권을 인정하는 국제연합 선언들을 이끌어 냈던 이들은 인종문화 집단[10]의 분리독립보다는 탈식민지화를 염두에 두었다. 그러나 이 개념이 지닌 힘의 대부분은 이

---

9) 여기서는 population이 특정 영토 내의 인구를 의미하는 말로 쓰이기에 그 의미를 분명히 하고자 '[전체] 인구 구성원'이라고 옮겼다. 그러나 앞으로는 문맥에 따라 인구 구성원을 좀더 우리에게 익숙한 '주민'이라는 말과 함께 쓰고자 한다. 이 책에서 '전체 주민'이라고 할 때는 population을 뜻하며, 주민이라고 쓰인 표현이 population이란 용어에서 직접적으로 나오지 않은 경우는 '주민 전원 투표'(referendum)가 유일하다.

10) 우리말에서 race와 ethnicity는 거의 구별되지 않은 채 '인종'이란 말로 번역돼 쓰이고 있다. 실제 우리 역사에서는 이를 구별해야 할 필요성이 거의 없었기 때문이다. 그러나 우리가 흔히 '인종 청소'라고 부르는 것의 원래 개념은 우리말로 치자면 '인종문화 집단 청소'에 더 가깝다. 실제 ethnicity는 race보다 훨씬 문화적인 개념이다. 이런 까닭에 이 책에서는 ethnicity와 관련된 용어는 '인종문화'라는 말로 옮겼다.

개념이 이런 경계들에 도전하는 데 쓰일 수도 있다는 가능성에 있다. [인민의] 자기 결정권을 매우 격렬하게 경쟁적으로 주장하는 이들을 보면, [국가의] 경계와 인민이 서로 일치하지 않는(다는 주장이 있는) 곳에 사는 이들이다. 하나의 인민이 현존하는 경계를 넘어서 존재하는 경우도 일부 있다. 1989년 라이프치히에서 시위대가 외친 '우리가 인민이다'We are the people라는 구호는 재빠르게 '우리는 하나의 인민이다'We are one people로 바뀌었다. 이 말은 자신들이 서독의 주민과 같은 하나의 인민이란 뜻이었다. 동서독의 각 경계에 존재했던 사람들 중 많은 이가 이제 그 시절을 뒤돌아보며 당시 진정 오로지 하나의 독일 인민이 존재했는지에 대해서는 덜 확신할지 몰라도, 하나의 독일 인민이란 그 신념이 유럽의 정치 지형을 바꾸었음을 거부하는 이는 없다. 인민의 진정한 경계를 두고 이런 일치된 관점과는 대조적으로, 유고슬라비아에서 공산주의의 붕괴는 자신들이 분리된 [또 다른] 인민들이라고 재빠르게 주장했던 소수집단들로 인해 분리독립 운동에 이르게 되었다. 이는 곧장 내전으로 바뀌었고 다른 인민에 속해 있다고 여겨지는 이들을 겨눈 '인종문화 집단 청소'로 변모해 갔다.[11)]

독일과 유고슬라비아의 사례를 보면, 인민은 인종문화적-민족적 관점에서 이해되었는데, 왜 이러해야 하는지 설득력 있는 이유들이 존재한

11) 이 갈등의 절정은 우리에게 잘 알려진 코소보 사태이다. 유고슬라비아 연방의 세르비아 코소보 지역이 자치권을 박탈당하자 이 지역 인구의 다수를 이루고 있던 알바니아인들이 분리독립을 시도하며 갈등이 빚어졌다. 이에 세르비아가 중심이 된 유고슬라비아 연방이 코소보 지방의 알바니아인들을 공격하기 시작했는데, 문제는 연방이 민간인들을 학살하기 시작하고, 이를 두고 코소보 지방의 알바니아인들이 인종문화 집단 청소라고 주장한 데서 비롯됐다. 이후 학살을 막는다는 명분으로 NATO가 개입하며 사태가 급격히 악화되었다. 이로 인해 국제사회의 인도주의 개입의 한계가 어디까지인가라는 논란이 본격화되었다. Tim Judah, *Kosovo: What Everyone Needs to Know*, Oxford: Oxford University Press, 2008을 참고하라.

다. 그러나 공화주의자들과 국제주의자들internationalists은 하나의 자치 인민a self-governing people이 이런 유형에 꼭 들어맞아야 할 필요는 없다고 주장한다. 인민 주권관이 최초로 명확하게 제시된 곳은 도시국가들이지 민족[국가]들이 아니었다. 더 최근의 경우를 보면 어떤 이들은 미국을 강력한 정치적 연대성을 지닌 하나의 단일 인민이 인종적 다양성이란 조건 속에서도 성립될 수 있다는 가능성을 보여 준 사례로 간주하곤 한다. [이런 미국의 사례를 염두에 두었던] 유럽의 선지자들이 바라는 것처럼 유럽연합은 연합을 구성하는 여러 인민을 하나의 단일 인민으로 묶어 낼 수 있을까?[12)] 그렇다면 유럽연합 혹은 인민에게서 권위를 부여받았다고 주장하는 정체들이 그 자체로서 [지구적인 차원에서는 자신들과 동일한] 사람들임이 너무도 분명한 이주자들에 맞서 자신의 경계를 봉쇄하는 일은 어떻게 정당화될 수 있는 것일까? 인민 주권과 자기 결정권은 모든 곳에 존재하는 모든 사람all people을 포함해야만 한다는 주장을 할 수는 없는 것일까? 이렇게 인민의 외부 경계들로 인해 제기되는 쟁점들은 3장에서 살펴볼 것이다.

부분과 전체

우리가 외부 경계를 정의하는 이런 문제들을 무시할 수 있다고 가정하면, 모든 특정 정체를 이루는 인민은 정체 경계 내에 있는 전체 주민이라는 점

12) 유럽연합은 그 자체로는 지역 기구이지만 이 기구를 기초한 이들은 유럽연합이 세계시민주의 입장에서 통일된 정치체로 작동할 수 있도록 설계했다. 이런 점에서 유럽연합은 인민들을 유럽시민(European Citizens)이라는 새로운 정체성을 통해 하나의 단일 인민으로 만드는 프로젝트이기도 했다. 유럽 인민과 시민권의 문제를 다룬 저서로는 Étienne Balibar, *We, the People of Europe?: Reflections on Transnational Citizenship*, Princeton: Princeton University Press, 2004를 참고하라.

이 명백해질 수도 있을 것이다. 하지만 성원권[membership]이란 이 영역은 그렇게 단순한 것이 아니라, 인민과 관련해 가장 알 듯 모를 듯하면서도 동시에 가장 심각한 모호성들의 온상이다. 그 오랜 전통에서 보면 (인민 이전의 포풀루스나 데모스[demos13)]와 같이) 인민이란 이 용어는 전체 정치 공동체와 그 내부에 있는 좀더 작은 집단 두 가지 모두를 의미하는 말로 쓰였다. 게다가 자기 정체성을 인민으로 내세운 집단이 소외된 대부분의 사람들과는 동떨어진 정치 엘리트였던 경우가 종종 있었을 뿐만 아니라, 동시에 '인민'이란 이 용어는 배제된 하층민을 의미하는 말로도 자주 쓰여 왔다. 기존 정치 질서에 도전하는 급진주의자들의 관점에서 보았을 때 이런 모호함은 유용한 지렛대였다. 영국에서 투표권 쟁취를 위한 긴 투쟁은 '평민'이 제기한 주장과 결탁되어 있었는데, 평민들은 자신 역시 인민이며 실제 진정한 주권 인민(전체 정체)의 가장 큰 부분이기에 자신들이 함께하여 압도적 표를 통해 기득권을 지닌 정치적 인민[the privileged political people14)]을 물리칠 권리가 있다고 주장했다.

보통선거권이 평민의 개념과 엘리트 '인민'이라는 오래된 개념에 근거해 부여돼 왔음에도, '인민'의 탄력적인 내부 경계들은 여전히 엄청나게 정치적으로 중요하다. 대중영합주의자들은 정치가들과 특정 이익 단체들이 인민에게서 권력을 훔쳐갔다고 지속적으로 울부짖고 있다. '인민에게

---

13) 데모스는 아테네를 중심으로 이루어진 그리스 아티카 지역(디메스[Demes]라 부른다)에 살던 시민들을 이르던 말이다. 이 용어와 관련해서는 Robin Osborne, *Demos: The Discovery of Classical Attika*, Cambridge: Cambridge University Press, 1985를 참고하라. 여기서도 로마의 인민을 뜻하는 포풀루스와 마찬가지로 그리스의 인민이란 의미를 분명히 하기 위해 '데모스'란 용어를 그대로 사용했다.

14) 이 맥락에서 the privileged political people은 기득권 정치 엘리트들을 의미한다.

정치를 되돌려 주자'는 요구는, 우선 '인민'이 권력을 쥔 자들과는 대조적인 세력으로 이해되면서도(이렇게 이해할 때 인민은 전체 주민 일반보다 작은 것이다), 다음으론 [상반되게] 인민이 전체로서 주권 인민의 권위를 행사하는 존재로 확대되는 모호함을 이용하고 있다. 대중영합주의자들이 (유럽에서는 어쨌든) 나쁜 평판을 받고 있을지 모르지만, 그들이 쥔 도박 카드, 인민 주권에 대한 믿음은 민주주의 그 자체에 박동하는 심장의 근저를 이루고 있다. 그렇다면 우파 독재를 위협하는 이 대중영합주의자들이 일부 측면에서 반-민주주의자로 여겨지는 것은 어찌 된 일일까?[15] 오히려 우리는 이들을, 민주주의의 진정한 원칙들을 다시 복원하려는 급진적인 민주주의자로 보아야 하는 건 아닐까? 정치 현상으로서 대중영합주의는 민주주의의 복잡한 요인들, 특히 규정하기 힘든 '인민'을 두고 우리에게 들려줄 말이 있는 것일까? 이런 쟁점들은 4장에서 논의하게 될 것이다.

2. 행위하는 주권 인민과 신화로서 주권 인민

5장과 6장에서는 소위 인민이 주권이라는 가정과 관련된 쟁점을 논하고 있는데, 누가 인민인가에 대한 질문들을 대하다 보면 이 두 장에서 탐구하고 있는 더더욱 불명확한 쟁점에 이르게 된다. 만약 정당한 권위의 원천인 인민이 궁극적인 힘을 행사할 수 있다고 한다면, 실제로 어떻게 행사할 수 있을까? 그리고 어쨌거나 이런 권위의 본질은 무엇일까? 이런 권위는 (엄격한 차원에서 볼 때) 신화적인 것일까?

---

15) 우파들이 엘리트 혹은 기득권층의 이익을 보호하려는 반면, 대중영합주의자들은 권력을 대중에게 돌려주자고 주장한다는 점에서 기존의 우파 독재에 위협이 된다는 의미이다.

우리에게 주권으로서 인민이 다음과 같이 두 가지 상당히 서로 다른 것을 의미하는 것처럼 보일 때, 우리는 위와 같은 질문들을 하게 된다. 우선 한편에서 인민은—'영국 인민' 혹은 '우리, 미국 인민'과 같은—지속적인 존재로서 역사를 지니고 그 개별 구성원을 초월하여 더 오랫동안 살아남는, 집단적이고 추상적이며 존엄성이 있는 신비스러운 어떤 하나의 독립체an entity를 말한다. 다른 한편으로 인민은 또한 개별 구성원 그 자신들, 다시 말해 독립적인 삶, 이익, 견해를 가지고 생을 영위하는 평범하면서도 변화무쌍한 사람들이 이룬 하나의 집합체를 의미하기도 한다. 언어적으로 볼 때 영어에서 인민의 이런 모호성은 언어의 문법적 불명확성과 일치한다. 영어에서 대부분의 집합 명사는 단수 동사를 취할 수도 있고 복수형 동사를 취할 수도 있다. '그 팀the team이 우승컵을 쟁취했다has won' 거나 '그 팀이 경기에서 졌다have lost'가 그 예다. 인민의 경우에는 복수가 더 일반적이다. '사람들people은 정치가들을 믿지 않는다'는 말에서 볼 수 있듯, 아마도 우리가 이 단어를 일반적인 인간들을 의미하는 말로 쓰기 때문일 것이다. 문법적으로, 우리가 '폴란드 인민은 비극적인 역사를 지니고has 있다'라고 말하고 싶다면 이렇게 [단수 동사를 써서] 말할 수도 있지만, 우리는 일반적으로 '폴란드 인민이 유럽연합에 가입할 것인지를 두고 투표를 했다have voted'는 식으로 [복수 동사를 써서] 말하는 경향이 있다. 여기서 연루된 쟁점은 단순히 언어적인 것이 아니다. 프랑스어와 독일어에서 '푀플'peuple이나 '포크'Volk가 문법적으로 단수일 수 있지만, 이는 이 결속된 독립체collective entity를 개별 구성원들이 이룬 집합체와 연관시킬 때 일어나는 문제를 풀어내기보다는 숨겨 버린다.

이 문제는 두 가지 측면에서 질문을 제기한다. 첫째, 정치 권위의 원천으로서 인민이란 개념은 어떤 분명한 혹은 실천적인 의미를 지니고 있는 것일까? 일부 개별 사람들이 행한 행위를 두고 진정으로 전체로서 인민의 권위를 수반한다고 우리가 말할 수 있는 그 어떤 특별한 조건들이라도 있는 것일까? 둘째, 도대체 무엇이 (어찌 되었거나 평범한 개별 사람들로 구성되는) 이 인민을 권위 있게 만드는 것일까? 이 개념이 지속되는 데 있어 신화는 얼마나 큰 역할을 하고 있으며, 이런 신화들은 그 어떤 견고한 기반이라도 지니고 있는 것일까?

행동하는 주권 인민

'주권 인민'이 [특정 기간 동안] 일시적인 [삶을 영위하는] 개인들이 이룬 집합체collection of transitory individuals와 세대를 넘어서 지속되는 결속된 독립체collective entity 양자 모두를 언급하는 것이라 한다면, 우리는 집합체와 결속체 간의 관계를 어떻게 이해해야 할까? 결정적으로, 인민이 그들의/그 자체의their/its 권위를 행사해 왔다have/has exercised는 말은 무슨 의미일까?[16)]선출된 정치가들은 자신이 전체 인민을 대표하며 이들을 대신해 말하고 행동할 수 있다고 주장한다. 그러나 대중영합주의 운동에서 찾아볼 수 있는 호소들은 이러한 주장을 믿기 싫어하는 유권자들의 혐오에 그 기반을 두고 있다. 5장은 두 개의 상호 보완적인 관점에서 이 쟁점을 살핀다. 우선 이론적 관점에서 볼 때, 개별 사람들이 하나의 권위 있는 집단적 인민을 형성한다는 견해는 타당한 것일까? 회사에서 축구 클럽에 이르기까지 이해할 만하고 효과적인 방식으로 권력을 소유하고 행사하는 수많은 상이

16) 저자는 집합체로서 인민(복수)과 결속체로서 인민(단수)의 모호성을 보여 주기 위해 이 양자 모두를 동시에 쓰고 있다. 이런 구분을 단수와 복수의 구별이 엄격하지 않은 우리말로 정확하게 옮길 방법은 없다. 단수와 복수의 구별이 동사와 관련될 경우 더욱 그러하다. 이런 까닭에 영문을 함께 병기하였다.

한 집단적 결속체가 있다. 그럼에도 왜 인민과 관련해서는 하나의 결속체로서 분명하게 설명하는 일이 그토록 어려운 것일까?

이 문제의 두번째 측면은 이론적이라기보다 실천적이고 제도적인 것이다. 우리가 지속되는 전체와 개인들이 이룬 하나의 집합체 양자 모두로서 권위 있는 하나의 인민이라는 명확한 개념을 형성할 수 있다고 가정한다면, 이런 인민의 권위를 행사해 왔던 행위들은 정확하게 어떤 것일까? 총선거를 통해 이런 권위가 정치가들에게 양도되는 것일까? 주민 전원 투표referendums[17)]는 주권 인민의 의지를 내보이는 것일까? [오히려] 인민의 동의는 일부 쟁점을 두고 벌이는 공적 토론의 결과를 통해 좀더 진정하게 표현되는 것은 아닐까? 혹은 '인민 권력'과 어우러진 대중 시위를 통해 더 진정으로 표현되는 것은 아닐까? [그렇다면] 인민 승인은 인민 동원popular mobilization[18)]이란 짧은 순간에 일어나는 신화 속으로 압축되어 들어가는 정치의 더욱 유동적인 측면에 해당하는 것이기에 적절한 제도적 형태를 통해서는 결코 부여될 수 없다고 결론을 내려야 하는 것일까? 6장에서는 이런 불분명한 영역에 속해 있어 규정하기 어려운 주권 인민에 대해 알아보게 될 것이다.

---

17) 국가 차원의 referendums는 우리말로 '국민 투표'라 옮길 수 있지만, 국민 투표는 referendum의 올바른 번역어라 볼 수 없다. referendum은 시, 도, 국가와 같이 여러 다양한 경계 내의 주민들을 대상으로 실시되는 것이기 때문이다. 이런 점에서 '주민 전원 투표'로 옮겼다.

18) 우리말에서 흔히 '동원'이라고 부정적으로 해석되는 mobilization은 정치적 차원에서 어떤 특정한 행위를 하기 위해 정부나 국가가 사람들을 준비시키고 조직하는 행위를 말한다. 동원은 이렇게 정치 조작과 관련되어 부정적 의미로 쓰이고 있지만, 캐노번은 이를 부정적 의미로 쓰기보다는 인민들이 스스로 적극적으로 행동한다는 self-mobilization의 긍정적 의미로 자주 쓰고 있다.

인민 권위에 대한 신화들

오늘날의 정치 투쟁에서 어떤 입장을 가지고 활동하든 모든 활동가는 자신들이 내세우는 대의명분에 대한 인민 승인을 열성적으로 주장한다. 실용적인 측면에서 인민들에게 승인을 받고자 하는 이유들은 너무나 명백한데, 모두가 유권자를 자기편으로 삼고 싶어 하기 때문이다. 그러나 정치 담론은 인민이 표뿐만이 아니라 권위를 가지고 있다는 사실을 은연중에 함의하고 있으며, 이는 더욱 곤혹스러운 문제다. 도대체 그 무엇이 인민을 궁극적인 정치 권위로 만드는가?

우리가 '인민'을 단순히 전체 주민population—평범하며 무지한 인간들의 집합체인—으로 생각한다면, 플라톤 이래 반민주주의자들이 지적해 왔듯이, 인민이 정치적 정당성의 원천으로 간주되어야 한다는 주장은 확고한 것이 아니다. 하지만 소극적 차원에서는, 통치자들에게 존재하는 여러 이익을 가능한 한 많이 알려 줌으로써 그들의 권력 남용을 제한할 수 있다는 점에서 일반 주민들을 의사 결정에 관여하게 하는 일이 가능하다고 볼 수 있다. 그러나 이렇게 냉철한 소극적 주장들은 인민 주권을 두고 벌어지는 정치 담론에서 눈에 잘 띄지 않는다. 눈에 띄는 주장들은 좀더 적극적인 어조를 지니고 있다. 이런 적극적 주장은 인민에게 주권 권위를 부여하는 일이 부패를 막는 장치 그 이상의 것이라는 점, 다시 말해 이런 부여가 당연한 권리이며 좋은 결과가 따라올 것이라는 기대를 확언하거나 은연중에 담고 있다. 우리가 1989년 동부 유럽에서 터져 나온 인민 권력을 환영하며 보였던 열광이나, 남아프리카에서 인종차별 정책이 끝난 이후 치러진 최초의 선거를 바라보며 느꼈던 파토스를 생각해 본다면, 인민이 평범한 인간 존재로서 그 이상의 속성을 지니고 있다는 의미가 주권 인민이란 개념에 담겨 있음을 인정해야만 할 것이다. 그 속성이란 수많은 이가 자신이야말로 인민의 진정한 목소리라고 주장하도록 고무하는 바로 그 신비스러운 것이며, 이런 특별한 속성은 신화 속에서 자체를 표현하는 길을 찾는다.

6장에서는 인민이 과거에 이룬 건국 신화와 앞으로 이룰 미래의 구원에 대한 신화를 살펴보고, 이런 신화들이 눈앞에서 일어나고 있는 대중 운동을 바라보는 우리 견해에 어떻게 영향을 미쳤는지에 대해 살펴볼 것이다. 그리고 6장의 후반부에서는 우리가 이런 신화적 주권 인민을 어떻게 여겨야 하는지에 대해 생각해 볼 것이다. 예를 들어 우리는 이 신화적 인민 주권이라는 개념을 단순히 조작 도구로 취급하는 냉소적인 견해를 완고히 취해야만 하는 것일까? 이런 냉소적 태도를 뒷받침하는 수많은 증거를 찾을 수 있다. 만약 누군가가 왜 이런 신화를 지속적으로 받아들이는 걸까 묻는다면, 냉소주의자들은 도덕적 확실성에 대한 인간의 갈망을 지적할 수도 있을 것이다. 확실성에 대한 인간의 갈망은 매우 줄기찬 것이라, 관습·신·왕·정당과 같이 다소 신화적인 권위들이 붕괴되자 이 권위를 다른 곳에서라도 찾기 위해 신화적[인 것으로서] 인민mythical People을 받아들이게 됐다는 것이다. 그러나 신화적 인민을 진지하게 보고자 하는 이들은, 우리가 흔히 생각하듯 인민을 하나의 정체의 건설자와 구원자로 보는 신화들이 냉소주의자의 주장보다는 더 많은 실체적 내용을 지닐 수 있다고 주장할 수도 있을 것이다. 만약 이런 신화 속에 핵심적인 진실이 숨어 있다면, 그것은 정치 권력과 정치 공동체의 기반에 대한 진실일 수도 있을 것이다. 이런 입장에서 볼 때, 신화에 숨어 있는 그 진실은 바로 평범한 개별 사람들이 공통 행위를 위해 (비록 드물게 행사될지라도) [스스로] 동원할 수 있는 잠재력을 지니고 있다는 것이다. 때때로 그런 풀뿌리 동원은 한 정권을 무너뜨릴 만큼 강력한 힘을 자아내기도 한다. 더 드물게는 그런 동원이 한 정치 공동체의 새로운 시작을 만들고 이를 지속시키는 기반을 놓기도 한다. 이런 관점에서 볼 때, 인민의 권위를 만들어 내는 그런 순간들의 희소성·우연성·일시성은 정확히 이해하기엔 너무 어려운 것일 수 있으며, 주권 인민을 너무 신비로우며 모호한 개념으로 만들어 버릴 수도 있다. 이런 측면에서 보면 행동과 권위의 원천으로서 인민은, 정치적 상상력을 줄기차게 따라다니며 괴롭히고 정치적 모험을 즐기는 이들을 유혹하는 반면, 정치를 깔끔하게 바라보고자 하는 학자들을 짜증스럽게 만드는, 실제적이라기보다는 잠재적인 존재인 경우가 좀더 많다.

이런 분석이 얼마나 설득력이 있든, 인민이 정치 신화, 정치적 수사 및 정치 이론에서 긴 역사를 가지고 있음은 아무도 부인하지 않는다. 다음 장에서는 이런 역사에서 드러나는 일부 주요 주제를 간략히 살펴보도록 할 것이다.

2장/ 인민과 그 역사

'인민'은 개념적으로 풍부한 용어이지만, 혼란스러울 만큼 모호하기도 하다. 그래서 인민 개념의 울림을 이해하려면 이 말의 역사적 깊이를 어느 정도는 알고 있을 필요가 있다. 이 개념과 관련해 전체 역사를 온전히 살펴보려는 시도는 어떻게 하더라도 이 책의 범위를 넘어서는 것이다. 그러므로 여기선 좀더 받아들일 만한 선택적인 시도로 인민의 관점에서 발생한 일부 정치 투쟁을 대략적으로 그려 보고, 이런 투쟁을 통해 갈라지기도 하고 합쳐지기도 했던 의미의 흐름들을 추적해 보려 한다. 이 장의 대부분은, 정치적 정당성의 전통적인 원천이 인민 주권이란 이름 아래 도전을 받고, 인민이 포괄적인 급진주의적 프로젝트에 아로새겨진 (17세기 영국 혁명에서 시작하는) 시기의 영미권 담론에 관심을 두고 있다. 이 급진적 프로젝트가 내세운 주장에는 보편적 범주가 있었지만, 이 보편적 급진 프로젝트는 상이한 언어와 상이한 정치 문화에서 상이한 형태를 취했다. 프랑스어의 퍼플peuple, 이탈리아어의 포폴로popolo 및 독일어의 포크Volk는 인민people과 동등한 것이 아니며 또는 이들 서로서로가 동등한 것도 아니다. 그리고 이 용어들에 얽힌 서로 다른 이야기를 여기서 다 할 수도 없다.

그러나 이러한 전통들에 있는 담론을 조금이라도 이해하고자 한다면, 먼 과거로 되돌아가 '인민'이라는 정치 용어의 뿌리라 할 수 있는 로마의 '포풀루스'에서 시작할 필요가 있다. 여기서 강조할 전통은 그리스 전통이라기보다는 로마 전통이다. 우리는 고대 아테네에서 시작된 민주주의의 역사에 익숙하다. 그러나 필자는 하나의 이상으로서 민주주의가 존중받지 못했던 기나긴 신성군주제 시대는 빠르게 넘어가고자 한다. 관련 저자들이 지적하듯, 민주주의란 용어는 미국 혁명과 프랑스 혁명 시대에는 경멸조의 의미를 함축하고 있었다. 대조적으로 포풀루스/인민이란 말은 로마의 역사·법·문학과 같은 거대한 유산을 통해 2000년 동안 살아 있었고, 이 유산은 미국 헌법의 설계자들에게 정치적 지혜의 원천이 되었다. 이 로마의 유산 내에서 보면, '포풀루스/인민'은 민주주의에는 존재하지 않았던 우호적인 함의가 담겨 있었다.

그러므로 이 장에서는 인민이란 개념이 포풀루스 로마누스populus Romanus[1)]에서 시작하여 군주제 이데올로기 담론의 일부가 되는 변화 과정을 추적해 볼 것이다. 이 담론에서 인민 주권은 처음에는 왕권을 지지하기 위해 쓰였으나, 나중에는 오히려 왕권에 맞서는 저항을 정당화하기 위해 쓰였다. 17세기 스튜어트 왕조에 맞서 투쟁을 벌였던 영국인들은 인민 주권 이론을 발전시키기 위해 이 유산에 의존했다. 그리고 이 이론은 한 세기가 지난 이후 다름 아닌 미국에서 적용되고 실천되었다. 프랑스 혁명이란 비할 데 없는 드라마가 있긴 하지만, 나는 인민에 대한 당대의 울림을 살펴보고자 한다면 **미국 혁명**의 유산에 특히 주의를 기울일 필요가 있다

---

1) 포풀루스 로마누스는 '로마의 인민'(people of Rome)이란 의미다. 캐노번은 이 의미가 생겨난 맥락 및 뜻하는 바를 이어지는 본문에서 설명하고 있다.

고 주장할 것이다. 이 미국 혁명의 유산은 영국과 미국 자체 내에서 다양하게 발전했다. 앞으로 [독자들이] 보게 될 내러티브가 선택적이며, 단순화되고, 압축된 것이란 점은 피할 길이 없다. 그럼에도 불구하고 이 내러티브가 인민을 중심으로 둘러싸고 형성된 사상 및 담론의 역사적 깊이와 그 복합성을 일부라도 전달할 수 있길 바란다.

1. 로마에서의 서곡 : 행위하는 인민

로마의 포풀루스는 누구인가 혹은 무엇인가? 우리는 셰익스피어가 로마에 대해 쓴 연극에서 포풀루스와 관련해 우리에게 익숙한 이미지를 하나 볼 수 있다. 셰익스피어는 이들을 처음에는 브루투스Brutus가, 이후에는 안토니우스Antonius가 손쉽게 선동하여 광장에 끌어모은 폭력적 군중 무리로 그리고 있다. 코리올라누스[2]는 이들을 "수많은 머리를 지닌 야수"라고 혹평했다(Shakespeare 1967: 140; 또한 Horace 1994: 57도 참조). 권력을 좇던 귀족 경쟁자들이 로마 평민plebeian의 지지를 의무적으로 모색하게 한 로마 공화국의 혼합 헌정 체제mixed constitution[3]에서는 선출된 집정관, 원로원, 민

---

2) 코리올라누스(Coriolanus)는 BC5세기경 로마 귀족을 대표해 로마 평민과 맞섰던 전설적인 지도자다. 셰익스피어는 1605~1608년 사이 「코리올라누스」라는 제목의 비극을 썼다.

3) Constitution은 번역할 때 상당히 유의해야 하는 용어다. 이 용어는 '헌법, 헌정' 등으로 번역되는 경우가 많으나 또 다른 중요한 의미는 '구성'이다. 대표적으로 우리가 알고 있는 하이에크의 『자유의 헌정』(Friedrich A. Hayek, *The Constitution of Liberty*, Chicago: University of Chicago Press, 1960)은 '구성'이란 말을 '헌정'으로 잘못 번역한 대표적인 예다. 이 책은 어떤 자유의 헌법이나 정체에 관한 것이 아니라 무엇이 자유를 구성하는지에 관한 것이다. 사회를 하나의 구성체로 보는 (특히 공화주의적) 입장에서 constitution은 그 자체가 사회의 구성물이다. 이런 구성의 관점에서 정체를 볼 때 constitution은 '헌정 체제'를 의미하기도 한다. 혼합 헌정 체제는 공화주의자들이 로마의 모델을 본받아 가장 이상적으로 여기는 헌정 체제다.

회가 권력을 함께 공유하고 있었다(Lintott 1999). 포풀루스는 대개 귀족 계급과는 대조되는 평민인 시민들을 언급하는 말이었으며, '포풀라레스' populares는 그들 자신이 대중 속으로 들어가는 계기를 만들고 대중 앞에서 활동하는 정치인들을 의미했다(Millar 1998: 12). 바로 이것이 라틴어에서 영어로 전해진 포풀루스가 지닌 의미 중 하나다. 이 양자 간의 차이가 종래에는 중요한 것이 되긴 했지만 말이다. 평민으로 이루어진 포풀루스는 시민citizens이란 뚜렷한 계급으로, 귀족보다는 열등하지만 노예와 비교해 볼 때 특권을 지닌 계급이었다. 반면, 영어에서 평민common people이란 말은 모든 하류 계층을 포함하는 말이 되었다.

그러나 이는 로마 포풀루스의 단지 한 단면일 뿐이다. 이 용어는 정체에서 그 계급이 높지 않은 부분을 언급하는 것이기도 했지만, 혼합된 정체를 구성하는 계급 모두를 포함하는 전체로서의 정체를 의미하기도 했다(Lintott 1999: 72).[4] 심지어 광장에 모인 군중으로서 포풀루스는 민회[5]에서 법을 통과시키기 위해 공식적으로 함께 모이게 되면 특정 개인과 계급, 세대를 넘어서는 결속된 독립체로 변모했다. 민회에 모인 이들이 이렇게 변모할 수 있었던 이유는 그들이 포풀루스 로마누스의 대표자로 여겨졌기 때문이다. 다시 말해 이 포풀루스는 전체 정치 공동체를 의미했던 것이다.[6] (포풀라레스의 일원이 아니었던) 키케로가 썼듯, 공화국res publica 그

4) **[원주]** 이는 그리스의 데모스에도 동일한 사실이다(Finley 1983: 1). 비록 아리스토텔레스가 강력하게 데모스의 정체성을 가난한 시민 집단으로 규정하긴 했지만 말이다(Aristotle 1992: 187, 190, 192).

5) 민회(comitia)는 로마공화국의 입법 의회이다. 이 입법 의회에서 인민이 공공사와 관련해 최종 결정을 내렸다.

6) **[원주]** 포풀루스에 내재한 이런 다른 의미들 간의 모호성은 퍼거스 밀라가 인용한 키케로 연설의 짧은 한 구절에 그대로 드러난다. 여기서 키케로는 포용적이고 세대 간의 협력적인 측면에

자체는 인민의 공통 자산res populi, 다시 말해 포용적이고 공동적인corporate 측면에서 볼 때 포풀루스가 다루는 공공사였다(Cicero 1999: xxxvii, 18).[7] 제국을 정복하고 리비우스[8]가 기록한 영광스러운 역사를 만들어 낸 것은 바로 이 세대 간에 걸쳐 있는, 민족과 유사한 형태를 지녔던 포풀루스였다(Livius 1974: 1; 또한 Feldherr 1998: 30, 218도 참조). 공화국이 종말에 이를 무렵, 영토 확장은 전체 포풀루스 로마누스 유니베르수스populus Romanus universus[9]의 확장을 가져왔고, 이 확장된 인민에 속하게 된 대다수는 인민의 주권 민회에 참가하기에는 로마에서 너무 멀리 떨어져 살고 있었다. 그러나 키케로는 하나의 인민을 만드는 것은 공통의 법과 공통의 이익에 대한 의견 일치라고 주장했다. 이런 해석은 이 확장된 로마 인민이 개념적

서의 포풀루스와, 광장에서 자기 앞에 있는 개별 평민들로 이뤄진 군중을 언급하는 포풀루스란 두 상이한 의미를 쉽사리 오가며 쓰고 있다. 이 구절을 영어로 번역하면서, 밀라는 단수와 복수 측면 간의 전환을 명확하게 하고 있다(Millar 1998: 173).

7) Res publica는 '공적 자산', '국가' 혹은 '국부', '로마공화국' 혹은 '정치'와 같이 여러 가지 의미로 쓰였다. 여기서는 '국가'의 의미로 쓰였다. res populi는 인민의 공통 자산 혹은 업무를 의미했다. 키케로는 res republica를 res populi와 동일시했는데, 이는 국가를 인민의 공통 자산 혹은 공공사와 동일시했다는 의미다. 좀더 상세한 내용은 Neal Wood, *Cicero's Social and Political Thought*, Berkeley: University of California Press, 1988, pp. 125~127을 참고하라. 여기서 '공동의'라고 옮긴 corporate란 말의 의미를 이해하기 위해선 로마에서 '공동체'(corporation)의 의미를 이해할 필요가 있다. 로마에서는 공동체의 권리(rights of corporation)라는 것이 존재했는데, 이 권리는 로마의 인민들이 집단적으로 재산을 취득하고, 계약을 맺고, 정당하게 재산을 물려받을 상속인이 될 수 있다는 것이었다. 그러므로 corporate는 공통 자산이나 계약과 관련된 사안을 인민들이 집단적으로 처리한다는 의미라 할 수 있다.

8) 티투스 리비우스(Titus Livius, BC59~AD17)는 로마의 역사가로 로마공화국을 열렬히 옹호한 『로마의 역사』(*Ab Urbe Condita*, BC27~25)라는 기념비적인 역사서를 남겼다. 역사가로서 방대한 저작을 남겼지만, 그 분량이 너무 길어 후대 사람들이 리비우스의 원 저작을 멀리하게 되었다는 점은 아이러니다.

9) 이는 모든 로마의 사람들, 즉 전체 로마 인민이란 뜻이다.

형태를 취하는 데 도움이 되었다(Cicero 1999: 18). 만약 한 인민을 만드는 것이 로마 인민의 특징인 정치적 권력의 능동적 행사라기보다 '로마다움'Romanness[10]이었다면, 이 인민은 구체적으로 도시국가라든지 공화주의 제도와 더 이상 연결고리가 없는, 좀더 거대하고 좀더 모호한 정치 공동체로 점차 변모될 수도 있었을 것이다.

그러므로 로마공화국에서 실행된 정치적 실천은 복잡한 유산을 후대에 남겼다. 로마공화국은 구체적이면서도 보편적인 형태의 정부로서 엄청나게 성공적인 예였다. [권력을 귀족과 공유하는] 혼합 정부였지만, 로마의 평민이 이룬 시민들의 커다란 결집체라는 측면에서 보자면 포풀루스는 구체적인 정치적 권력을 보유하고 행사했다.[11] 그러나 로마공화국은 또한 포풀루스를 바라보는 좀더 추상적인 두 관점을 후대에 남겼다. 그 하나는 구체적이면서도 지리학적인 측면과 연결돼 있다. 유럽의 민족국가들은 중세 군주정들이 존재했던 영토에서 성장하고 뻗어 나왔는데, 이 중세 군주정들은 [자신들의 정체를 정당화하기 위해] 공간을 넘어 오랜 시간 동안 초일상적 권력을 만들어 내고 행사했던 구체적이면서도 결속된 정치 독립체로서 로마 인민의 기억에서 영감을 얻었다. 이런 측면에서 정체를 의미하는 포풀루스는 영국과 프랑스 같은 왕국에도 적용할 수 있는 것이 되었다(Black 1992: 15; Reynolds 1984: 250~260). 그러나 로마공화국

---

10) 캐서린 톨은 Romanness가 어떤 누가 설명하거나 제약할 수 없는 개방된 범주의 용어로, 그 의미는 수많은 로마인이 사례를 통해서 이를 표현한 방식에 달려 있을 수밖에 없다고 말한다. Kathanrine Toll, "Making Roman-Ness and the 'Aeneid'", *Classical Antiquity*, vol. 16, no. 1, April, 1997, pp. 34~56.

11) **[원주]** [평민 집단으로서 포풀루스가] 원로원 계급과 비교해 **얼마나** 많은 권력을 보유하고 있었는지는 로마 시대의 역사가들 사이에서도 논란이 되고 있는 문제이다(Millar 1998).

의 종말 이후 수십 세기 동안, 포풀루스 로마누스가 문명화된 세계와 처음 동일시되었을 때, 그러고 나서 (로마가 기독교를 믿으며) 기독교 국가와 동일시되었을 때, 포풀루스를 부르는 다른 용어인 좀더 광범위하고 모호한 포풀루스 로마누스가 지배적으로 쓰이게 되었다. 4세기경 아우구스티누스는, 인민을 만드는 것은 무엇이 옳은가에 대한 의견 일치라는 키케로의 입장을 이어받아 유일하게 진정한 인민은 신의 도시에 사는 인민이라고 주장했다(Augustine 1998: 78~80). 성직자들은 이후 이 주장을 정교하게 만들었다. 그러나 '기독교인'은 광범위한 측면에서 '로마인'과 쉽사리 동일시되었고, 그럼으로써 포풀루스 데이populus Dei,[12) 즉 기독교 공화국Respublica Christina의 구성원이란 이 용어는 (적어도 일부 사람에게) 포풀루스 로마누스와 서로 바꿔 쓸 수 있는 말로 여겨졌다.

정치 권력의 차원에서 보자면, 이런 종류의 거대한 추상적인 집단들과 한때 로마 귀족들이 지지를 얻으려 애썼던 능동적인 로마 인민 간에는 커다란 차이가 있다. 그러나 되돌아보면, 이후 이어 내려온 주권 인민이라는 정치관과 관련해 로마인들이 남긴 가장 의미 있는 유산은, 아마도 로마제국의 법률가들이 힘겹게 찾아냈던, 공화주의적인 실천에 있어 구체적이고 [그 의미가] 협소한 개념의 포풀루스와 이후 이를 이어받은 추상적이고 부풀려진 개념들 간에 있는 미약한 연결고리였을 것이다. 여기서 핵심적인 사항은 로마공화국의 종말이 명확하지 않았다는 점이다. 광범위한 제국에 대한 군사 독재 이후 오랫동안 자치 도시국가의 제도적 형태가 계속 지속됐기 때문이다. 아우구스투스는 로마의 지배자였음에도 불구하고

---

12) Populus Dei는 직역하면 people of God, 즉 '신의 사람들'이란 뜻으로 기독교 세계를 이루는 사람을 이르는 말로 쓰였다.

로마의 민회와 원로원이 합법적으로 그에게 부여한 권력을 행사했고, 이후 황제들은 지속적으로 무언의 선거를 거치고 인민 권력의 대리자 행세를 했다. 이런 법적 형식성은 '렉스 레기아'lex regia라고 불리며 로마법 체계 내로 포함되었는데, 렉스 레기아는 황제가 행사하는 주권 권력이 인민을 대리함으로써 나온다는 말이었다(Homo 1929). 포풀루스 로마누스의 확장과 변모를 두고 꾸며 낸 이야기들이 쌓이고 이에 대한 의존이 높아지면서, 이후 샤를마뉴 대제의 독일인 후계자였던 신성 로마 제국의 황제들은, 황제로 선출될 수 있는 특권을 가진 일곱 명의 독일인 왕자가 (어떻게든) 로마 인민을 대표한다는 점에 근거해 이에 상응하는 정당성을 주장할 수 있게 되었다(Ullmann 1965: 145).

그러므로 '인민'은 역사적으로 아주 오랜 시간 동안 놀라운 정치적 탄력성을 지닌 말이었다고 할 수 있다. 이런 탄력성과 관련해 볼 수 있는 예는, 절대 권력을 정당화하기 위해 고안된 바로 이 렉스 레기아가 결국에는 인민의 저항을 위한 개념적 도구로 드러났다는 것이다. 중세 말의 법률가들이 해석한 것처럼(Canning 1996: 8~9), 바로 이 법적인 관점에서 만들어진 이야기들이 나중에 이어진 여러 인민 주권관을 설명하는 결정적인 원천이 되었다. 이것이 바로 **간접적 승인**indirect authorization이란 발상으로, (실제 매우 민주적이지 않은 정부 형태일지라도) 황제들과 왕들이 어떻게든 인민으로부터 자신의 권력을 이끌어 냈다는 의미이다. 이런 관점이 이처럼 발전될 수 있었던 것은 이 말에 내재해 있는 모호함 때문이었다.[13] 만약 인민 주권의 유일한 의미가 (로마공화국의 민회에서 그 예를 볼 수 있듯) 명백하게 확정된 시민 집단이 말 그대로 직접적인 정치 권력을 행사하는 것이

13) **[원주]** 낡은 병에 새로운 술을 붓는 것에 대해서는 Pocock 1987: 31을 보라.

었다면, 아테네의 민주주의 개념처럼 왕들과 황제들의 주류 정치에는 적합한 것이 아니었을 것이다. 그러나 렉스 레기아의 전통은 **모든** 정부가 인민으로부터 정당성을 끌어낼 수 있음을 은연중에 보여 줌으로써 '인민 정부'와 다른 형태의 정부 간의 경계를 침식시키는 이론적 가능성을 내보였다. 중세 초기 지배적이었던 신정주의적theocratic 문화 내에서 이런 전통은 매우 작은 씨앗이었지만, 이후에 있을 그 엄청난 성장의 잠재력을 보여 주는 것이기도 했다.

이 절을 요약해 보면 다음과 같다. 주권 인민이란 발상은 이중적 유산의 형태를 띠고 로마에서 나왔으며, 포풀루스와 렉스 레기아라는 이 두 개념적 유산은 수백 년의 시간에 걸쳐 서로 갈라져 다른 길을 갔다.

행위하는 인민이란 공화주의 유산

이 유산은 구체적이고도 배타적인 시민들의 결집체가 형성한 하나의 결속된 인민의 소유물로서, 구체적이면서도 특별한 정부 형태에 대한 기억이었다. 이후 프랑스 혁명 시기에 이르기까지 일부 사람에겐 영감과 모방의 원천이었음에도, 군주제가 정치 세계에서 압도적이었던 수 세기 동안 몇몇 도시국가 외에는 실천적 적합성은 거의 없었다.

렉스 레기아의 유산 : 예비적 인민

비록 그 시작부터 눈에 띄지는 않았지만 좀더 중요한 로마의 유산은, 일부 훨씬 덜 확정적인 측면에서 인민이 **모든** 정당한 정부의 원천이라는 것으로 심지어 황제와 왕도 이에 해당됐다. 특별하고 매우 드문 형태의 정부를 요구하는 대신, 인민 승인popular authorization이 모든 정부 형태의 뒷받침이 되었으며, 심지어 인민 권력과 가장 동떨어진 정부 형태조차도 인민의 승인이란 뒷받침이 필요하게 되었다. 이에 담긴 함의 중 하나는 인민의 동의 그 자체가 인민의 **정부**를 요구하는 일은 아니라는 점이다. 이후 토머스 홉스는 이런 함의를 상당히 즐기며 [자신의 사상을 통해 이를] 밀어붙였다(Hobbes 1983: 151).[14] 그러나 이런 모호하고도 지극히 만족스럽지 못한 발상은 두 전선에서 그 발전 가능성을 드러냈다.

우선 (실천적 차원에서 나타나는 공화주의 통치의 명확성과는 대조적으로) 당대의 통치자와 이 통치자에 대한 인민의 승인 간의 관계는 모호함이라는 안개에 둘러싸여 있었다. 과거의 한 시점에서 인민이 권력을 최종적으로 포기한 것마냥 그려지면서 인민 권위는 아주 드문 비상시에만 권력을 행사하도록 남겨진 예비적 권력으로 정립되었다. 그리고 그 이후에는 왕에게 책임을 지도록 하는 권력으로, 그다음에는 새로운 헌법을 제정할 수 있는 주권 권리로, 최종적으로는 지속적인 인민 자치 정부에 대한 주장으로 그려졌다.

더욱이 인민 그 자체, 그리고 어떻게 인민이 행동을 취할 수 있는지에 대한 견해는, 공화주의 실천에서 볼 때 그 정의와 명확성이 완전히 결여돼 있었다. 공화주의 실천을 위해선 누가 포풀루스의 일부이며 누가 그렇지 않은지를 정확하게 알 필요가 있었다.[15] 점차 각각의 분리된 왕국의 인민을 언급하는 것으로 해석된 인민이란 개념은 오랜 시간이 지나면서 전체 기독교 국가보다는 협소한 지리학적 경계를 갖게 되었다(Reynolds 1984: 250~252, 256). 그러나 사회학적으로 인민은 더 오랫동안 모호한 상태로

---

14) 홉스의 이런 사상이 가장 명확히 드러난 저작이 『리바이어던』(Thomas Hobbes, *Leviathan*, 1651)이다. 홉스는 인민의 동의가 결코 쪼개져 분리될 수 없는 주권을 만들어 내는데, 이 분리될 수 없는 주권의 실체가 군주를 통해 드러난다고 주장했다.

15) **[원주]** 그래서 로마공화국에서는 5년마다 인구 조사가 실시됐다(Lintott 1999: 115).

남아 있었는데, 적어도 17세기까지 인민은 거물이나 공동체 지도자의 형태로 천부적인 대표자들을 지닌, 세대를 초월하는 공동의 독립체로 이해됐기 때문이다. 그러므로 수 세기 동안 이런 공동의 인민을 이루는 평범한 구성원으로 존재한다는 것은 정치적 권리 혹은 책임의 형태를 전혀 취하지 않는다는 사실을 함의하고 있었다. 심지어 평민도 어떤 측면에서 이 일부로 간주될 수 있었다. 영국에서는 이런 불분명한 포용이 초기 민족적 인민 공동체의 차원에서 수월하게 이루어졌다.

다음 두 절은 예비적 권력으로 인민이라는 이런 매우 불분명한 입장을 점차적으로 정교하고 분명하게 만든 작업과 연관되어 있다. 그 시점은 미국에서 (마침내 로마 공화주의가 남긴 적절한 유산에 초점을 맞추며) 새로운 형태의 행위하는 인민이 출현했을 때까지이다.

2. 예비적 권력으로서 인민: 그림자에서 실체로

12세기경 서구 유럽에서 로마법에 대한 지식이 복원되는 가운데 렉스 레기아도 함께 복원되었다. 왕권의 권위가 [공공사를 함께 처리하는] 공동의 포풀루스에서 나왔다는 입장은 어떤 측면에서 보면 중세 왕권의 관례적이고 실용적인 필요와 매우 잘 들어맞았는데, 포풀루스의 지지가 없으면 아무 일도 할 수 없었기에 왕은 이들과 접촉할 필요가 있었다(Reynolds 1995: 380~381). 그러나 이런 모든 상황을 다 이해하고 보면, 실제로는 신정이 강력했던 당대의 정치 문화 내에서 인민의 정당성 부여의 중요성을 지나치게 과장하기 십상이다. 수 세기 동안 신성군주정과 교황의 권위는 주요 경쟁 관계에 있었다. 인민 승인이란 발상은 단순히 교황의 주장에 맞서 황제, 왕, 교회 위원회ecclesiastical councils가 수행한 투쟁을 강화하는 수단으로 논쟁거리가 되었다. 심지어 중세 후반기, 아리스토텔레스 철학이 부활하면서 세속적 지배자들이 자신들의 정당성을 입증하기 위해 싸움을 벌일 수 있는 전도유망한 새로운 영역[16)]이 생겨난 이후, 이런 발상을 정교하게 만든 이들은 어떻게 포풀루스들이 지배자들을 실제로 승인할 것인가보다는 교황에 반대하는 투쟁에 훨씬 더 많은 관심을 기울이는 경향이 있었다(Black 1992: 65~71; Canning 1996: 157~158; Tierney 1982: 58~59). 그럼에도 권력의 궁극적 원천으로서 인민에 대한 언급이 되풀이되면서, 15세기 말경에 이르자 이런 발상은 누구나 아는 것이 되었다. 하지만 이때까지도 실제 논란이 되었던 인민은 불분명한 상태로 온전히 남아 있었다[were]. 게다가 이런 상식은 왕이 반드시 인민에게 책임을 져야 한다는 발상을 함의하고 있지 않았다. 그렇다고 인민이 스스로 주권을 행사할 수 있다는 건 더더구나 아니었다(Dunbabin 1988: 515, 519; 또한 Skinner 1978: II 122, 130~133도 참조). 16세기부터 발전된 자연법과 관련된 (압도적으로 많은 라틴어) 문헌 내에서만 본다면, 인민 승인과 유사한 추상적인 입장을 군주제를 지지하기 위해 몇 백 년이라도 더 써먹을 수 있을 듯 보인다(Tuck 1991: 519~520).

이런 [명목적인 차원의] 상식을, 왕이 실제로 인민에게 책임을 져야 한다는 원칙으로 변화시키려 했던 상이한 일련의 종교 분쟁이 있었다. 이 종교 투쟁은 16세기 프로테스탄트 종교 개혁에서 시작됐다. 프로테스탄트 및 가톨릭 저술가들은 잘못된 입장에서 기독교에 헌신하는 지배자들

16) 아리스토텔레스의 형이상학 개념을 바탕으로 토마스 아퀴나스가 발전시킨 토미즘(Thomism)을 말한다. 토미즘은 이성과 신앙이 각각 독자적 근거를 지닌 인식의 원천이라 믿었는데, 이런 발상은 신앙이 이성에 우월성을 갖는 토미즘 등장 이전의 관계에서 교황이 갖고 있던 권위를 약화시켰다.

을 마주하며, 권력이 인민으로부터 나온다는 발상에 기반을 두고 저항을 정당화하는 유사한 이론들을 제시했다. 프로테스탄트 저항 이론은 1572년 성바르톨로뮤 축일의 프로테스탄트 대학살 이후 프랑스 위그노교도들이 가장 충실하고도 분명하게 표현했다.[17] 이 이론들 중 가장 주목할 만한 1579년에 출간된 『반전제정에 대한 정당화』*Vindiciae contra Tyrannos*[18]는 왕은 인민의 권위에 의해, 인민의 복지를 위해 통치하는 것이며, 그러므로 왕의 권위는 조건적인 것이라고 주장했다. 이 책에 따르면 왕이 인민과의 계약을 깨뜨린다면, 인민이 저항할 수 있는 권리를 갖는다. 이 책의 저자는, 논란이 된 왕국의 인민은 인민 전체를 대신해 행동할 수 있는 천부적인 대표자들과 함께 하나의 결속체를 형성한다고 가정했다(Skinner 1978: II 331; Black 1980: 157~158; 또한 Wotton 1986: 49도 참조). 저항 이론 내에는 이런 가정이 자주 있었다. 비록 각각의 편에 서 있는 몇몇 저자들이 어떠한 개인이라도 전제군주를 암살하는 일은 정당하다는 주장을 함으로써 악명을 떨치기는 했지만 말이다(Kingdom 1991; Salmon 1991). 가톨릭의 편에서 저항과 전제군주 암살을 가장 잘 방어한 이론은 스페인 예수교도인 후안 데 마리아나[19]가 제시한 것으로, 인민이 왕을 세운 것이기에 특정한 조

---

17) 성바르톨로뮤 축일의 대학살은 1572년 당시 확장되는 개신교의 영향을 걱정하던 로마 가톨릭 군대가, 당시 프랑스 황후 카트린 드 메디시스의 딸 마르그리트와 개신교 신자인 앙리 드 나바르의 결혼식을 기념하려 모여든 1만여 명의 프로테스탄트 교도들을 학살한 사건이다. 위그노는 칼뱅주의를 추종했던 개신교 신자들을 이른다.

18) 글자 그대로라면 영문 번역은 Defences against Tyrants로 왕이 신법(divine law)을 어겼을 때 인민이 왕에게 복종해야 하는지 아니면 저항해야 하는지, 왕이 국가를 파괴할 때 저항할 수 있는지, 다른 국가의 왕들이 신법과 국가를 파괴하는 왕에 맞선 인민의 봉기를 지지할 수 있는지를 다룬 책이다. 캐노번이 저자를 표기하지 않은 것은 이 책의 저자가 '스테픈 유니우스 브루투스'(Stephen Junius Brutus)라는 가명으로 기록되어 있어 실제 저자가 누구인지 알려지지 않은 채 남아 있기 때문이다.

건 아래서 이들을 제거할 수 있다고 주장했다. 그는 전제군주를 제거하는 적절한 권위는 왕국의 의회이지만, 어떤 개인이라도 전제군주를 암살할 수 있는 권리를 부여받았다고 보았다(Skinner 1978: II 346).

안정적인 군주제에 질서를 의존하던 이런 시대에 인민 승인이란 원칙의 무정부적 잠재력은 놀라웠는데, 많은 이가 왕의 신성한 권리를 선호하며 이 원칙을 거부했다. 어떤 경우라도, 심지어 16세기 저항 이론을 받아들인 이들조차 인민을 지속적인 감독권을 행사할 수 있는 원천보다는 비상조치를 취할 수 있는 원천으로 생각했다. 인민을 인민 정부의 원천으로 생각한 것은 더욱이 아니었다. 하지만 또 다른 이어진 정치적 위기가 이런 방향으로 저항 이론의 확장을 촉발시켰다. 이 위기가 발생한 곳은 영국 및 영국이 차지하고 있던 미국 식민지로 17세기 중엽 영국 내전에서 시작해 1688~1689년의 명예 혁명, 그리고 그 뒤 18세기 말 미국 혁명으로 이어졌다.

이 당시까지 고려 대상이었던 포풀루스/인민 관련 문헌들은 잘 교육받은 서구 유럽인들이 공통적으로 알고 있던 라틴어로 쓰여 있었기에, 영국 및 그 외 다른 곳에 살던 평민의 손이 미칠 수가 없었다. 실제 17세기 초 영국은 깜짝 놀랄 만한 급진주의적 발전이 생겨나기에는 적합하지 않아 보였다. 영국은 당시 유럽의 다른 곳에서 여전히 격렬하게 일어나던 전면적인 종교 내전을 피하는 행운을 누리고 있었다. 그 사이 1605년의 화약

---

19) 후안 데 마리아나(Juan de Mariana, 1536~1642)는 스페인 예수교 신부로 토마스 아퀴나스 전문가였다. 위 주장은 마리아나 신부가 라틴어로 쓴 『왕권론』(*De rege et regis institutione*, 1598) 제6장에서 내세운 주장이다(이 책의 제목은 글자 그대로라면 '왕과 왕권 기구들' 정도로 번역할 수 있지만, 우리말로 옮긴다면 '왕권론'이 적합한 제목으로 보인다). 프랑스의 헨리 4세가 암살된 1610년 이후, 이 책에서 논의한 내용이 논쟁의 대상이 되었다.

음모 사건Gunpower Plot[20]으로 인해 평화와 질서의 보호자로서 안정적 군주제에 대한 지지가 사실상 강화된 상태였다(Wootton 1986: 27~30). 그러나 영국은 한편으로 새로운 인민의 정치를 건설할 수 있는 복잡한 헌법적·언어적 유산을 지니고 있었다. 헌정주의에서 볼 때 영국의 왕이 의회로부터 자주 도움을 받아 통치를 해온 전통이 오래 지속되고 있었는데, 특히 새로운 세금은 하원의 동의가 필요했다. 한편에 존재하던 왕과 의회 간의 정확한 헌법적 관계를 두고 명확하게 정해진 것은 거의 없었지만, 다른 한편에 있던 의회와 인민 간의 관계에선 전체(왕·성주·하원)로서 의회가 전체로서 왕국을 대표한다는 공통적인 가정이 있었다. 1583년 토머스 스미스 경은 『영국공화국』*De Republica Anglorum*[21]에서 이 전통을 요약하면서 의회가 모임을 가질 때 모든 영국인은 사실상 혹은 실제로 그 모습을 드러내는 것이며, 그렇기에 의회의 행위에 동의한 것이라 말할 수 있다고 주장했다.

그러므로 헌정주의에서 볼 때, 영국 인민을 자신들이 선출한 하원의 대표자들이나 의회 전체와 동일시하거나, 대안적으로 이들 하원 및 의회 양자와는 분리돼 있는, 예비적 권력을 지닌 하나의 인민으로 동일시할 수 있었다. 한편 언어적으로도, 인민은 영국 정치 담론 내의 많은 측면에서 이미 친숙한 용어였다. 이 측면들 중 하나는 영국에 고유한 것이다. 포풀루스처럼 인민은 왕국 전체 결속체일 뿐만 아니라 하층민들, 즉 (지방

---

20) 1605년 제임스 1세가 자신의 9살짜리 딸 엘리자베스 공주를 영국 가톨릭 수장으로 임명하려 했을 때, 영국 가톨릭교도들이 제임스 1세를 암살하려다 실패한 사건이다.

21) 토머스 스미스 경(Sir Thomas Smith, 1513~1577)은 영국의 학자이자 외교관이었다. 『영국공화국』은 1562~1565년 사이에 쓴 책인데 사후인 1583년에 처음 출간됐다. 이 책을 통해 공화국의 형식을 취하는 모든 커먼웰스(commonwealths)는 혼합 헌정 체제일 수밖에 없다고 주장했다.

의 대지주나 하원에 자리를 차지하고 있는 의원들과 혼동하지 말아야 할) 평민 양자 모두를 의미했다. 인민은 또한 다른 많은 의미들 가운데서도 구체적 결속의 측면에서 **하나의 인민**a people, 즉 민족nation을 의미했다. 심지어 종교 개혁 이전에도 많은 영국인들은 영국인이 뛰어난 고유한 법과 관습을 가진, 특별한 혜택을 입은 인민이라는 믿음을 공유하고 있었다. 그 뛰어난 법과 관습 가운데에는 의회 유산도 있었다.[22] 종교 개혁은 민족적 인민 공동체에 거대한 힘을 실어 주었는데, 프로테스탄트 영국인들—예를 들어 '신이 영국인'이라고 자신이 이끄는 무리에게 말했던 성직자—이 자신들이 신이 내린 운명을 부여받은 선택된 인민이라 믿도록 장려했다(Greenfeld 1992: 60; 또한 Pocock 1975: 337, 345도 참조). 선택된 인민 공동체라는 이런 발상은 성서 전통과 로마 전통이 결합되어 나온 것이었다. 프랑크족the Franks[23]은 (교황의 후원을 받으며) 이와 비슷한 견해를 영국인들보다 오래전부터 지니고 있었다(Folz 1974: 79; Canning 1996: 18, 49, 55). 그러나 영국에서 민족적 인민의 공통적 성원권은, 인민을 정체로 보는 포용적인 이해 방식을 견고히 하면서 평민과 정치적 [상위] 계급 간의 간극을 메우는 역할을 했다.

좀더 추측해 보자면, 종교적·경제적·지적 발전이 집단적 정체성보다 개인적 정체성을 강조하기 시작했던 이 무렵, 이런 민족적 차원에서 이

---

22) [원주] 15세기에 글을 썼던 존 포테스큐 경(Sir John Fortescue, 1394~1480)에 따르면, 당시 영국인들에게는 고대 브리스톤즈 시대 이래로 동일한 법이 적용됐다고 한다. 어떤 정복자들도 그 법을 바꾸지 않았는데, 그 이유는 그 법이 명백하게 가장 유용한 법이었기 때문이다(Fortescue 1997: 26).

23) 게르만족의 일파로 8세기경에는 거의 서유럽 전체를 지배할 정도로 강력했으며 기독교 전파에 상당한 기여를 했다.

뤄진 **결속력** 있는, 세대를 초월하는 인민 공동체라는 측면을 강화하는 일은 정치적으로 중요했을 것이다. 종교에서 자기 스스로의 구원에 대한 개인들의 책임감, 경제에서 시장 관계의 확산, 자연법 이론에서 사회를 자연 상태의 개인들에서 찾는 경향이 점점 늘어나는 가운데 개인적 정체성이 강조되고 있었기 때문이다.[24] 라틴어의 포풀루스 및 다른 유럽 파생어와는 달리 영어에서 인민의 특이성은 이 말이 집단적이면서도 개인적인 측면을 통합하고 있다는 점에 있다. 이 용어는 집단적인 측면에서 자주 단수 동사만 아니라 복수 동사를 함께 취했을 뿐만 아니라(그래서 '영국 인민이 들고 일어날 태세이다'the English people is up in arms라고 말하는 것보단 '영국 인민들이 들고 일어날 태세이다'the English people are up in arms라고 말하는 것이 더 자연스럽다), 영어에서 이 용어는 또한 인간 그 자체를 말하는 순전히 개인적인 (그러나 또한 보편적인) 의미를 지니고 있다. 이런 언어적 배경을 두고 영국 내전 중 사람들이 주권 인민이란 개념에 초점을 맞추었을 때, 이 발상은 수많은 외피를 두르며 그려질 수 있었다. 평민이 통제에서 풀려났다는 악몽은 별개로 하더라도(Hill 1974), 주권 인민이라는 개념은 또한 법이란 자신들의 자랑스러운 유산을 지닌 **민족적**national 인민과 신 앞에 평등한 인간 영혼으로서 **개별**individual 사람들이란 두 개의 입장이 일관되지는 않지만 호소력 있는 결합[25]으로서 떠오를 수 있었다.

---

24) 당시 유행하던 사회계약론은 대개 개인들이 태어나면서 갖는 선천적인 권리가 있다는 자연법적 발상에 근거해 만들어졌다. 시민권과 자연권이 명백한 대조를 이루는 홉스의 계약론이 대표적이다.

25) **[원주]** 1647년 퍼트니 논쟁이 벌어졌을 때 레인보로 대령(Colonel Rainborough)이 [이런 결합을] 명백하게 만들었다(Sharp 1998: 103).

3. 영국 내전에서 미국 혁명으로: 저항에 나선 영국 인민

렉스 레기아라는 로마의 유산은 예비적 권위로서 인민이라는 입장을 가능하게 만들었다. 여기서 예비적 권위는 지속적으로 현존하는 권력이라기보다는 비상시에 이끌어 낼 수 있는 원천을 의미한다. 이와 유사하게 인민에 의존했던 유형은 영국 내전과 미국 혁명 양자 모두에서 찾을 수 있다. 이 두 경우 모두 애초에 다툼은 헌법률constitutional law[26]의 문제로 이해됐다. 영국 내전의 경우엔 왕과 의회 각각의 권리와 관련이 되어 있었고, 미국 혁명의 경우엔 의회와 식민지들[27] 각각의 권리와 연관이 되어 있었다. 그러나 양자 모두, 힘이 약했던 쪽이 인민 주권이란 기반에 서서 이미 널리 쓰이고 있던 발상들을 끌어내고 이를 확장시켰다. 미국인들은 영국 내전과 잇달아 일어난 1688~1689년 명예 혁명 과정에서 발전되었던 강력한 주장들을 원동력으로 삼았다. 비록 (나중에 보게 되겠지만) 미국인들이 이 발상들을 가지고 한 일이, 주권 인민에 대한 근대적 이해를 특징짓는 새로운 면모를 만들어 내긴 했지만 말이다.

영국에서 내전이 최초로 분출되고 미국 헌법이 제정될 때까지 150년 동안 벌어진 인민 관련 논쟁은 매우 풍부해서 여기에서 그에 따른 과정을 모두 살펴보는 일은 불가능하다. 내가 여기서 시도하고자 하는 전부는 이 기간 사이에 존재한, 두 가지 연관된 질문에 대한 잇따른 대답이 될 수도 있는 사상의 두 흐름이 세심하게 다듬어지는 과정을 대략적으로 살펴

26) '헌법률'은 국가 헌법 기관들의 관계를 규정하는 일련의 법들로 헌법(constitution)과는 다르다. 왕과 의회 간의 관계를 어떻게 설정할 것이냐, 의회와 식민지의 관계를 어떻게 설정할 것이냐가 문제였기에 애초에는 헌법률의 문제로 이해됐던 것이다.

27) 당시 미국은 독립된 주들로 이루어져 있었다. 이런 까닭에 '식민지들'이란 복수가 쓰였다.

보는 것이다. 논리적 순서와 연대기적 순서가 반드시 서로 일치할 필요는 없다. 1640년대 [영국의] 수평주의자들은 1770년대 미국의 왕당파들보다 더 급진적이었다. 로버트 필머 경과 같이 인민 주권에 반대했던 이들은 이 시기의 처음부터 수평주의자들의 체제 전복적인 잠재력을 꿰뚫어 볼 수 있었다. 그러나 오랜 기간이 지나며, 급진적인 발상들은 점차 일반적인 것처럼 보이게 되었다. 요약하자면, 다음 두 질문들과 그에 이어진 대답들은 다음과 같다.

1. **권력이 인민에게 나온다는 입장은 실천적 관점에서 무엇을 뜻하는가?**
   우리는 이 입장이 단지 비상[조치를 취할 수 있는] 수단으로써 인민에 의지하던 것에서 시작해, 처음에는 왕들이 인민에 대해 책임을 져야 한다는 강력한 원칙으로, 그다음에는 헌법을 다시 제정할 수 있는 인민의 권리로, 그리고 최종적으로는 실제적인 인민 정부를 위한 프로그램 같은 것으로 변해 왔음을 볼 수 있다.

2. **인민은 누구이며, 그들은 어떻게 행동할 수 있는가?**
   여기서 장기적인 변화를 보면 천부적인 지도자들에 의해 대표되는 하나의 집단적인 민족적 인민에서, 민족을 이루는 성인 남성 주민 전체adult male population로서의 인민으로 변해 왔다.

인민 승인의 의미

정당한 권위의 궁극적 원천이 인민이라는 중세의 상식적인 주장은, 어느 특정한 왕이라 할지라도 그들이 지닌 권위는 자신의 왕국을 이루고 있는 특정한 결속된 인민 덕분이며 인민은 최후 수단으로써 그 권위를 회수할 수 있다는 저항 이론으로 변모했다. 평범한 정부가 실패했을 때 인민은 항상 권력을 집단적으로 회수하는 이들로서 잠재적 권력을 지니고 있다. 제임스 2세가 인민과 맺은 계약을 깨뜨린 이후 "왕위에서 물러나야 할 사정에 처하게 되자" 온건한 휘그파Whigs[28]들은 이런 관점에서 1688년 영국 혁명을 이해했다(Ashcraft 1986: 559). 심지어 이 생각이 저항을 정당화하기 위해 쓰였을 때조차, 이런 예비적인 인민의 능력은 대체적으로 방어적이며 복원적인 것으로 생각되었다(Tierney 1982: 80). 1640년에 그랬듯이 1688년에도 위기가 부상한 이유는 역시나 (왕을 반대하는 이들의 눈에는) 왕이 [헌법과 인민에 대한] 자신의 헌신을 버리고, 영국의 헌법을 공격하고 인민의 권리를 침해하면서 선수를 쳤기 때문이었다.[29] 이런 까닭에 권력은 결속된 인민에게 되돌아갔고 그들은 기존 질서를 복원할 수 있었을 뿐 아니라 그들의 원천적 권리의 정당성을 입증할 수 있었다(이 원천적 권리가 '영국인들의 권리'로 생각되든, '자연권'이든, 아니면 이 양자의 융합물로 생각되든 상관은 없었다). 찰스 1세를 처형함으로써 소규모 급진주의자들의 집단이 헌정 개혁을 실험할 수 있었음(Pocock 1992: xi)은 사실이다. 그리고 이 집단의 계승자들이, 1689년 및 18세기 전반에 걸쳐 인민들이 헌

28) 현 자유당의 전신이기도 한 휘그는 영국 의회에서 1650년대에 시작해 1850년대까지 절대정에 반대하여 입헌군주제를 주장한 무리를 말한다. 1688년 명예 혁명에서 주도적인 역할을 했다. 현 보수당의 전신이기도 하며 함께 명예 혁명을 주도했으나 지주 계층의 이익을 보호한 토리파(Tories)와 경쟁 관계에 있었다.

29) 찰스 1세는 자신의 잘못된 통치에 의회가 1628년 권리청원으로 반발하자 11년 동안 의회를 소집하지 않았다. 이후 국교 시행 문제로 스코틀랜드와 충돌을 빚었던 찰스 1세는 1640년 스코틀랜드를 치기 위해 필요한 자금 마련을 위해 의회를 소집했다. 이때 의회가 이를 구실로 왕에 대한 불만을 제기하고 스코틀랜드 침공에 반대하자 찰스 1세는 의회를 해산시켜 버렸다. 이후 그는 의회를 무시하고 스코틀랜드를 침공했고 결과적으로 패배하고 말았다. 결국 의회와 지속적으로 정면충돌을 빚었던 찰스 1세는 1649년, 인민의 적으로 지목되어 처형당했다. 찰스 1세의 둘째 아들이었던 제임스 2세는 1685년 즉위한 이후 절대왕권을 강화하려다 1688년 명예 혁명에 직면하자 프랑스로 망명했다.

법을 그들에게 적합한 형태로 바꿀 수 있는 권리를 지니고 있다고 주장한 것도 사실이다. 그러나 이런 발상들이 점차적으로 더 많이 받아들여졌음에도 불구하고, 주류의 견해는 인민의 권위를 확신하는 대부분의 주장에 보수적인 해석을 가하면서 전통적 권위를 지속적으로 따랐다.

심지어 매우 급진적으로 인민 주권을 확신했던 주장조차 반드시 인민의 **통치**popular rule를 함의했던 것은 아니었다. 의회의 도움과 제약을 받고 있긴 했지만 군주제는 여전히 정상적인 형태의 정부였다. (존 로크를 비롯하여) 인민의 궁극적인 권위를 주장한 대다수는, 쟁점이 되는 사안은 왕과 인민 간의 관계라고 지속적으로 가정하고 있었으며 필요하다면 왕이 인민에게 책임지도록 할 수 있다고 가정했다. 로마공화국의 기억을 물려받으며 고전적인 성향을 가지고 있던 소수자들은 [영국에서] 물려받은 제도들을 포기하고 새로운 공화주의 질서를 고안하려 했지만, 미국 혁명이 일어나기까지 이런 발상은 단지 암암리에 지속됐을 뿐이었다(Robbins 1959; Pocock 1975). 점점 성장하고 있던 고대 영국 헌법에 대한 재해석이야말로 전반적으로 퍼져 있던 보수주의 및 민족적 자긍심과 좀더 조화를 이루었던 보다 전형적인 경향이었다. 이런 재해석이 군주정에 제약을 가함으로써 기존 체제는 좀 덜 군주제처럼 보이게 되었고, 고전적인 작가들이 매우 자주 칭송하던 왕, 영주, 하원이 권위를 공유한 일종의 혼합 헌정 체제에 좀더 가깝게 보이게 되었다(Gordon 1737: 175; Blackstone 2001: 36~38). 이 혼합 헌정 체제를 구성하는 요소들이 인민과 어떤 관계를 맺는지는 불분명하게 남았다. 인민은 어떤 측면에서 보면 하원에 현존한다고 말할 수 있었다. 다른 한편으로 왕, 영주, 하원은 모두 집단적으로 인민의 대표자로 여겨졌으며, 18세기에는 (인민을 대신하여) 하나의 전체로서 의회가 절대 주권 권력을 행사한다는 이론이 정통적인 법적 원칙으로 확고히 자리 잡았다. 이런 각각의 법적 차원에서 만들어진 이야기들legal fictions은 예비적 권력으로서의 주권 인민이란 이름 아래 닥쳐올 도전을 기다리고 있었다.

누가 인민이고 인민은 어떻게 행동할 수 있을까?

시간이 지나며 일정 시점에서 인민이 그늘에서 벗어나 활동적인 주권의 특징을 일부 갖춰 가기 시작하자, 좀더 나아간 이 질문은 더 긴급히 답해야 할 것이 되었다. 더군다나 우리는 저항 이론이, 특정한 왕국의 인민이 천부적인 지도자들과 함께 필요 시에 행동을 취할 수 있는 하나의 결속체를 형성한다는 가정을 하고 있음을 보았다. 아마도 이런 왕국에는 주요 사회 계급이 존재하고 일종의 의회가 존재할 것이다. 만약 아니라면, 이런 계급을 만들 수 있는 귀족·신사·시민 차원에서 중요한 인물들을 인민의 대표자들로서 여길 수 있을 것이다. 프랑스 혁명 시기에 에드먼드 버크Edmund Burke는 (『신휘그파가 구휘그파에게 보내는 호소』*An Appeal from the New to the Old Whigs*, 1791에서) 1688~1689년 혁명을 회고하며 정당화하는 와중에 이 이론을 고전적인 방식으로 다시 언급했다(Burke 1834: 524~526). 명예혁명에서 귀족이 주도한 영국 '인민'의 활동에 대한 하나의 해석으로서, 버크의 견해가 이치에 완전히 맞지 않는 것은 아니다. 버크는 18세기 영국이라는 매우 계층적이고 신분이 낮은 이들이 좀더 우월한 이들을 존경하는 세계에서, 각자가 자신의 인민을 대변한다고 말하면서도 자기들끼리 내부에서 혼인 관계를 맺는 소규모 토지 소유자들의 집단이 때로는 매우 그럴듯하게 영국의 인민으로 오인될 수 있다는 것을 자신의 경험을 통해 알고 있었다.

그러나 1689년 혁명을 끝낸 공식적 합의안의 성공이 이런 해석을 정당화하는 것처럼 보일 수 있음에도 불구하고, 인민에 대한 논의는 영국 내전 동안 관 속에서 뛰어나온 유령들에 쫓기고 있었다. 인민의 천부적인 대표자들이 누구인지 알기가 항상 그리 쉬운 일만은 아니었으며, 평민의 사실상의 대표권을 항상 숨겨 둘 수 있는 것도 아니었다. 찰스 1세와 투쟁을 벌이는 동안 의회의 의원들은 처음에는 모든 실천적인 목적을 위해 그들 자신이 인민임을 당연시했다(morgan 1988: 64~65). 왕당파들은 왕을 포함하여 전체로서 의회가 인민의 진정한 대표자라는 말에 근거해 이런 가식적 주장에 도전할 수 있었고 실제로 도전했다. 그러나 찰스 1세에 반대했던 과거에도 그랬듯, 그들이 전통적인 방식을 따라 선출된 이들이며 그들이 토지 소유 계급의 구성원이자 이 국가의 유력자라는 전통적인 사고방식을 따랐다. 인민 주권이 풀뿌리 계급에 권력을 부여할 수도 있다는 견해는 애초엔 단순히 하나의 **귀류법**reductio ad absurdum[30]에 불과했다 (Wootton 1986: 46~48). 그러나 몇 년이 지나지 않아, 수평주의자들은 인민의 정체성을 자유롭게 태어난 영국인 다수 무리로 규정하고 나섰는데, 자유로운 영국인 다수 무리의 대부분은 평민들로서 "영국에서 징이 박힌 신을 신은 이들, 가죽 구두를 신은 이들, 사병들, 가죽 및 모직 앞치마를 두른 이들, 힘든 일을 근면하게 하고 사는 이들"이었다(Wootton 1991: 413;

---

30) Reductio ad absurdum은 굳이 말 그대로 번역하자면 '불합리한 것으로의 회귀'(reduction to the absurd)라는 의미로, 원래의 의미대로 하자면 '말이 되지 않는다'는 뜻이다. 논리학에서는 하나의 명제가 참임을 밝히기 위해, 그 명제의 결과를 부정할 때 가정과 모순됨을 보여 명제가 간접적으로 참임을 증명하는 방법을 말한다. 예를 들어 '인민이 주권이다'라는 명제가 참이라고 할 때 '인민 주권은 풀뿌리 계급에 권력을 부여할 수도 있다'가 항상 참임을 뜻한다. 이때 '인민 주권은 풀뿌리 계급에 권력을 부여할 수 없다'고 한다면 '인민이 주권이다'라는 명제와 모순이 생긴다. 캐노번은 위의 내용과 관련된 귀류법의 내용을 보다 구체적으로 설명하고 있다(52쪽을 보라).

Sharp 1998). 필머 경과 같은 왕당파의 적대적 논객들은 인민 권위라는 입장에 맞서 명확하면서도 기를 제압하는 비판을 가했는데, 인민은 특정한 시기에 한 국가에 존재하는 모든 개별 개인을 뜻하거나, 그게 아니라면 권력을 소유하기 위해 음모를 꾸미는 별의별 사람들이 자신이 하는 짓을 정당화하려는 가식이라는 것이었다(Filmer 1949: 226, 252).[31] 왕당파들에게 인민은 필시 질서와 재산권에 대항하도록 수많은 머리가 달린 괴물, 바로 평민들을 마음대로 풀어 준다는 것을 의미했다(Hill 1974).

영국에서 재산을 소유한 많은 신사들 및 정치 계급들에게 내전의 경험이란, 활동적인 인민 주권과 관련된 그 어떤 견해라도 그것을 가지고 장난치다가는 위험에 처할 수도 있다는 끔찍한 경고였다. 이를 고려해 보면 1683년 찰스 2세의 승계를 두고 위기가 발생했을 때 옥스퍼드대학교가 "모든 시민적 권위는 원천적으로 인민에서 나온다"는 원칙을 왜 비난했는지 쉽사리 이해할 수 있다(Wootton 1986: 38). 가톨릭교도이자 횡포를 부리는 경향이 있던 제임스 2세의 통치에 대한 우려에도 불구하고, 많은 토리파의 팸플릿 집필자들은 수평주의자들을 되겨냥하여, 위태한 지경에 있는 것은 "대중 선동가들의 주권"이라고 주장했다(Ashcraft 1986: 298). 인민이 사회 하부 계층까지 얼마나 연장되는 것인지에 대한 우려들은 결국에 1688년 명예 혁명을 지지했던 많은 이들에게 골칫거리가 되었다. 이런 우려 때문에 1688년 혁명을 지지한 이들은 자신들의 저항을 존 로크John Locke가 내놓은 인민 권위라는 강력한 이론을 바탕으로 이해하기보

---

31) **[원주]** 필머 경의 말에는 요점이 있다. [1645년 영국 내전 당시 의회가 제창한] 뉴모델 군대(New Model Army)에 있던 한 사제는 "이 군대야말로 진정으로 **영국 인민**(the people of England)의 군대이며 이들에겐 **전체**(whole)로서의 본성과 권력이 내재해 있다"고 주장했다(Morgan 1988: 75).

다는 제임스가 [폭정으로] '왕좌를 잃었다'는 식의 허구적 사실을 받아들이도록 장려했다(Wootton 1993: 11~12; Ashcraft 1986: 572; Morgan 1988: 111~112).

혁명 직후인 1690년에 출간된 로크의 『통치 제2론』*Second Treatise of Civil Government*은 인민 주권이란 원칙의 발전에서 획기적인 사건이었다. 로크가 하려 한 일이 무엇이었는지 현재 학자들 사이에서 논쟁의 원천으로 [여전히] 남아 있지만(Ashcraft 1986; Wootton 1993; Marshall 1994 참조), (철학자로서 떨치고 있던 명성에 힘입은) 그의 저서는 인민 주권의 의미를 두고 놀라우리만큼 급진적인 입장을 회자시키는 데 영향을 미쳤다. 로크의 의도가 무엇이었든 간에, 이런 상황을 대하면서 그는 표면상으로는 필머 및 다른 토리파들이 귀류법으로 취급하던 입장을 방어했다. 그 귀류법이란 "인민 주권은 (성인 남성) 개인으로 이뤄진 사람들의 다수자로 여겨지는 주권 인민에게 있으며 이 다수는 명백하게 평민으로 이루어질 수밖에 없다"는 것이었다(Locke 1964: 367, 372, 385, 398, 426, 445; 또한 Ashcraft 1986: 584; Marshall 1994: 276도 참조).

그러므로 18세기 영국의 정치에서 혁명이 만들어 낸 합의의 순효과는 인민 주권을 두고 자기 만족적인 수직적 해석에서부터 체제 전복적인 급진적 해석에 이르기까지 광범위하게 상이한 해석을 존중하는 것이었다. 휘그파들 중 자기 만족적이었던 쪽에서 보자면, 귀족적 군주제는 오랜 세월 영국에서 고유하게 내려온, 모호하게 평민을 포용하고 있는 민족적 인민이 보유한 고전적인 혼합 헌정 체제처럼 보였다. 비록 평민이 재산을 소유한 계급 출신인 천부적인 지도자들에 의해 의회에서 대표되긴 했지만 말이다. 또 다른 쪽에선, 인민과 인민 권위를 훨씬 더 다수결적이고, 개인주의적이며, 급진주의적이고, 활동적인 것으로 이해했는데 이런 입장은 일부 휘그파의 자기만족적 입장과 분명하게 구별되지는 않았다(이렇게 구별되지 않은 것은 혁명을 환영했던 이들이 모두 휘그파들만은 아니었기 때문일까?). 이 양자를 서로 분리하고 급진적인 해석에 성공했던 것은 미국 혁명이었다(Bailyn 1967). 그럼에도 이런 결정적인 단절이 일어나기 바로 직전에 영국에서 있었던 정치적[으로 변화된] 입장을 대변할 수 있는 견해를 찾아 살펴보는 일은 유익하다.

미국에서 위기가 일어나기 전 수년 동안, 영국에서 왕실이 하원의원들에게 왕실 '연금'과 정부의 공직 '자리'를 뇌물로 제공함으로써 하원에 미치는 영향을 두고 엄청난 비판이 있었다. '지방당'의 비판적 논객들이 왕실에 의한 의회 부패를 맹렬히 비판하고 영국인의 자유가 죽음에 임박했다고 경고했을 때, 인민 주권에 대한 호소는 이들이 내세운 주장 속에서 아주 오래된 영국 헌법의 이상화와 섞여 들었으며 로마공화국의 사망과 상응하는 것으로 취급되었다. 제임스 버그[32]가 1774년에서 1775년에 걸쳐 출간한 3권짜리 『정치적 논고』*Political Disquisitions*는 영국과 미국 식민지에서 광범위하게 공유돼 있던 인민에 대한 이해를 살펴보기에 적합한 저서다. 버그는 이를 정확하게 보여 주고 있는데, 버그 자신이 원래 이런 생각을 만들어 낸 사상가가 아니라 광범위한 독자들을 지니고 당대에 일반적으로 유행하던 발상을 반영하는 작품을 쓰던 작가였기 때문이다(Butterfield 1949: 259~263; Bonwick 1977: 75; Bailyn 1967: 41). 1689년 혁명이 낳은 합의에서 신성시됐던 '혁명 원칙들'에 근거하긴 했지만(Burgh

32) 제임스 버그(James Burgh, 1714~1775)는 영국 휘그파의 정치인으로 여성 교육을 비롯하여 여러 정치 저술을 남겼다. 표현의 자유, 보통선거 등의 단초가 되는 발상을 제시했고 모든 합법적인 입법과 행정 권위가 인민에서 나온다는 유명한 말을 남겼다.

1971: I 200), 그의 책은 미국이 주권 인민을 실제로 구현하기 바로 직전, 주권 인민이란 개념과 관련해 일어난 세 가지 중요한 전환을 설명하고 있다.

우선, 버그가 영국의 고대 헌법의 방어와 복원을 지속적으로 언급하고 있음에도, 그의 책은 좀더 미래 지향적이며 활동적인 인민 주권관이 전통적으로 방어되던 관점과 혼합되었음을 보여 준다. 버그는 인민이 선택한다면 인민이 스스로 완전히 새로운 헌법을 제정할 수 있는 권리가 있음을 공들여 단언하고 있다(Burgh 1971: I 221, III 277~299).

둘째, 비록 버그가 비상 상황—영국 인민이 그들의 자유를 절대군주에게 빼앗길 것이란 두려움에 입각한—이라는 측면을 염두에 두고 (전통적인 방식으로) 글을 썼지만, 그의 인민 주권관은 비상 상황의 [권력] 원천 혹은 단순한 왕실 지배에 대한 견제를 넘어서고 있다. 그는 인민 주권이 지속적으로 국가 내에 현존하면서, 하원을 통하여 자신들과 관련된 사안을 통제할 수 있다고 기대했다. 하원은 인민의 대표자들deputies이 인민의 업무를 다루기 위해 만나고 자신들의 선거구 유권자들이 준 엄격한 지침 아래 그런 일을 해야 하는 인민의 집으로 여겨졌다(Burgh 1971: I 41). 누가 인민인지, 그들이 어떻게 행동하는지에 대한 버그의 이해는 너무나 생생하고 구체적이었는데, 그는 인민에게 교구마다 그리고 지역마다 동원을 통해 자신들의 자유를 방어하고, 부패한 의회가 주장하는 것보다 훨씬 더 진정하게 인민을 대표할 수 있는 '헌법 복원을 위한 대민족 연합'Grand National Association for Restoring the Constitution 속으로 들어가 인민 자신들을 형성하라고 요구했다(Burgh 1971: III 428).

셋째, 버그는 전통적으로 수직적으로 그려지던 인민의 틀 내에서 인민이 다수를 포함하도록 모호하게 확장시키고 있다. 그가 "재산을 소유한 성인 남성이 지침을 주고, 제한하고, 이끄는 인민의 권력"에 대해 이야기하는 것을 보면(Burgh 1971: III 426), (심지어 프랑스 혁명이 당대의 수많은 귀족 휘그들의 기대를 좌절시킬 때까지 그러했듯이) 평민이 신분이 더 높은 사람들을 존경할 것이라고 가정하고 있다(Butterfield 1949: 226). 그럼에도 불구하고, 버그는 성인 남성의 보통선거권을 선호하는 주장을 펴고 있으며(Burgh 1971: I 37), 주권이 인민의 **다수자**라고 지속적으로 주장하며 "다수자들이 뭘 바라든 간에 그들의 바람이 신의 법과 상충하는 것이 아니라면 그런 바람을 지니는 것은 법적으로 맞는 것이다"라는 말을 더하기까지 한다(Burgh 1971: III 429).

버그의 조용한 급진주의를 설명할 수 있는 근거는 의심할 바 없이 인민이 단일한 공통적인 이익을 공유하고 있으며 정치적 경쟁은 단순히 한편에 있는 부패한 왕실과 "다른 한편에 있는 독립적인 인민의 결집체" 간에 존재한다는 그의 가정에 있다(Burgh 1971: III 449). 버그는 1775년에 사망했는데, 저항이 행위하는 인민의 시위로 발전했던 미국에서 자신이 제시한 발상이 좀더 급진적으로 실행에 옮겨지는 것을 보기엔 너무 이른 때였다.

4. 우리, 인민: 미국 혁명과 그 중요성

이 장에서 나온 이야기 내에서 보자면, 미국 혁명의 중요성은 과대평가된 것이 아니다. 이 혁명의 과정에서 인민이 각광을 받게 되었으며 이 용어에 대한 모든 다른 상이한 이해들이 하나의 정치적 프로젝트 속으로 합쳐지게 되었다. 평민common people의 정치적 역할을 포용했던 예비적 권력으로서 **주권 인민**the sovereign people in reserve이라는 로마 제국의 유산은 로마 공화주의의 **인민 정부**popular government라는 유산과 합쳐지게 되었다. **민족으로**

서 인민the people as a nation은 하나의 특별하고도 구별되는 집단체로서 자치권을 주장했는데, 민족·공화국·주권을 보편적인 자연권을 지닌 **인민 일반**people in general과 연결시키는 관점에서 이런 주장이 이루어졌다. 하지만, 앞서 언급했듯이 마지막으로 중요한 사안은, 이 혁명이 **행위하는 주권 인민이란 신화**myth of the sovereign people를 울림이 있고 지속하게끔 만들었다는 점이다. 이런 발상 및 현상의 복합적인 지층은 좀더 자세하게 살펴볼 필요가 있다.

잠재적 권력의 원천인 인민으로부터 구성 주권으로

어떤 측면에서 읽자면 미국 독립선언은 전통적인 저항 이론의 절정으로 볼 수 있다. 불운했던 조지 3세는 잘못된 행동으로 주권 인민이 자신들의 궁극적인 권위를 다시 주장하게끔 만든 전제군주로 그려지고 있다. 그러나 그 과거 지향적인, 복원적인 분위기는 단지 서막에 불과했다. 미국의 주州 헌법과 연방 헌법 그 자체에서 보면, 동원에 나선 인민은 명백하게 과거의 권위를 현존하는 인민의 동의라는 권위로 대체한 완전히 새로운 제도 기구들을 설립함으로써 주권을 행사했다(Morgan 1988: 122; Hamilton et al. 1886: 135, 552). 저항과 헌법 제정이란 이 두 가지 모든 행위는 집단 행동을 취할 수 있는 하나의 단결된 인민이 **있었다**was는 (『연방주의자 논고』*The Federalist Paper*에서 가장 명백하게 제시된) 가정에 기댄 것이었다(Hamilton et al. 1886: 135, 552). [식민지] 이익과 [본토에 대한] 충성이란 심오한 충돌 앞에서 이런 가정은 위험한 것이었지만(Morgan 1988: 267), 그 결과를 보면 이런 대담한 가정을 할 만한 이유가 있었다는 생각이 든다. 미국은 무정부 상태로 해체되거나 군사 독재를 만들어 내는 대신, 광범위한 기반을 지닌 운동을 통하여 이를 위해 행동할 수 있는 지도자들을 동원하고 만들어 냈으며, 하나의 인민으로서 가시적으로 행동을 취하면서 전쟁에 승리하고 새로운 제도 기구들을 만들어 냈다(Beer 1993: 329). 이런 동원에서 볼 수 있는 가장 충격적인 특징들 중 하나는 이 동원에 (남성, 백인) 평민들이 포함되어 있었다는 점이다. 계급 간의 지속적인 긴장(Bailyn 1967: 288; Commager 1951: 210)이 혁명의 성공 혹은 헌법의 제정을 막지 않았던 것이다.

인민 정부

그러나 강조할 필요가 있는 현상은, 상대적으로 포용적인 인민이 주권을 재천명했다는 점을 넘어서는 것이며, 심지어 그 주권 인민이 새로운 헌법을 제정했다는 점도 넘어선 것이다. 가장 중대한 참신함은 당시의 정체가 귀족적인 군주정을 일부 변형시킨 형태를 일반적으로 취하고 있을 때 미국인들은 '인민 정부'를 세웠다는 데 있다. 위태위태했지만 일부 중세 이탈리아 도시국가들이 스스로 독립을 쟁취한 이래로, 소규모 공화주의 정부라는 종속된 전통은 (선택된) 인민이 실제로 정치 권력을 행사했던 로마공화국의 기억이 살아남는 데 일조했었다. 그러나 우리가 보았듯 심지어 18세기 영국에서조차 군주정은 일반적으로 '혼합' 혹은 '균형 잡힌' 정체 구성을 하는 데 필수 불가결한 요소로 당연하게 여겨졌으며, 급진주의가 일반적으로 군주들에 부여하던 제약은 왕이 귀족적인 의회를 통하여 예비적으로 주권을 보유하고 있는 인민들에게 책임지도록 만드는 시도였다. 미국이 실행한 실험의 참신함은, 이 실험이 인민에게 [정체를 형성하는] 구성 권력을 지닌 주권자constituent sovereign[33]인 동시에 지배자로서의 역할을 요구하며 두 가지 로마의 전통을 합치고 발전시켰다는 것이다. 이 새로운 정부는 단호하게 인민의 정부가 되고자 했다. 미국인들은 영국의 의회 주권parliamentary sovereignty에 저항하는 전쟁까지 수행하며, 미국에선 의회 주권에 자신들을 복속시키지 않기로 확고히 의지를 다졌다. 『연방주의자 논고』가 주장하듯이, 균형 있게 구성된 정체의 모든 부서들은 인민의 '대리 행위자'agent가 되고자 했다(Hamilton et al. 1886: 292). 그러나 다른 한 측면에서 보자면 인민은 자신이 속한 정부에서 현존하고 활동하려 했음에도 불구하고, 그들은 또한 그들 정부의 밖, 뒤, 위에 존재하는 여전히 예비적인 주권자였다. 고전적 공화국과 미국형 모델 간의 결정적인 차이는, 미국형 모델에 있는 [직접적인 실질적 주권 행사에서] "인민의 완전한 배제, 인민의 집단적 능력의 완전한 배제"에 놓여 있다(Hamilton et al. 1886: 397). 다시 말해, 미국형 모델은 인민을 유권자로 정의하는, 그리하여 이들을 정부에 참여하게 하면서도 동시에 정부와 거리를 두게 만드는 선거에 의한 인민 정부였다. (J. G. A. 포칵이 고찰하듯이) "이런 방식은 모든 정부가 인민의 것이라고 주장할 수도 있고 인민이 함께 정부[활동]에서 물러섰다고도 할 수 있는 것이었다"(Pocock 1975: 517). 이런 방식은 심지어 정부가 왕의 정부라기보다 인민의 정부인 곳에서마저 정부와 주권 인민 간의 간극이 여전히 존재한다는 함의를 담고 있다. 이런 남겨진 간극은 [대중영합주의자들이나 이에 동조하는 정치인들이] 인민에게 인민의 정부에 저항하라고 호소할 수 있는 틈을 내준다. 이런 일이 선거 기간 동안 일상적으로 일어났으며 이런 호소는 선거 과정에서 결코 지지치 않고 지속될 수 있었다. 인민 정부와 예비적 권력의 원천으로서 주권 인민의 권위

33) 이 말은 소위 constituent power에 상응하는 용어인데, 우리말에선 '헌법 제정 권력' 혹은 '사회 구성 권력' 양자 모두로 옮겨질 수 있다. 헌법 제정 권력은 헌법을 만드는 권력으로 협소한 개념이지만, 사회 구성 권력은 사회 자체를 구성하는 권력으로 좀더 넓은 개념으로 볼 수 있다. 기본적으로 사회 구성 권력이 헌법을 제정하는 권력까지 포함하고 있기 때문이다.

의 공존[에서 나타나는 틈]은 '정부를 인민에게 돌려주자'는 운동의 측면에서 대중영합주의가 등장할 수 있는 무대가 되었다.

평민과 '민주주의'

미국 정치에서 다른 깜짝 놀랄 만한 면모는 정부를 되돌려 받을 주권 '인민' 내에 이전에는 평민으로 여겨지던 이들이 점차 포함되었다는 점이다(Wood 1992). 인민 주권이란 개념에 은연중에 담긴 평등주의적 함의는 영국에서는 토지를 소유한 신사 계급이 전체로서 인민의 천부적인 대표자들이란 가정을 통해 견제되었다. 미국의 첫 세대 지도자들이 그들과 대응 관계에 있는 영국의 지도자들과 비교해 볼 때 훨씬 더 능력 위주로 떠오른 인물이었음에도, 그들 모두가 함께 이런 유형에서 출발한 것은 아니었다. 그러나 이런 경향은 그다지 오래 지속되지 않았다. 이후 토크빌Alexis de Tocqueville이 '민주주의'라 부른(Tocqueville 1862)——귀족의 부재와 사회적·경제적 구조의 초일상적 유동성(Boorstin 1988)에 근거해——미국 사회의 특별한 점은, 인민 주권과 1830년대 잭슨식 '민주주의'가 형성되는 가운데 출현한 (남성, 백인) 평민의 융합에 있다. 앤드루 잭슨[34] 대통령은 놀라운 대중영합주의적 '고별사'에서, "정부가 단연코 인민의 정부"라는 미국의 특별한 성격만을 단순히 주장하는 데 그치지 않았다. 잭슨은 또한 인민을 "농장주, 농부, 기계공, 노동자들"과 동일시하였으며, 사실상 "조직화된 돈의 권력"이 마련한 "비밀 회의"에서 인민에게 거스르는 음모를 꾸

---

34) 앤드루 잭슨(Andrew Jackson, 1767~1845)은 미국의 7대 대통령으로 매우 강인하고 공격적인 성격을 지니고 있었으며 귀족주의의 폐쇄성과 비민주성을 극렬히 비판했던 인물이다. 미국 민주주의의 발전에 가장 기여한 대통령으로 꼽힐 뿐만 아니라 가장 대중영합적인 대통령으로도 꼽힌다.

미는 소수의 금융업자와 투기자를 제외한 자유로운 성인 백인 남성 인구 집단과 동일시했다(Blau 1947: 13~17).

전통적으로 볼 때 '민주주의'라는 말에 담겨 있는 함의가 선호되지 않았음에도 불구하고, 이 말은 이런 포용적인 인민 정부를 묘사하기 위해 이미 되살아난 상태였다.[35] 아리스토텔레스주의자들이 이런 부활을 두고 다수자 지배, 대중 선동, 재산 약탈을 염려하기도 했지만, 미국 사회의 평범하지 않은 구조는 평민에 대한 새로운 자신감을 심어 주었다.[36] 1837년에 첫 호가 발간된 『민주회보』*The Democratic Review*는 "우리는 우리 거대한 인민의 무리, 다시 말해 우리의 근면하고 정직하며 남자답고 지성적인 수백만의 자유인들이 지닌 미덕, 지성, 자치정부를 실현할 수 있는 온전한 능력에 대해 변치 않는 자신감을 가지고 있다"고 선언했다.

지금까지 우리는, 비록 서로 간에 긴장이 존재하긴 하지만 주권으로서 인민, 지배자들로서 인민, 평민으로서 인민이란 복합적인 세 가지 조류가 모여드는 것을 보았다. 미국에서는 이 세 조류에다 구체적 [자치] 민족으로서 인민과 인류로서 인민the people as humanity이란 두 가지 더욱 명백하게 상호 대립하는 흐름이 더해졌다.

---

35) [원주] 1809년 엘리아스 스미스(Elias Smith)는 "여기서 채택된 정부는 **민주주의**다.……**민주주의**라는 말은 그리스의 두 용어에서 생겨난 것이다. 그 하나는 **인민**을 의미하고 다른 하나는 그 인민 내에 존재하는 **정부**를 의미한다. 나의 친구들이여, **민주주의**라는 말을 부끄럽게 만들지 말자"고 말했다. Woold 1992: 232에서 인용.

36) 아리스토텔레스는 다수자가 지배하는 민주주의는 기본적으로 가난한 이들이 지배하는 타락한 정체로 보았다. 아리스토텔레스는 부자와 가난한 이들이 필연적으로 적대적 관계에 있기 때문에 민주주의에서 가난한 이들이 법에 복종하지 않을 때 일어날 수 있는 약탈 등을 우려했다.

자치 민족으로서 인민

미국 혁명은 무엇보다도 단지 인민이 통치할 권리뿐만 아니라 하나의 구체적 인민이 스스로 통치할 권리가 있음을 천명한, 영미권에서의 첫번째 **민족적**national 혁명이었다(Greenfield 1992). 미국 혁명 이전 대서양 양쪽에서는 식민지에 살고 있는 이들을 영국 민족의 한 가지branch라고 가정하고 있었는데 이런 관점에서 보자면 미국 혁명은 특히 충격적인 것이었다. 하지만 미국 인민이 뚜렷이 구별되는 민족으로서 존재감이 확립되는 데까지 그다지 많은 시간이 걸리진 않았다(Bailyn 1967: 20).

그 시대의 영국 급진주의 담론 내에서 보면, 미국인들의 자결권 요구에 대한 동조는 아일랜드 자치정부라는 서로 상응하는 요구와 연결되어 있었다(Butterfield 1949: 92). 인민 주권, 인민 정부, 민족적 인민을 위한 자결권 간의 연결고리는 19세기 자유적 민족주의 전통까지 거슬러 올라갈 수 있다. 난제는 민족적 인민의 경계를 설정하는 것이었다. 미국 그 자체에서는 단지 내전[남북전쟁]을 통해서만 영토 내에 얼마나 많은 인민들이 존재하고 있는지에 대한 질문에 답할 수 있는 것으로 드러났다. 미국 헌법 전문은 단지 하나의 '우리 미국 인민'이 존재하는 것으로 가정하고 있었다. 그러나 이 인민이 그 자체로 더 큰 [영국] 인민으로부터 떨어져 나왔던 까닭에, 노예제라는 '특수한 제도적' 이익을 내세우던 남부의 분리독립주의자들은 자신들의 혁명적인 조상들이 원했던 바대로 자치를 할 수 있는 인민의 권리를 확고히 천명하면서 썼던 동일한 원칙들을 그대로 따라 행동하는 듯했다. 1861년 남북전쟁이 시작되었을 때, 남부 연방[37]의 대통령

---

37) 남부 연방은 노예제를 지지하던 남부의 11개 주가 연합해서 1861년 결성했다. 자신들이야말로 미합중국의 진정한 계승자라고 천명했으나 남북전쟁에 패배하며 1865년 해체되었다.

인 제퍼슨 데이비스[38]는 '남부 주들의 인민'의 이름으로 "자치정부에 대한 인민의 권리"를 천명했다(Johanssen 1965: 165, 167).

[남북]전쟁을 발발시킨 긴 정치적 분쟁이 지속되던 동안, 상원의원 스티븐 더글러스[39]는 지역 수준에서 '인민 주권'을 화해의 수단으로 제안했다. 그는 노예 제도를 두고 남부와 북부 간에 벌어진 분쟁을 해결하는 하나의 수단으로써 인민 주권을 제안했는데, 특히 이 노예 제도가 미국 서부에 정착된 새로운 지역자치구territories에서 허용되어야 하는지를 두고 일어난 난제를 해결하려 했다. 더글러스는 "어떤 제도도, 어떤 법도, 어떤 헌법도 그들의 바람과 상충해서 이를 꺼리는 인민들에게 강제해서는 안 된다"고 주장했지만, "한 자치구의 인민이 노예제를 원한다면 이들은 노예제에 대한 권리를 지닌다"는 아이러니를 무의식중에 함께 주장했다(Commager 1949: 353). 여기서 만들어진 가정은 흑인 노예들은 어떤 측면에서도 인민의 일부가 아니라는 것으로, 1857년 드레드 스콧 재판[40]에 대한 대법원 판결이 명백하게 보여 주었던 흑인 배제였다.[41] 북부에서 이에 반대했던 사람들 중, 노예들이 인민의 일부이거나 일부여야만 한다고 명

---

38) 미시시피 상원의원 출신인 제퍼슨 데이비스(Jefferson Davis, 1808~1889)는 남부 연방의 초대 대통령으로 선출되었고 남부 연방이 존재한 기간 동안 내내 대통령직을 맡았다. 각 주가 각자의 주권을 가지며 연합(남북전쟁 당시에는 연방을 주장하던 북부 주들)에서 독립할 수 있는 절대적인 권리를 지닌다고 주장했다.

39) 스티븐 더글러스(Stephen Douglas, 1813~1861)는 일리노이 주 하원 및 상원의원을 역임했으며, 탁월한 정치 지도력을 인정받아 1860년 선거에서는 민주당 대통령 후보로 링컨과 경쟁하기도 했다.

40) 드레드 스콧(Dred Scott, 1795~1858)은 흑인 노예로 미연방 대법원에 자신을 비롯해 아내와 두 딸의 해방을 위해 소송을 제기한 인물로 널리 알려졌다. 드레드 스콧 대 샌드터드 사건으로 불리는 이 재판에서 대법원은 노예 신분으로 미국에 들어온 흑인 및 그 후손은 미국 헌법이 보호하지 않을 뿐만 아니라 미국 시민이 될 수 없기에 연방 법원에 제소할 수도 없다고 판결했다. 흑인을 배제한 역사적 판결로 남아 있다.

백하게 주장할 준비가 된 이들은 거의 없었다. 그러나 이들이 확신했던 것은 노예들이 **사람들**people이며, 독립선언이 주장하고 있는 사람들처럼 자연권을 가진 인간이라는 것이었다. 포풀루스/인민이라는 개념을 효율적으로 활용하면서 모든 사람들에게 시민권을 부여하지는 않았던 공화주의 초기 세대들은 자신들이 행보를 내디딜 때 노예제 및 다른 [정치적] 배제를 받아들일 수 있었다. 그러나 노예는 미국인들에게 정치적 문제였을 뿐만 아니라 지적인 문제이기도 했는데, 인민 주권이라는 입장이 보편주의와 연결되어 있었기 때문이다(Pole 1978: 149).

사람들과 '인민'

미국 독립선언은 모든 인민들peoples의 보편적 자연권뿐만 아니라 '인간'men으로서 모든 사람들의 보편적인 자연권이란 견지에서 하나의 구체적 인민이 지닌 자결권을 주장했다. 독립선언서에 서명한 이들이 이런 주장에 담긴 동떨어진 정치적 함의를 명백히 알고 있었던 것은 아님에도 불구하고(Pole 1978: 54~55) 미국의 많은 지역에서는 그 시작부터 그곳에 존재하는 인민의 대의적 이상이 모든 곳에 존재하는 인류의 대의적 이상이라는 강력한 감성이 존재했다(예를 들어 Blau 1947: 32를 보라). 이런 사명감은 인민 주권이 지역 수준에서 노예 문제를 해결할 수 있다는 실용적인 주장을 받아들일 수 없게끔 하는 데 일조했다. 한편 이런 사명감은 겉

---

41) **[원주]** "'미국의 인민'과 '시민들'이란 용어는 동의어이다.……이 두 용어는 우리가 익숙하게 '주권 인민'이라고 부르는 말이다. 모든 시민들은 이 인민의 한 사람이다. 우리 앞에 놓여 있는 문제는 (흑인 노예의 후예들이) 이 인민의 일부를 이루느냐는 것이다. 우리는 그들이 그 일부가 아니라고 생각한다.……" 대법원장 타니(Chief justice Taney)의 이 판결문은 Commager 1949: I 340에서 인용했다.

보기엔 미국 그 자체와 동일한 인민의 권리에 근거해 있던 [남부의] 분리독립을 진압하기 위해 북부 연합군이 동원되었을 때, 이런 동원이 내포하고 있던 모순을 얼버무려 버렸다. 제퍼슨 데이비스가 자치정부에 대한 인민의 권리에 근거해 분리독립 입장을 취하고 난 몇 달 뒤, 아브라함 링컨은 1861년 7월 4일 의회 연설에서 자신의 차례가 오자 북부 연방의 이상은 "본질적으로 하나의 인민의 프로젝트a People's contest",[42] 다시 말해 그 지도적 목표가 인간의 조건을 향상시키는 정부 형태를 유지하기 위한 투쟁이라고 선언했다. 링컨은 "평범한 사람들이 이를 이해하고 인식하고 있다"고 확언했지만, 실제로는 어느 한쪽 편에 서 있는 구체적 인민을 넘어 [일반적 사람들을 의미하는] 인류로서 인민을 찾고 있었다(Johannsen 1965: 181~182).

미국 혁명이 인민의 역사에서 전환점이 되는 많은 이유 중 하나는, 이 혁명으로 인해 보편적이고 진보적인 대의적 이상으로서 인민의 역사가 시작되었기 때문이다. 이런 대의적 이상은 미국 그 자체와 세계 곳곳에서 기득권 제도들을 전복시킬 수 있는 광범위한 급진적 의제와 함께했다. 이는 단순히 군주정이 존재하는 곳에 인민의 정부를 세우고 평민을 정치 속으로 끌어들이는 인민 주권을 천명하는 문제가 아니었다. 이는 억압당하는 민족적 인민들의 대의적 이상이었으며 모든 곳에 존재하는 인간들의

---

42) 링컨은 각각의 주가 연방에 가입하기 전 각자의 헌법을 지니고 있음을 인정했다. 일반적으로 이런 사실은 각각의 주가 각자의 주권을 가지고 있다는 말로 해석되었지만, 링컨은 이런 과정이 연방에 들어오기 전의 준비 과정이라고 주장했다. 결국 연방은 하나의 인민을 만드는 과정으로 인식되었으며 연방과 각주의 이익이나 정부가 충돌하지 않는 까닭은 모든 정부의 목적이 인간의 삶의 조건을 향상시키는 것이기 때문이라 보았다. 여기서 contest는 경쟁의 의미라기보다는 프로젝트의 의미에 가깝다.

대의적 이상이었다. 다시 말해, 미국에서 시작하여 유럽과 세계 다른 곳에 걸쳐 반향을 일으켰던 미국 혁명의 효과와 성공적인 결과는 버그와 버그 이전 대다수 선구자들이 지녔던 방어적인 대중영합주의를 다면적인 급진적 프로젝트로서 인민이란 대의적 이상으로 대체한 것이었다.

행위하는 주권 인민이라는 신화

행위하는 주권 인민이란 이 프로젝트는 개념들의 형식뿐 아니라 강력하게 영감을 고취하는 신화의 형식을 취했다. 어떻게 미국 인민이 성공적으로 그들의 압제자들에 맞서 일어나 자신들의 자유로운 공화국을 세웠는지에 대한 이야기는 근대의 정치적 상상력에 한 자리를 차지하게 되었다. 이 이야기는 이를 모방하려는 이들을 더 멀리 광범위하게 고취시키고, 미국의 제도 기구들에 정당성을 부여하고, 인민에게 권력을 되돌려 줌으로써 이러한 제도 기구들을 자신들의 건국 원칙에 맞도록 되돌리려는 시도를 정당화했다. 인민 정치의 신화적 측면은 6장에서 살펴보게 될 것이다.

5. 인민 주권과 19세기 영국의 의회 개혁

인민 주권이라는 신화와 개념 양자 모두 19세기 수많은 이들에게 영감의 원천이었다. 그러나 외부자들에게 미국의 중요성은 무엇보다도 미국 혁명이 (특히 이 혁명이 널리 미화되었을 때) [자신들에게] 지속적으로 규범으로 작동해 왔던 귀족적 군주제와는 매우 상이하게 작동하는 정체의 모델을 제공했다는 데 있었다(Crook 1965: 2). 미국 정체는 평민을 포함하는 '인민 정부'로, 프랑스 혁명이 무정부와 독재로 미끄러지면서 급진주의자들을 실망시키고 재산을 소유한 계급을 공포에 몰아넣은 이후에도 여전히 그 자리에 존재하고 있었다. 제임스 브라이스[43]는 미국 헌법이 제정되고 한 세기가 지난 후 대서양 반대편을 주목하며 미국을 방문한 모든 유럽인들이 미국을 민주주의에 대한 실험으로써 살피고 있다고 언급했다. 그리고 그곳에선 인민이 진정으로 통치하고 있음은[그럼에도 정체가 훌륭히 작동하고 있는 현실은], 이 실험이 인민의 권력에 대한 [부정적인] 고전적 비판이 옳지 않음을 증명하고 있다고 결론을 내렸다(Bryce 1888: I 1, 8, III 51, 304~321). 결과적으로, 미국은 심지어 영국에서 발전해 온 귀족적 군주정이라는 인정된 형태에 대한 지속적인 도전이었으며, 미국이 행한 실험은 수 세기 동안 대다수 재산가들이 실용적인 군주제를 지지하도록 만든 인민 정부에 대한 두려움을 완화시켰다. 그 사이 (자신들의 모임에서 성조기를 흔들던 차티스트들[44]을 비롯한[Crook 1965: 51) 영국의 급진주의자들은 미국인들과의 지속적인 유대감에 호소했다. 존 브라이트[45]는 19세기에 "영국의 헌법을 영국 인민에게…… 완전히 돌려주고"자 투표권의 개혁을 위한 캠페인을 벌였다. 이때 그는 투표권을 확대할 때 일어날 수 있는 결과에 대한 두려움을 피하고자 미국의 성공적인 경험을 활용하며 반문했다. "그 어느 누가 감히 나에게……영국에 있는 영국 민족이 미국에 있는 영국 민족보다 못하다고 말할 수 있겠는가?"(Bright 1868: II 28, 198)

그럼에도 미국과 영국의 정치적 조건의 커다란 차이는 대서양을 사

---

43) 제임스 브라이스(James Bryce, 1838~1922)는 영국의 법률가이자 역사가였으며 정치인으로 활약하기도 했다.

44) 차티스트는 1838~1848년 영국에서 정치 개혁을 위해 일어났던 노동 계급 운동인 차티즘에 참여하거나 지지했던 이들을 말한다. 보통선거, 비밀선거, 공정한 선거구 설정, 의원 자격 재산 폐지, 매년 의회 쇄신, 의원 세비 지급 6개항을 주장한 인민헌장을 내걸고 활약했다.

45) 존 브라이트(John Bright, 1811~1889)는 영국의 급진주의 정치가로 탁월한 웅변으로 대중들을 사로잡았다.

이에 둔 양쪽에서 인민의 의미에 각자의 흔적을 남기며 정치 담론을 다른 방향으로 밀어붙였다. 명확한 단절과 새로운 시작이란 미국의 경험과는 대조적으로 19세기 및 20세기 영국에서 인민 정부는 표면상으로는 귀족적 군주정 내에서 헌법의 해석과 실행에 있어 점진적이고 부분적인 변화를 통해 차츰 진화됐다(Bagehot 1872: 285). 법적으로 볼 때, 주권으로 여겨지는 것은 한편에 있는 군주나 또 다른 한편에 있는 인민이라기보다는 전체로서 의회였다. 그러나 유권자들을 확대하고자 단계별로 진행된 의회 개혁을 위한 연속적인 투쟁은 변함없이 인민 주권의 이름으로 실행되었다. 1832년의 선거법 개정 법령이 중산층에게 선거권을 부여하자, 인민은 급진적인 정치적 수사 속에서 점차적으로 평민 혹은 노동 계급과 동일시되었다(Stedman Jones 1983: 173). 이렇듯 인민은 [계급 간] 분열을 초래하는 개념이었지만, 한편으로는 통합을 유발하는 개념이기도 했다(Joyce 1991: 11). 비록 하부의 '노동하는 사람들'이 신사들과 나머지 간에 결정적인 사회적 분수령을 이루긴 했지만, 그들은 여전히 민족적 인민의 일부였고, 자신들이 물려받은 헌법에 대한 자부심에 가득 차 있었으며 놀랍게도 종종 다양한 계급을 포용하는 인민의 천부적인 대표자들로서 신사들에게 경의를 표할 준비가 되어 있었다.

그러므로 19세기 영국 정치에서 인민이란 개념은 명백하게 반대되는 두 가지 방식으로 사용됐다. 하나는 분열적인 것으로 20세기 영국에서 노동 계급 정치가 이뤄질 수 있는 길을 닦았다. 다른 하나는 통합적인 것으로 자신들 역시 자신들보다 우월한 이들과 동등하게 하나의 헌정 체제에 속해 있는 것으로 보고, 주권을 쥔 민족적 인민의 일부로서 이 헌정 체제에서 올바른 자기 자리 찾기를 위해 벌이는 투쟁 내에 자신들의 계급 이익과 불만을 위치 지었다.

프랑스 혁명과 나폴레옹에 대항한 전쟁이 일어난 이후 이어진 19세기 초반에 억압적인 대응이 취해진 동안, 영국에서 궁지에 몰린 급진주의자들은 (제임스 버그를 연상시키는 방식으로) '인민'이란 말을 예비적 주권, 다시 말해 왕실과 왕실에 들러붙어 있는 세력과는 분리된 전체 정치 공동체라는 의미로 사용했다.[46] 그러나 이 용어가 정치 담론에서 항상 이런 포용적인 측면에서 제시되고 그 반향이 지속적으로 개혁에 대한 지지를 불러일으키는 동안, 영국 정치에서 점차 그 모습을 더욱 드러낸 세력은 코벳[47]의 '장인들과 노동자들', 다시 말해 평민이거나 '노동하는' 사람들로서 인민이었다(Thompson 1963: 745). 노동자 출신인 급진주의자들의 목표는 무엇보다 자신의 계급이 전체로서 민족적인 주권 인민에 속하게끔 인정받는 일이었던 듯하다(Lovett and Collins 1969). 이들은 일부 근대 좌파 역사가의 좌절을 향해 프랑스 혁명을 이끈 이들의 말을 메아리치기보단 '인민 헌정주의'popular constitutionalism라는 말로 자신의 요구를 표현했다(Epstein 1994: vii; 또 Joyce 1991도 참조). '모든 정당한 권력의 원천으로서 인민'에게 건배의 잔을 들었던 애슈턴-언더-라인Ashton-under-Lyne 지역[48]의 급진주의자들은 확고한 전통적인 언어로 전통적인 원칙을 다시 확인했다. 이들의 결정적인 차이점은 이전 담론에선 인민에 매우 모호하게 포함

---

46) **[원주]** 미국을 찬양했던 제러미 벤담(Jeremy Bentham)은 인민과 같이 모호한 결속체들을 받아들이기에는 방법론적으로 너무 청교도적이고 개인적이었다. 그러나 정부의 억압은 이런 벤담마저 『의회 개혁론』(*A Catechism of Parliamentary Reform*, 1817)의 서문에서 전통적으로 대중영합주의자들이 쓰는 언어들을 쓰도록 자극했다(Mack 1969: 320; 또한 Hazlitt 1991: 12도 참조).

47) 농부였던 윌리엄 코벳(William Cobbett, 1763~1835)은 팸플릿 작가이자 언론인이었다. 코벳은 농민들의 빈곤을 해결하고자 의회 개혁과 왕실로부터 특혜를 받는 부패한 특권층의 제거를 주장했다.

48) 영국 그레이터 맨체스터의 도심 자치구의 하나로 19세기 영국 경제 호황의 중심지였다.

되어 있던 노동 계급이, 바로 그 인민에서 가장 많은 수를 차지하는 이들로서 자신들의 권리를 알리겠다고 천명했던 것이다(Epstein 1994: 154).

1830년대 및 1840년대 의회 개혁을 위한 급진주의 캠페인의 중심에 있던 인민헌장The Peoples's Charter은 (노동하는) 사람들이 자신들에게 내려온 헌법을 그들을 대표하지 않는 계급으로부터 되찾겠다는 주장을 가장 극적으로 표현한 것이다. "우리 인민의 진정한 대표자들"이란 구절—1839년 차티스트 전국 총회 연설에서 사용된—은 버그가 내세운 부패한 의회보다 주권 인민을 더 잘 대표할 전국 연합에 대한 요구를 반영하고 있다. 그러나 버그가 무의식중에 재산권을 가진 독립인들이 인민의 천부적인 지도자들이라고 가정했던 반면, 이 1839년 "우리 인민의 진정한 대표자들"을 주장한 연설은 한 장인 협회 가입자가 행한 것이었다(Epstein 1994: 3). 수백 년 동안 영국의 정치적 담론은 (수평주의자들을 제외하곤) 평민을 인민이라 보는 이해 방식과 현저하게 연관성 없이 남아 있었다. 이 무렵 일부 정치 담론들은 인민 주권을 점차 자신만만하게 확신하는 것처럼 보였다. 그러나 19세기에 이르러서야, 미국에서 일어난 시위로 인해 한때 급진주의적인 원칙으로 여겨졌던 궁극적인 인민 주권의 일반적 수용이 한층 더 선명해질 수 있었으며, 이 원칙은 실천적이고 포용적인 정치로 전환될 수 있었다. 이 미국에서 일어난 시위는, 영국 급진주의자들이 주권을 쥔 민족적 인민의 권위를 노동하는 사람들을 포용할 수 있는 지렛대로 활용하며 이를 아주 오랫동안 밀어붙일 수 있는 동기가 되었다. 글래드스턴[49]이 '인민의 윌리엄'the People's William으로(Biagini 2000: 40, 71), 브라이

49) 윌리엄 글래드스턴(William Gladstone, 1809~1898)은 영국 수상을 네 차례 역임한 인물로 각계각층으로부터 엄청난 지지를 받았다.

트가 '인민의 지도자', '인민의 챔피언'으로(Joyce 1994: 142) 경배된 것도 이런 맥락이었다.

이런 더 확장된 정치적 인민 앞에서 신사들은 신경을 곤두세웠지만, 이 인민이 점차 질서 정연해진 대중 시위들을 통해 그들의 잠재적 힘과 정치적 책임감을 보이며 동원력을 보여 주자 점점 무시하기 힘들게 되었다. 1859년 브라이트는 하원 연설에서 상류층이 인민을 두려워한다고 조롱하며 "제조업자들, 고용주 계급들은 노동하는 사람들을 두려워하지 않는다"고 말했다. 이 말은 토리파의 토지 소유자들이 단순히 노동하는 사람들을 모르기 때문에 이들을 두려워한다는 의미를 은연중에 담고 있었다(Bright 1868: 99). 사실상 이런 두려움은 놀라운 것도 비합리적인 것도 아니었다. 재산을 소유한 계급들의 다수가 두려워했던 것은 단순히 1832년 대개혁법the Great Reform Bill의 통과와 이에 동반된 대중 선동 무리의 폭력[50]뿐만이 아니었다. 합리적 차원에서 부자와 빈민 간에 존재하는 상반되는 이익이 대중 선동가들에게 기회를 줄 수도 있다는 점을 우려했다(Bagehot 1872: xx, xxvii). 만약 브라이트, 글래드스턴 및 다른 신사 계급의 급진주의자들이 인민을 두려워하지 않았다면 그 이유는 자신들이 이 대중을 잘 이끌 수 있음을 알고 있었기 때문이다.

이처럼 19세기 중엽 영국에서 노동자들이 현저하게 가시적으로 더 두드러지게 되었음에도 불구하고, 인민 주권에 대한 영국의 개념은 수직적인 것으로 남았는데 인민이란 여전히 신사들이 주도하는 것이 당연한 결속체로 이해됐다. 월터 배젓[51]은 영국과 미국 간의 이런 차이를 숙고하

50) 대개혁법은 영국 선거 제도를 대폭 개정한 법으로 1820년대부터 오랜 기간을 끌어 제정된 법이다. 이 법이 제정되던 당시 상원이 이 법의 통과를 거부하자 대중 폭동이 일어났다.

면서 무식자들의 교육받은 계급에 대한 '존중'을 부자들에 대한 대중영합적인 약탈을 막는 주요 안전 장치로써 강조했다(Bagehot 1872: 262~271; 또한 Bryce 1888: III 13도 참조). 미국에서 있었던 그 누구와도, 그 어떤 것과도 동등한 존재로서 '평범한 사람들'의 이상화와(Hofstadter 1964) 영국에서 있었던 심지어 대중영합주의자들에 의한 것으로 보였던 인민에 대한 위로부터 아래로 내려오는 연민 간의 어조 사이에는 거대한 차이가 존재했다(이런 차이는 적어도 20세기 절반이 지날 때까지 지속되었다[Shils 1956: 48 참조])[52]

그럼에도 불구하고 미국에서처럼 영국에서도 인민이란 정치적 용어는 모든 것을 감안해 볼 때 경제적으로는 제로섬 충돌이란 경험으로 남을 수도 있던 것들을 전체로서 인민에 포용되기 위한 정치적 주장으로 통합하고 전환시켰다. 이 용어가 한편으로 [계급 간] 분열적이었다는 점을 감안한다 해도 이 말이 사회 전반에 걸쳐 일으킨 분열은 맑스주의적인 계급 분열에 상응했던 것은 아니었다. 1909년 (사회 개혁을 위한 재정 마련을 위해 부동산에 세금을 부여한) 로이드 조지[53]의 '인민의 예산'People's Budget이 촉발한 '귀족과 인민' 간의 불꽃 튀는 충돌이 있었을 때 문제가 된 '인민'은, (마치 80년 전 앤드루 잭슨의 '인민'처럼) 민족과 동등한 존재로서 그럴

---

51) 월터 배젓(Walter Bagehot, 1826~1877)은 영국의 기업가로 언론인 및 작가로도 활약했다. 직업에 맞게 경제 문제와 정부, 문학 분야에 걸쳐 많은 글을 남겼다.

52) [원주] "우리를 향해 웃어라, 우리에게 대가를 지불하라, 우리를 지나쳐라. 그러나 진정으로 잊지는 마라. 아직까진 목소리를 결코 내고 있진 않지만 우리가 영국 인민이기 때문이다" (Chsterton 1933: 173; 또한 Canovan 1977도 참조).

53) 로이드 조지(Lloyd George, 1863~1945)는 영국 자유당 당수와 영국 수상까지 지낸 저명한 정치가다. 제1차 세계대전을 승리로 이끈 주역이자 전쟁 이후 질서를 정립한 1919년 파리 평화조약에서 핵심적 역할을 했다.

듯하게 제시되었다(Gilbert 1968: 38~39). 미국에서 그랬듯이 인민이란 말은 통합적인 힘을 지니고 있었을 뿐만 아니라 도덕적이고 보편적인 힘을 지니고 있었다. 패트릭 조이스[54]는 자신이 글래드스턴의 '도덕적 대중영합주의'라 이름 붙인 현상에 주목한다. 이 도덕적 대중영합주의에서 인민은 영국 민족의 노동하는 사람들뿐만 아니라 인류라는 대의적 이상까지 포함하며 확장되고 있다. 글래드스턴은 1879년 미들로디언에서 위대한 캠페인을 벌이는 동안 청중들을 향해 그들 자신이 제국의 운명을 손에 쥐고 있는 "하나의 위대하고 자유로운 인민"이라고 말했다. 이를 두고 조이스는 "인민이 모든 사람들이 될 때까지 서서히 확장되는 중이었다. 인민은 모든 사람들……다시 말해 모든 인류를 대변할 수 있었다"고 논평한다(Joyce 1994: 206). 영국 제국주의와 식민주의의 한 측면의 효과는 인민이란 담론을 실제로 널리 퍼뜨린 것이었는데, 개념적이고 수사적인 도구들을 제국에 반대하는 이들에게까지 넘겨주었다.

6. 인민 정부와 인민

그리하여 19세기 말경 영국에서 정치적 인민은 더욱 포용적인 것이 되어가며 아래로는 노동 계급으로 확장되고 밖으로는 인류와 심지어 한편에서는 여성에게까지 확장되었다.[55] 그러나 인민은 여전히 도덕적 특권 속

---

54) 패트릭 조이스(Patrick Joyce, 1945~)는 영국의 논쟁적인 역사가로 특히 정치 분야 관련 저서와 논문을 광범위하게 출간했다.

55) **[원주]** 다른 급진주의자들처럼, 여성 참정권 운동가들도 여성 참정 사회 전국 조합이 발행한 1914년 전단에서 볼 수 있듯이 인민이란 언어에 호소했다. "**인민이 통치해야만 한다.** 에스퀴스(Asquith) 백작은 분명 그래선 안 된다고 말할 것이다. 그는 지금 인민의 옹호자로서 문제를

에 통합된, 어떻게든 특별한 것이었다. 이런 도덕적으로 특별한 인민은 여전히 자신의 주권 권력을 되찾아 오기 위해 노력하고 있었는데, 우선 투표권을 위한 투쟁을 통하여, 그다음은 (노동하는) 사람들을 위해 국가를 사로잡고자 했던 노동당의 장기적 캠페인을 통해 이루어졌다. 하지만 인민과 권력은 여전히 어느 정도 서로 구별되는 것이었고 제2차 세계대전까지 그렇게 지속됐다.

19세기 후반 미국은 다른 종류의 대중영합주의를 목격했는데, 이 대중영합주의는 인민을 포용하기 위한 투쟁이 아니라 인민을 포용하려는 투쟁의 결과에 실망해서 생겨난 것이었다. 실천적 차원에서 인민 정부는, 무엇보다 미덕과 진보의 방안이 아닌 것으로 드러났다. 미공화국은 모호한 함의를 지닌 로마 유산의 두 가지 흐름을 다시 합친 것으로, 한편에서 미공화국은 인민에게 그들의 이름으로 실행되는 사안들을 감독할 기회를 주며 인민 정부를 세웠다. 그러나 동시에 미공화국은 공화국의 주권이자 구성 권력으로서 인민constituent people을 [비상 상황을 위한] 예비적인 궁극적 권위로 남겨 두었다. 인민이 정부를 선출한 까닭에 일정한 지점까지 정부의 행위는 인민의 행위였지만, **단지** 거기까지일 뿐이었다. 일반적인 [정치] 환경 속에서, 인민과 인민의 정부 간에 존재하는 간극은 선거 기간 동안 악당들을 쫓아냄으로써 메울 수 있었지만, 때때로 그 간격은 너무나 넓게 보여서 일반적인 정당과 정치가 들에 대항하는 좀더 급진적인 동원을 촉진시켰다. 1892년 인민당의 오마하 강령에 있는 말들을 보면, 대중영합주의자들은 자기들이 벌였던 운동을 "공화국 정부를 공화국 정부가 탄생

제기하려고 노력하고 있지만, 수백만에 이르는 선거권이 없는 **인민**이 **투표권**을 요구한다면, **그**는 이런 요구를 거절할 바로 그런 사람이다……"(Holton 1986: 123).

한 근원인 '평범한 인민'의 손에 되돌려 주는" 십자군 운동으로 보고 있다(Pollack 1967). 이들은 이런 인민 권력의 복원이 문제를 해결하고 새로운 새벽을 밝힐 것이라 기대하고 있다.

미국인들은 근대 최초로 인민 정부를 수립했고, 그런 탓에 최초로 인민의 정부가 어떻게든 인민의 통제를 벗어난다는 측면과 이에 대한 환멸을 경험했다. 이후 연속적으로 이와 유사한 사례가 나오고 있으며, 인민에게 정부를 되돌려 주기 위한 제도적 수정에 대한 요구가 있었다. 이런 제도적 수정이 주민 전원 투표와 주민 발안의 적용을 통해 이루어진 점은 주목할 만하다. 그러나 특별한 도덕적 지위를 지닌 예비적 권력으로서 인민의 곤궁은 이러한 **그 어떤** [수정적] 제도적 장치들조차 도전에 열려 있다는 점이다. 어떤 제도적 장치도 인민의 목소리를 잡아내고 있다고 단언하지는 못한다. 민주주의에 대한 실망을 두고 나타난 반응 중 하나는 진정으로 대중영합적인 프로젝트에 남아 이런 찾아보기 힘든 인민을 지속적으로 찾고자 하는 것이다. 또 다른 반응은 모두가 환상에서 좀더 벗어나 인민에 의한 정부가 실제로는 **사람들**—다시 말해 인간—에 의한 정부 그 이상의 것이 아니며 인민의 의한 정부라는 과장된 기대는 아주 적절하지 않은 것이란 입장이다.

인민이란 개념이 발전해 온 역사 전반에 걸쳐 인민이 뿜어낸 매력과 파토스는 대조적인 것들에 기대고 있다. 그것은 주권 군주와 대조되는 주권 인민이고, 특권 계급과 대조되는 평민이며, 외국인들과 대조되는 민족적 인민이다. 로마적인 것이든 미국적인 것이든, 인민 정부도 이와 유사하게 반대되는 것들과 대조되었는데, 왕권 혹은 전제정이 규범이던 세상에서 매력적인 특별한 종류의 정부, (미국의 경우에는) 결국에는 모든 인류가 모방해야 할 모델을 제시했다. 하지만 21세기에서 이런 인민 정부와 대조적인 것들을 찾아보기는 힘들다. 실제로 통치하는 왕들은 사실상 사라져 가고 있으며 비록 많은 전제폭군들이 살아남았지만 그들은 터무니없는 존재가 되어 [권력의] 정당성을 주장하지 못하고 있다. 영미권 국가에서 평민common people은 더 이상 구별되는 계급이 아니며 '보통 사람들'ordinary people 속으로 사라져 가고 있다. 일부는 심지어 이제 서로 구별되는 민족적 인민들이, 인간들로서 [일반적이고 보편적인] 사람들people-as-human-beings로 이뤄진 지구화된 세계 속에서 그 강렬함을 잃어 가고 있다고 주장한다. 한 측면에서 보자면 지금까지 벌어진 일은 인민의 정치의 승리로 보여질 수도 있다. 그러나 어디에나 존재하게 되면서 인민은 얻은 것만큼 잃어 가고 있다. 진보적인 대의 이상을 좇는 천부적 주체로서 인민은 프롤레타리아 계급만큼이나 모호한 것으로 드러났다. 한 민족적 인민이 행사하는 자결권은 억압을 제거할 수 있는 방안이 아닌 것처럼 보이며, 무엇보다 인민의 정부는 단지 다른 인간이 또 다른 인간을 통치하기 위한 여러 우연하고 복잡한 제도적 장치인 것처럼 보인다.

다시 말해 20세기에 이뤄진 한 핵심적인 발전은, 인민이 한 국가의 우연한 경계 내에서 형성된 개별 인간들의 즉흥적 집합인 인구 집단 속으로 사라져 간 것이다. 그러나 이것이 우리가 불멸하는 주권 결속체sovereign body로서 인민, 혹은 특별히 선택된 민족으로서 인민, 공통의 이익을 가진 평민으로서 인민, 또는 억압에 맞서는 진보적인 십자군의 의무를 지닌 이들로서 인민에게 작별을 고해야 한다는 의미는 아니다. 중립적으로 인민을 이해하는 방식은 이제 흔한 것이 되었음에도 근대 정치는 인민과 관련해 전해 내려오는 신화와 담론, 관련된 주장과 딜레마에 지속적으로 쫓기고 있다. 특히 바로 지금이야말로, 그 어느 때보다 더, 정당한 정치적 권위의 유일한 원천은 인민의 동의임이 당연시되고 있다.

결론

이 장에서는 인민이라는 입장과 용어가 과거의 정치적 투쟁 과정 속에서 어떻게 사용되고 채택되었으며 확장되었는지를 간략하게 그려 보고자 했다. 특히 이런 그림을 지난 수 세기 동안 영미권 정치 내에서 있었던 일을 바탕으로, 그리고 이런 투쟁들이 의지했던 더 오래된 전통 내에서 그려 보고자 했다. 이 연구는 궁극적 정치 권위로서 인민의 중요성을 강조하는 동안, 이런 개념에 수사적인 유용성과 개념적 불명확성을 일으키는 광범위한 의미와 내부적 긴장을 설명하고 있다. 우리가 지금까지 물려받은 개념과 담론의 무더기는 필수 불가결한 것이지만 상당히 문제가 있는 것이기도 하다. 이 책의 나머지 부분에서는 이를 좀더 명확하게 하고자 정치적으로 중요한 서로 다른 두 종류의 모호성을 살펴보려 한다. 첫째는 인민의 외부 및 내부 경계와 관련되어 있으며, 둘째는 인민의 주권 권위와 관련된 것으로 행위하는 인민과 신화로서 인민을 살펴볼 것이다. 우리가 풀어야 할 문제들은 현재의 정치 담론에서 떠오른 것이며 당대의 관점에서 해결해야겠지만, 역사적 투쟁들의 지속적인 반향을 보면 우리가 해결책을 손쉽게 얻을 수는 없을 듯하다.

3장/ 우리 자신과 타자들: 인민, 민족, 인류

모든 공적 권력은……인민, 다시 말해 민족으로부터 나온다.
에마뉘엘 시에예스(Hont 1994)

프랑스 혁명을 주도한 혁명가들이 1789년 「인간과 시민의 권리 선언」*Déclaration des droits de l'homme et du citoyen*을 공표했을 때 그들은 주권을 '민족'에 부여함으로써 절대군주정에 도전했다. 민족이란 진정한 주권 인민, 바로 전체 인류의 국지적 가지에 불과한 것으로 봐야 한다고 여겼던 로베스피에르Maximilien Robespierre와 다른 급진주의자들은, 인민 주권의 원칙에 대한 이런 해석이 너무나 제한적이라 여기며 불쾌해했다(Hont 1994: 207~209). 추상적으로 보면, 로베스피에르의 입장이 합당한 것처럼 보일 수도 있다. 만약 인민이 실제 정치 권위의 원천이라면 주권 인민이란 말은 모든 사람들을 포함해야 하고 인류와 동일한 범위의 것이어야 마땅하지 않을까? 그러나 일상적 정치 담론에서 주권이 부여되거나 또는 정당성을 획득하기 위해 동의가 요구되는 세력은 언제나 하나의 인민이다. 이 '하나의 인민'은 인민 일반people in general과는 어떻게든 구분된다. 그렇다면 하나의 인민을 정치적 목적들을 위한 것으로 이해해야만 할까? 하나의 인민은 하나의 민족 혹은 하나의 인종문화 집단과 동등한 것일까? 하나의 인민은 민족적 혹은 인종문화적 고리와 단절되거나 혹은 이를 초월하는 다른 종류의 공동체일 수 있을까? 그리고 그들의 공동체의 유대가 어떠하든 간에, 결속되고 배타적인 인민의 권리가 인민을 인류 일반이라 보는 주장과는 어떻게 화해할 수 있을까? 이런 질문들은 '인민들'을 현존하는 국가들에 살고 있는 전체 인구들과 동등하게 여기는 정치 담론 내에서 종종 간과되어 왔다. 그러나 당대에 제기된 정치 문제들로 인해 이런 질문들을 무시하고 넘어가긴 어렵게 되었다. 이러한 경계들이 자칭 인민들[이라 부르는 세력]의 분리독립 주장 및 유럽연합 같은 초국가적 프로젝트로 인해 논란이 되고 있다. 동시에 급증하는 이주는 (민주적 권리와 정치 권위의 궁극적 원천을 보유한 이들로서) '우리 인민'our people[1]과 이런 '우리 인민'에게 합류하길 원하는 세계의 다른 사람들other people 간에 놓인 경계들의 지속적인 중요성을 강조하고 있다.

이런 질문들이 바로 3장의 주제이다. 1절에서는 '인민'과 '민족' 간의 연결고리를 살펴본다. 이 양자는 종종 동등한 것으로 여겨지지만, 공화주의 정치 사상 전통 내에는 '하나의 인민'을 민족도, 인종문화 집단도 아닌 하나의 정치 공동체로 여기는 기반이 부분적으로 존재한다. 2절은 초국가적 인민들을 건설하려는 프로젝트들을 고려하며 이런 주제를 살펴볼 것이다. 특히 충분히 민주적인 유럽연합의 기반을 형성하기 위해 단일한 유럽 인민을 형성할 수 있다는 신념을 살펴볼 것이다. 그러나 비록 그런 정도의 인민의 연대가 달성된다고 할지라도, 구체적인 인민 모두에게 경계

---

1) 여기서 '우리 인민'은 '우리에 속하는 사람들', 바로 구성원들이 자신들을 하나의 결속된 인민으로 인식하는 집단을 뜻하는 것으로, 주로 안정된 민주정체를 이루고 경제적으로 번영한 체제에 존재하는 인민을 뜻하는 의미로 쓰였다. 지구화가 진행되면서 불안정한 정치 및 경제 체제에 살고 있는 많은 사람들이 이주를 통해 안정되고 번영하는 인민에 합류하고자 하는 현상이 일어나고 있다.

가 있다는 사실과 더불어 하나의 민주적인 인민을 이루는 구성원들이 인민 일반에게는 주어지지 않는 권리와 권력을 즐기고 있다는 사실을 바꿀 수는 없을 것이다. 3절은 '우리 인민'에 대한 민주적 헌신과 인민 그 자체에 대한 민주적 헌신 간에 있는 긴장을 살펴본다. 우리 인민이 어떤 측면에서 모든 사람들을 위한 사명을 지니고 있으며 그에 상응하는 특권을 가진 '선택받은 하나의 인민'이라 여기는 것은 [모든 사람들이 동등한 권리를 누릴 수 있어야 한다는] 민주적 양심[의 부담]을 덜어 주는 한 방식이었다. 이런 편리한 해결책은 당대 이주의 정치politics of migration[2]에서 채택되고 있는 경계들이란 냉혹한 관점에서 볼 때 그다지 호소력이 없다. 당대 이주의 정치는 인민 공동체의 정치 내에 존재하는 긴장들을 무시하지 못하게끔 만들고 있을 뿐 아니라 그 긴장을 해결하는 일 역시 어렵게 만들고 있다.

1. 인민과 민족

> 모든 인민들은 자기 결정권을 갖는다.
> 이 권리의 미덕으로 인해 모든 인민들은 자유롭게
> 자신들의 정치적 지위를 결정하고 자신들의 경제·사회·문화 발전을 추구한다.
> 토머스 D. 무스그레이브(Musgrave 1997)

이런 중대한 선언은 국제연합이 1966년 채택하고 10년 후에 실행한 두 개

2) 이주의 정치는 인구의 이동과 그에 따른 여러 정치적·경제적·사회적·문화적 변화를 다루는 분야로, 현대에서는 주로 민족국가 간 사람들의 이동이 핵심 주제이다. 지구화(globalization)가 본격적으로 이루어지면서 활성화된 인구 이동이 20세기에 접어들며 확정되었던 것처럼 보였던 기존 민족국가의 경계를 바꾸기 시작하자 더욱 중요한 관심사가 되었다. 관련 일반 문제에 대해선 Sarah Spencer ed., *The Politics of Migration: Managing Opportunity, Conflict, and Change*, Oxford: Blackwell, 2003을 참고하라.

의 국제 인권 헌장들International Human Rights Covenants 각각의 1항으로 그 모습을 드러내고 있다. 인민 주권의 원칙을 일반적으로 수용한다는 것을 전제하면, 이런 선언은 단순히 명백한 사실을 기술한 것처럼 보인다. 여기서 문제는 '인민'a people이란 무엇인가이다. 도대체 어떻게 자기 결정권을 가진 결속체들이라는 정체성을 확인할 수 있는 것일까? 자기 결정권 조항을 포함하는 국제 협정들은 이 질문에 답하지 않았고, 자기 결정권 원칙을 구체적인 정치적 분쟁에 적용하는 난제에 좌절한 법률 전문가들을 그대로 버려 두었다(Musgrave 1997: 148~179; 또한 Cassese 1995도 참조). 어떤 경우에는 주민 전원 투표를 통하여 전체 주민은 자신들이 하나로 이뤄진 인민의 구성원인지 아니면 두 개 혹은 그 이상으로 이뤄진 인민들의 구성원인지 그 정체성을 확인할 수도 있다. 그러나 영토 분쟁에 있어서는 한 인민의 경계를 설정하는 어떤 민주적 방식도 존재하지 않는다는 사실이 자주 드러나고 있다. 그렇다고 이 문제를 인민들 자신에게 [그 결정을 주민 전원 투표라는 방식으로] 명백히 맡길 수 있는 것도 아닌데, 이는 유권자들의 경계에 대한 어떤 합의도 존재하지 않고 따라서 투표권을 부여할 인민의 경계에 대한 합의도 존재하지 않기 때문이다(Whelan 1983).

이 원칙이 채택된 전후post-war 국제 사회 맥락 내에서 보면, 이 민족자결권 선언의 목적은 [19세기 강대국들이] 제국을 건설하는 과정에서 이미 존재하고 있던 기존 공동체들의 경계에 대한 아무런 고려도 없이 구획을 그어 버린 영토에 대한 자치를 요구함으로써 식민지 독립을 촉진시키려는 것이었다. 이런 맥락에서 이 선언에 있는 인민은 집단 의식이나 집단 연대의 존재를 함의하고 있지 않았다. 이 선언을 채택했던 이들의 눈에는 하나의 인민이란 단순히 주어진 일정한 영토 경계 내에 자신들이 존재하고 있음을 우연히 알게 된 인구 구성원에 지나지 않았으며, '민족 건설'

nation-building이란 독립에 뒤따라오는 것이지 독립에 선행하는 것이 아니었다. 이런 인민[이 누구인지]에 대한 구체적 내용의 결여는 그 당시에서 보면 정치적으로 편리한 방책이었으며 지금 뒤돌아보면 중대한 것이지만 대표적인 인민에 대한 입장은 아니었다. 이 선언이 있기 전 그리고 선언 이래 정치적이고 이론적인 담론 내에서 자기 결정권을 지니는 '인민들'은 대개 민족들로, 혹은 토착인들indigenous people과 같이 전해 내려오는 문화를 공유한 인종문화 집단으로 여겨졌다. 그러나 이런 인종문화-민족적 사고방식의 영향에도 불구하고, 원칙적인 입장에서 볼 때 하나의 정치적 인민은 다른 방식으로도 인식될 수 있다. 서구 정치 전통 내에서 보면 고전적 공화주의자들은 한 도시의 정치 공동체를 이르는 포풀루스라는 개념을 오랫동안 지켜 왔다. 이 포풀루스란 개념은 민족도 종족도 아닌 하나의 인공물로 이해됐다.[3] 일부 당대 정치 사상가들은 이런 명료한 공화주의적인 테마에 의지해 그들이 받아들이기 어려운 것처럼 보이는 인종문화적 연합들과 자유로운 민주적 책임감 및 인민 동의와의 사이에 있는 고리를 끊어 놓고자 '인민'을 '민족'에서 구분한다(이 프로젝트는 2절에서 평가해 볼 것이다). 이 절의 주요 관심사는 정치적 '인민'과 (다소 인종문화적인) '민족' 간의 개념적이고 실천적인 밀접한 연결고리를 살펴보는 것이다. 이를 위해 일부 개념적 기반을 분명히 할 필요가 있다.

민족 공동체Nationhood는 정의하기 힘들기로 악명이 높고, 실천에서 논쟁적인 것만큼이나 이론에서도 논쟁적인 문제다. 이런 논쟁을 여기서 다

---

3) 고전적 공화주의에서 정치는 사람들이 '짓는' 인공적인 것으로 포풀루스도 이런 맥락에서 이해된다. 예를 들어 고전적 공화주의자인 루소는 정체가 얼마나 서서히 부패하는가가 관건이라고 했는데, 이는 지어진 모든 것은 낡아지며 허물어지기 마련이라는 생각 때문이었다.

살펴볼 수는 없다. 그러나 다른 글에서 나는 민족성이 자연적인 것과 인공적인 것, 과거와 현재, 운명과 의지를 함께 묶는, 본질적으로 인종문화적인 것과 정치적인 것이 (가변적으로) 혼합된 매개적 현상이기 때문에 규명하기 어렵다고 주장해 왔다. 하나의 민족이 하나의 인종문화 집단과 동등한 것이 아니지만, 민족적인 것과 인종문화적인 것의 일상적 동일화는 놀랍지 않은데 한 민족이 깊이 있는 역사, 문화, 혈연 의식kinship을 형성하는 하나의 공동체가 되고 동시에 하나의 정치적 인민이 되기 위해서는 어느 정도 인종문화적인 것을 느낄 필요가 있기 때문이다(Canovan 1996). 이런 말이 모든 정치적 인민들이 필수적으로 하나의 민족이어야 한다는 의미는 아니다. 과거에도 (적어도 도시국가에선) 비민족적 인민들이 존재했고, 인식론적인 차원에서 볼 때 미래에도 가능한 일이다. 그러나 자기 결정의 주체로서 타당하게 간주할 수 있는 하나의 정치적 인민이 하나의 민족이어야 한다는 것은 분명하게도 근대 정치에서 나타나는 규범이다. 그래서 대의 정부 및 자유민주주의의 가능성을 포함하여, 민족 공동체와 인민 주권의 행사 간에 밀접한 관련이 있다고 주장할 수 있다(Canovan 2002b). 실제로 존 스튜어트 밀John Stuart Mill은 1861년 출간한 『대의 정부에 대한 고찰』*Considerations on Representative Government*에서 이런 점을 분명히 했다. 밀은 동료-자국민들fellow-nationals의 '공통의 공감대'common sympathies가 그들 사이의 정치적 협력을 용이하게 만드는 반면, '동료감'fellow-feeling과 공통된 문화의 결여는 여론의 형성을 억제하게 될 것임을 지적했다. 언뜻 보기에도 확실히 "어느 세력 내에서나 민족적 감성이 존재하는" 곳에서는 민족국가 정부가 적합할 뿐만 아니라, (밀이 관찰하듯) "이는 통치받는 이들이 정부의 문제를 결정해야 함을 말하고 있다"(Mill 1962: 309). 다시 말해, 인민 주권과 민족적 자기 결정권은 서로 뒤얽혀 있다.

이런 연관성의 정확한 본질은 다른 방식들로 분석될 수도 있다. 버나드 야크Bernard Yack는 인민과 민족이 상호 강화한다는 충격적인 연구를 내놓았다. 야크는 인민이 자체에 실질적 내용을 불어넣기 위해 민족과의 역사적 연대를 필요로 하는 정치 공동체의 추상적 이미지라고 주장하며 "민족은 정확하게 인민의 개념에 결여되어 있는 것을 제공한다. 정치 공동체의 전 정치적prepolitical 기반을 찾는다는 측면에서 그러하다"고 말한다. (야크의 입장에서 볼 때) 인민은 경계 지어진 **공간**을 넘어서 존재하며 시간에 제약되지 않는 공동체의 이미지를 제시하는 반면, 민족은 "**오랜 시간에 걸쳐 내려온** 공동체의 이미지를 제공한다. 우리를 민족 공동체로 묶는 것은, 변형된 형태로 한 세대에서 다음 세대로 전달된 공유된 유산에 대한 우리의 이미지다". 이런 공생은 "정치적 충성을 민족화시키고 민족적 충성을 정치화시키는" 효과를 낳았다. 야크는 민족주의와 민주주의가 밀접하게 연결되어 있으며, 이 양자 간의 연결성은 이를 비판하는 이들이 가정하는 것보다 훨씬 더하다는 결론을 내린다(Yack 2001: 520, 523~524, 530).

야크의 주장은 주권 인민을 순전히 추상적 집단체로 보는 이해 방식에 의존하고 있다. 이런 이해 방식은 (내 입장에서 보면) 이 입장에 내재한 복합성을 고려할 충분한 여지를 주지 않는다. 주권 인민의 입장에 내재된 이런 복합성은 5장에서 충분히 살펴볼 것인데, 여기에서 나는, 원칙적으로 볼 때 개별 사람들이 집단 행동에 나서 동원을 통해 주권 인민에 구체적 현존을 부여할 수 있기 때문에 주권 인민을 단순히 하나의 추상체로 보아서는 만족스러운 분석을 할 수 없다고 주장할 것이다. 그러나 이런 집단적 행위가 가끔씩 일어나고, 부분적이며, 순식간에 일어나는 것이기 때문에 야크가 제시하는 인민이 시간 및 역사와 갖는 관계에 관한 분석은 우리가 이 견해 전체를 받아들일 수 있든 아니든 관계없이 적절하다고 볼 수 있다. 야크가 주장한 추상적 인민이 [한 인민이 형성되어 온] 역사적 소재location를 가지기 위해서는 민족 공동체를 필요로 하는데, 이는 인민이 역사의 외부에서 "일종의 영원한 현재eternal present로 존재하기" 때문이다(Yack 2001: 521). 우리가 2장에서 자주 접했던 구체적이면서도 동원된 인민은 항상 모습을 드러내는 존재가 아님은 분명하다. 대조적으로 이런 구체적 인민은 좀더 일반적으로 볼 때 [일상의 현실에] 부재하는 것이다. 그러나 이 인민이 연속적인 역사를 갖지 않는다는 측면에서, 한 인민이 동원을 통해 모습을 드러낼 때마다 하나의 새로운 시작이 이루어진다는 측면에서 인민은 시간의 밖에 있는 존재다. 동원 그 자체가 개별 사람들이 집단 행동에 임하는 일이라 할 때, 이런 행위는 이전에는 존재하지 않던 하나의 인민을 구성하고 이후에 하나의 민족을 낳을 수도 있을 것이다.[4] 그러나 하나의 민족적 인민으로서 존재했던 앞선 역사가 이런 동원에 도움이 된다는 것은 의심할 바가 없으며 민족들이 이런 인민이 [집단] 행동에 나서는 짧은 순간들을 보존하고 영구화시키는 일에 능숙하다는 것은 의심의 여지가 없다. 야크가 말하듯이, 시간 속에서 존재하면서 집단 기억, 신화, 상징을 한 세대에서 다음 세대로 넘겨주는 것이 민족의 본질이다. 인민이 동원에 나선 위대한 순간의 기억이 민족의 기억 속에 소중히 간직될 때, 미래의 개인들을 하나의 인민으로 동원하는 일이 쉬워진다. 이런 방식으로 함께하는 행동이 만들어 낸 순간적인 집단 권력은 마치 미래의 행동에 동력을 제공할 준비가 된 충전지마냥 기억 속에 저장된다(Canovan 1996: 72~74; 또한 Smith 2003도 참조).[5]

---

4) [원주] 아마도 이스라엘과의 투쟁 속에서 나온 새로운 팔레스타인 인민의 등장이 현 시대에 볼 수 있는 예라고 할 수 있을 것이다.

이런 주장의 순효과는 인민 주권의 정치가 인민the people이 하나의 인민a people으로 행동하는 곳에서 가장 강력해지는 경향이 있음을 제시하는 데 있다. 이는 이 인민이 하나의 민족을 형성하기 때문이다. '해방'을 위한 투쟁 속에서 인민 주권에 대한 확신과 민족 자결에 대한 확신 간에 강력한 역사적 고리가 있다는 것은 분명하다. 동부 유럽에서 1989년 반공산주의 혁명이 촉발되었을 때, 이 두 요소는 이미 제1차 세계대전 이후 유럽에서 왕조의 제국을 종식시켰던 대다수의 혁명 속에, 1848년 시도된 민족적·자유적 혁명들 속에, 프랑스 혁명 그 자체 속에 연결돼 있었던 상태였다. 이런 연결고리는, 1789년 프랑스 혁명 당시 포풀루스와 동등한 당대 프랑스인들이 하나의 민족la nation, 다시 말해 주권의 원천이라는 결정을 내린 국민의회National Assembly에서 있었던 논의를 통해 상징적으로 표현됐다(Hont 1994: 194).[6] 더욱이 역사를 좀더 거슬러 올라가 17세기 영국을 보면, 인민 주권에 대한 혁명적 확신은 고유한 자유로운 정치 유산을 지닌 하나의 민족적 인민에 속해 있다는 오래 지속되어 온 영국인들의 소속감과 밀접한 고리를 맺고 있었다.

민족적 인민 공동체national peoplehood에 대한 무의식적인 의존은 정치 이론(Canovan 1996)과 정치 실행에 영향을 미치면서 영미권 정치 문화에 오랫동안 각인되어 온 것이다. 자결권 문제와 관련해 보면 이 자결권의 옹호자들이, 주어진 한 영토 내에 살고 있는 개별 사람들이 [서로 간의 차이에도 불구하고] 자신의 정치적 미래를 결정할 수 있는 하나의 인민a people

5) **[원주]** 인민의 신화들에 대해서는 6장을 보라.

6) **[원주]** '푀플'(peuple)은 일부 지역에서는 너무 평민적인 것이라 여겨졌다. 엘리트와 구별되는 하층 계급을 언급하는 용어로 '인민'을 이해하는 방식에 대해서는 다음 장에서 살펴볼 것이다.

을 형성한다는 점을 당연하게 여기는 바람에 정치는 때때로 위험스럽게도 순진한 것이 되어 버리기도 했다. 민족 공동체의 부재 속에서 이런 가정은 종종 허상으로 드러나고 있다. 그러나 중요한 요소가 인종문화적 다양성의 현존이라기보다는 민족 공동체의 부재일 수 있다는 점은 주목해야 한다. 비록 정도의 차이를 두고 혈맥kinship과 유산의 관점에서 늘 인식되기는 하지만, 하나의 민족이 하나의 인종문화 집단은 아니다. 민족들은 아주 다양하다. 그리고 상당히 남용되고 있는 '인종문화적'ethnic 민족과 '시민적'civic 민족 간의 구별이 별다른 도움이 되지 않는 대충 만들어진 것이긴 하지만, 인종문화적 요소들과 시민적 요소들 간의 비율은 상이한 사례들 속에서 다양하게 나타난다. 예를 들어 아일랜드 민족 공동체는 영국 민족 공동체보다 좀더 인종문화적이며, 독일이 프랑스보다 좀더 인종문화적이다. 모든 경우 가운데 가장 시민적이며 가장 덜 인종문화적인 예는 여전히 인종문화적 요소가 존재함에도 불구하고(Yack 1996) 당연히 미국 민족 공동체이다. 눈에 띄게 인구 구성이 다양한 인종문화적·민족적 기원을 둔 미국 민족 공동체는 거대한 연대의 결속체로 단결되어 있다. 비록 미국 혁명 당시 대부분 자유로운 주민들이 공유했던 영국 민족 공동체[에 대한 애착]가 식민지들을 함께 묶는 데 도움이 되었음은 의심할 여지가 없지만(연방주의자들은 이런 목적으로 영국 민족 공동체를 강조했다[Hamilton et al. 1886: 9]), 분열된 미국에서 민족 정체성의 형성은 하나의 정치적 인민으로서 동원이 있기 전에 일어났다기보다는 이에 뒤따라 일어난 것이었다. 더욱이 이 하나의 정치적 인민은 새로운 공화국에서 자기 스스로 의식적으로 새로운 시작을 성취했다. 다양한 인종문화 집단들을 민족으로 통합한 미국의 놀라운 능력은 인민 공동체가 갖는 우선성에 상당히 덕을 보았다.[7] 이는 미국의 인민 공동체가 19세기 낭만주의에서 나온 인종문화적 성격을 갖는 포크Volk[8]와 공통점이 있다기보다는 로마의 포풀루스와 더 많은 공통점을 가지고 있다는 측면을 보면 알 수 있다.

미국의 경험을 자세히 들여다보지 않으면, 다인종 문화 사회에서 민족적 인민 공동체를 이루는 일이 마치 쉬운 일인 것마냥 기만적으로 보인다. 프랑스의 정치 이론가인 도미니크 슈나페[9]는 이와 유사한 이상을 좀 덜 낙관적인 어조로 분명히 표현했다. 슈나페는 [『시민들의 공동체』 *La communauté des citoyens*, 1994에서] 프랑스 내에서 소비자 개인주의가 나타나고 인종문화적 의식이 떠오르며 국가 주권이 약해지고 있던 상황에 맞서 '시민들의 공동체'로서 민족이라는 프랑스 공화주의의 이상을 방어했다. 슈나페에게 민족이란 확연히 구분되는 **정치** 공동체로 특정한 역사적 정치 기획에 의해 정의될 수 있다. 이 공동체는 (각 세대마다 반복되는) 교육이라는 정교한 과정을 통해 형성되는데, 교육은 개인들이 자신들의 개인적이고 인종문화적인 정체성의 한계를 넘어 평등한 시민들이 공유하는 정치적 삶이란 보편성을 지닐 수 있게끔 한다. 슈나페는 심지어 이렇게 정교하게 건설된 민족도 여전히 유사 자연적인 공동체적 정서quasi-natural communal feelings 및 역사와 언어라는 유사 인종문화적 유산quasi-ethinic heritage에 의존할 필요가 있다고 인정한다. 그러나 이 책의 핵심은 유기적 성장체로서 정치 공동체관이라기보다는 정교한 성취 및 현재의 프로젝트로서

---

7) 미국 헌법의 상징적인 구문 '우리 미국 인민'이 실제로 인종문화적 분열과 다양성을 통합하는 데 기여했다는 의미다.

8) 19세기 독일 사회의 지식인들은 문명(civilization)의 관점에서 보면 다른 유럽의 국가에 비해 뒤처진 독일의 자부심을 회복하기 위해 문화(kultur)라는 관점을 내세웠다.

9) 도미니크 슈나페(Dominique Schnapper, 1934~)는 2001년부터 2010년까지 10년간 프랑스 최상위 헌법 권위 기구인 프랑스 헌법 운영위(Consitutional Council of France)의 위원을 역임했다. 저명한 철학자 레몽 아롱(Raymond Aron, 1905~1983)의 딸이기도 하다.

정치 공동체관이다(Schnapper 1994).

슈나페는 이 '시민들의 공동체'를 찬양하고 있지만, 이 공동체의 시대가 다한 것은 아닌지 두려워하고 있기도 하다. 지구화된 세계에서 외부 주권을 행사할 수 없게 된 이 공동체의 시민들은 한편에서 경제적인 것에 대한 몰두와, 또 다른 한편에선 내부의 인종문화적 긴장으로 인해 정치적 삶에는 신경을 쓰지 못하고 있다. 이로 인해 공화주의 국가는 이제 사라지는 길목에 있는 것일 수도 있다. 정치를 인간의 구축물로 바라보고, 정치가 인간의 구축물인 까닭에 결국에는 허물어질 수밖에 없는 운명이란 공화주의 전통에 내재한 비관주의를 반영하고 있는 이 책의 어조는 그 중심 주제처럼 고전적 공화주의다. 이런 동일한 맥락에서 루소는 자신이 품고 있던 이상적 정체의 모습을 그릴 때 국가의 피할 수 없는 쇠퇴에 대한 입장을 다음과 같이 크게 한탄했다. "스파르타와 로마가 멸망했거늘, 그 어떤 국가가 영원히 지속하길 바랄 수 있겠는가?"(Rousseau 1987: 194) 그러나 슈나페가 민족 공동체를 이해하는 방식에서도 유사하게 볼 수 있듯, 그녀의 이런 우려는 아마도 프랑스 역사와, 영어권이 점차 확대되고 미국의 지배력이 증가하고 있는 세계에서 프랑스의 전망이라는 구체적 맥락에서 살펴볼 때 가장 잘 이해할 수 있을 것이다. 이런 맥락을 고려하지 않는 일부 정치 사상가들은 공화주의에 유사한 헌신을 하면서도 민족과 이 민족의 가능한 쇠퇴를 다른 시선으로 바라본다. 이런 일부 사상가들은 민족국가들이 자체의 존재 이유를 상실하게 될 미래를, 비민족적 인민들이, 심지어 **모든** 사람들[all people]을 포함하는 하나의 인민이 자생할 수 있는 기회로 보는 듯하다. 어떤 방식에서 보면, 비민족적인 인민 공동체의 정치[a non-national politics of peoplehood]라는 이런 제안들은 그저 슈나페의 경우처럼, 좀 더 '로마식' 버전의 민족 공동체 논의가 이미 제시한 주제들에 대한 논리적 결론을 보여 주는 것이다. 그러나 여기에는 결정적인 차이가 존재한다. (심지어 슈나페가 인정하듯) 정치적 공동체를 자연적이고 주어진 것처럼 만드는 일은 민족 공동체의 본질 중 하나로, 베네딕트 앤더슨[10]의 말을 빌리자면 "우연함을 운명으로 바꾸는 일"이다(Anderson 1983: 19). 물론 이런 일은 하나의 환상이다. 민족적 운명이라는 이 신화의 거대하고도 줄어들지 않는 감성적·정치적 힘에도 불구하고, 모든 정치적 인민들—심지어 민족적 인민들—이 정치적 행동을 통하여 구성되어 왔다는 점과 그들 사이의 경계들이 우연한 것이란 점은 거부하기 매우 힘든 것이다. 그러나 이런 우연성이 한 번 인정되고 나면, 민족적 경계들에 넘어서거나 초월하는 정치적 인민들의 구축은, 민족적 신화들의 힘을 믿지 않으려는 정치사상가들에게도 가능한 것처럼 보일 수 있다. 다음 2절의 초점은 이런 비민족적 인민의 건설에 대한 입장이다.

2. 인민-건설

> 감히 하나의 인민을 만드는 일에 착수하려는 자는,
> 그가 인간의 본성을 바꾸는 위치에 있음을,
> (온전하고 독립적인 유기체인) 각 개인을 이제 새로운 삶과 존재를 부여하는
> 좀더 큰 전체의 일부로 탈바꿈시키는 위치에 있음을 느껴야만 한다.
> **루소, 『사회계약론』(1762)**

19세기 낭만적 민족주의의 확산 이래 인민a people은, 도시 거주자들보다 자연에 더 가까운 독특한 언어와 풍습을 가진 시골 인민a rural people을 시

---

10) 베네딕트 앤더슨(Benedict Anderson, 1936~)은 현재 코넬대학교 명예교수로, 민족주의의 기원과 전파에 대한 연구인 『상상된 공동체』로 명성을 얻었다.

사하는 [독일식의] 인종문화적인 측면과 연계되어 있었다. 대체로 농민들과 농장 노동자들로 이루어진 '평민'을 언급하는 말로 '인민'이란 용어가 사용된 탓에 상대적으로도 최근까지 이런 시골 지역과의 연결고리가 강화됐었다. 그러나 우리가 지금껏 보아 왔듯 독특한 정치적 인민이라는 개념은 도시 공화국의 포풀루스라는 훨씬 오래되고 확고한 도시적 이상urban ideal 내에 속하는 것이다. 이 이상은 낭만주의의 부상으로 인해 곧 쇠퇴해 버렸지만 프랑스 혁명이 터졌던 1789년까지 여전히 살아 있었다.

마틴 톰Martin Thom은 한 매력적인 지성사 연구에서, 1800년경 일어난 유럽의 정치적 이미지 내의 변화를 두고 "도시들의 세계가 민족들의 세계에 굴복했다"고 규정한다(Thom 1995: 2). 여전히 루소가 찬양하고 있었지만, 도시국가라는 고전적 공화주의의 이상은 갑작스레 '종족'tribe을 향한 새로운 열정으로 대체되었는데, 이 용어는 19세기 낭만주의적 민족주의자들이 자기 민족의 인종문화적 기원을 찾는 가운데 사용했던 것으로 원시적 조상들을 의미했다. 톰은 이런 초점의 변화에 광범위한 함의가 있었음을 보여 준다. 인민들과 관련된 부분에서, 가장 치명적인 차이점은 자연물과 인공물의 대조이다. 낭만주의적 민족주의자들은 자신이 속한 인민들이 역사적 발전의 유기적 과정을 통해 성숙해 가는 자연 질서의 일부라고 생각하고 싶어 했던 반면, 고전적 공화주의자들은 시민들이 형성한 인민이 그들이 거주하던 도시처럼 자연적으로 성장한 것이 아니라는 입장을 늘 지니고 있었다. 도시는 건설할 필요가 있고 (공화주의 전통에 따르자면) 인민들은 대개 스파르타의 리쿠르고스[11]와 같은 영웅적인 건국의 아버지나 입법자들을 통해 도시를 건설했다(Rousseau 1987: 162~166; Thom 1995: 69~85). 공화주의 상상력 내에서 인민은 정치적 의지의 산물이다. 이들의 도시가 인공적이라는 점을 고려해 본다면, 이 도시 최초의 거주자들은 하나의 인민 속으로 합류하기 전에 자신들의 자연 거주지와 애착에서 벗어난 것임에 틀림없다. 이후 세대들이 시민권을 물려받았을 것이고 자신의 조상들에 대한 로마식의 애착을 보였을 것이다. 그러나 이런 애착과 애국주의는 당연한 것으로 치부할 수 없으며 정교하게 일구어진 것임에 틀림없다.

'로마적'Roman 사고의 관습과 '낭만주의적'Romantic 사고의 관습 간에 있는 이런 대조점은 현대 정치 사상가들이 비민족적으로 인민을 생각할 수 있는 방식을 발전시키는 데 도움이 될 만한 지적 원천을 제공하고 있는 것일까? 일부 현대 민족주의 비판자들은, 우리가 고전적 공화주의 전통의 특징을 회복함으로써 인종문화적인 낭만주의[적 요소]와 완전히 절연된 존재로서 인민이 어떤 모습을 지녀야 하는지 재해석할 수 있다고 믿는다. 이런 재해석들을 살펴보기 이전에, 우선 이런 인민을 민족과 분리하려는 움직임의 핵심이 무엇인지 살펴보기 위해 잠시 쉬어 가도록 하자. 만약 민족 공동체가 인민 주권 및 민주주의와 밀접하게 관련지을 만한 좋은 이유가 있다고 한다면, 민족으로부터 인민을 분리시켜야 할 이유는 무엇일까? 그 이유 중 하나는 의심할 바 없이 민족국가의 시대가 지났으며 [당대에 활발하게 진행되고 있는] 지구화를 감당할 수 없다는 측면에 있다. 그러나 그보다 훨씬 더 심오한 이유는 많은 정치 사상가들이 공유하고 있는 민족과 민족주의에 대한 혐오에 있으며, 이 혐오는 부정적인 요소 및 긍정적인 요소 양자 모두에서 비롯된다. 그 부정적인 측면은 나치즘의 기억이며

---

11) 리쿠르고스(Lycurgus, BC830~720?)는 스파르타의 전설적인 입법자로 델포이 아폴론 신전의 신탁에 맞추어 스파르타를 평등, 군사적 적합성, 엄격성이란 세 원칙을 중심으로 한 군사 중심의 도시로 재편했다.

이 사상가들은 인종문화적 요소로 인해 모든 민족들이 동일한 잣대로 판단되고 있다는 사실을 두려워하고 있다. 보편적 자유주의의 긍정적 매력은 민족적 경계들과 충성심을 초월하고 능가하면서 이런 부정적인 반응들을 보완하는 데서 나온다(Nussbaum et al. 1996). 민족주의에 반대하는 이들은 바로 이 두 측면을 결합하여 아래에 제시되는 헌신과 양립할 수 있는 (민족과 반대되는 것으로서) 인민을 이해하는 법을 모색하고 있다고 체계적으로 말할 수 있을 것이다.

1. 군사주의와 대학살 대신 차이들differences에 대한 평화로운 수용
2. 하나의 우월한 포크Volk[12]를 배타적으로 요구하는 대신 그 자리에 모든 사람에 대한 공유된 인간성과 평등한 인권 설정
3. 유전적 구성에 의해 결정되는 것이 아니라 정치적 의지와 개인적 선택에 기반을 둔 성원권

불행하게도 세계시민주의적 자유주의자들에게 이런 모든 조건들을 만족시키는 인민을 형성하는 방법을 찾는다는 것은 진정으로 어려운 작업이다. 이 문제는 단순히 로마식의 포풀루스를 선호하고 낭만주의적 포크를 거부해서 해결할 수 있는 것이 아니다. 로마식의 포풀루스는 다음과 같은 점에서 실패하고 있다. ①이 개념과 강력한 연계를 맺고 있는 고전적 공화주의의 애국주의가 결정적으로 군사적이라는 점이다. 마키아벨리는

---

12) 독일의 포크가 사실상 인종 우월주의에 어느 정도 뿌리를 두고 있음은, 나치즘이 독일 민족이 타 민족보다 훨씬 우월하다는 발상에서 나왔음을, 그리고 이를 증명하기 위해 생물학을 비롯해 각종 자연과학 학문 및 인류학 등이 동원되었다는 점을 생각해 보면 쉽게 이해할 수 있다.

이 점을 끊임없이 강조하고 있다(Machiavelli 1970). 다음 이유로는 ②고전적 공화주의 인민의 성원권이 자랑스러우면서도 강력한 보호를 받을 수 있는 특권이며, 이런 특권을 즐기고 있는 이들이 동료 시민들을 [보편적 차원에서 모든 인간을 의미하는] 인민 일반과 동일시하는 경향이 조금도 없다는 점이다. 충실하게 이 전통의 이런 측면을 반영하고 있는 루소는, 정치 공동체 외부에 있는 이들에 대한 경멸과 무관심은 정치 공동체 내부의 연대를 위해 지불해야 할 대가라고 주장했다. "모든 애국주의자들은 외국인들을 미워한다. 그들은 단지 인간일 뿐, 애국주의자들에게는 아무런 존재도 아니다"(Rousseau 1911: 7). 다시 말하자면, 이런 두 가지 사안과 관련해, 고전적 공화주의의 인민들은 낭만주의 대항 세력만큼이나 현대 자유주의자들과 서로 통하지 않는다. 그러나 ③생물학적 결정주의를 정치적 의지와 대조적인 것으로 보는 세번째 사안은 현대 자유주의자들에게 [고전적 공화주의와 연결될 수 있는] 좀더 넓은 영역을 제공한다. 고전적 전통들이 심지어 이런 측면에서조차 온전히 만족스럽지 않다는 점은 사실이다. 로마가 실행한 시민권의 광범위한 확대는 자유주의적 보편주의에 이르지 않는다. 반면 로마의 정치 문화와 인민의 조상들에 대한 신실한 존중에 대한 강조는 미심쩍을 만큼 종족적인 것으로 보인다. 그러나 애국주의로 함께 단결된 인민의 전통을 부활시켜 민족주의를 피하고자 하는 이들이 이런 문제들에 봉착하게 됨에도 불구하고(Viroli 1995; Canovan 2000), 하나의 인민으로 존재한다는 것이 어떤 것인지를 두고 낭만주의 관점과 로마식 관점 간에 중요한 차이가 있는데 바로 자연물과 인공물 간의 대조이다. 즉 인민을 유기적 성장체로 볼 것인가 아니면 정치적 의지의 결과물로 볼 것인가라는 차이가 존재한다.

나는 뒤에서 이런 영향력 있는 인민을 바라보는 관점의 대조가 심각하게 잘못 도출된 것이라고 주장할 것인데, 이런 대조가 더욱 이치에 맞는 것이라 볼 수 있는 세번째 입장을 배제하고 있기 때문이다. 그럼에도 불구하고 정치적 의지에 대한 공화주의자들의 강조는 매력적으로 보이기 십상이다. 이런 강조가 한편에 있는 결속된 '인민들'과 다른 한편에 있는 인민 일반 간의 부조화를 극복할 수 있는 결정적인 가능성을 제시하기 때문이다. 민주주의가 요구하는 정치적 인민들이 그 어떤 측면에서도 결코 자연적으로 발생한 공동체가 아니라면, 그들의 결속과 경계들이 정치적 의지의 산물이라면, (장기적으로 볼 수밖에 없다고 할지라도) 모든 사람들all people을 포함하는 한 인민a people의 건설은 불가능한 일이기만 한 것일까? 당대의 자유주의 사상은 보편적 정치 프로젝트로서 인민이란 이 전망에 쫓기고 있다. 그 결과 심지어 온화한 버전의 민족주의조차 인류 내부에 분열을 만들어 내기에 일시적인 것으로 여겨져야 한다는 비난을 받고 있다. 이런 관점에서 보면 잃어버린 도시공화국의 기억을 되살리는 일은, 단지 이런 기억들이 정치적 인민들이 민족들이 될 필요가 없음을 보여 주기에 그 가치가 있다고 여겨질 수도 있다. 민족국가 시대 이전에 비록 작은 규모이긴 했지만 그런 인민이 이미 존재했었다. 그러므로 인민과 민족의 우연한 일치는 정치 발전에서 일시적인 단계일 뿐이며 이제 그 끝이 다가오고 있다고 할 수도 있다. 지구화는 대다수 민족적 인민들의 주권을 확실하게 공격하고 있다. 그 사이 지구화가 촉진한 이주는 이런 대다수 민족적 인민들의 동질성을 예전에는 볼 수 없을 만큼 약화시키고 있다. 그렇다면 정치적 의지를 행사하고 민족을 초월하여 인류에 이르는 정체들과 인민들을 건설할 수 있는 필요와 기회, 이 양자 모두가 있기는 한 것일까? 이런 프로젝트가 가장 호의를 얻고 있는 곳이 바로 계속 팽창하고 있는 유럽연합이다.

유럽연합에서 인민의 건설

(그다지 결실을 맺지 못했다 할지라도) '민족 건설'nation-building은 아주 많이 회자되고 있는 프로젝트이다. 대조적으로 '인민 건설'people-building이란 입장은 낯설다.[13] 그러나 이 중 인민 건설을 좀더 합당한 프로젝트로 여겨야 한다고 주장할 수 있는데, 그 이유는 민족 공동체의 존재론에서 시간 차원time-dimension의 문제 때문이다. 그러나 그 형식이 아무리 공화주의라 할지라도, 민족들이 거래를 벌이고자 한다면 그들이 내놓을 상품의 일부로 자연스러움이란 환상을 제공할 수 있는 역사적 깊이를 필요로 한다. 심지어 (흔히 그러하듯) 민족의 '역사'가 상당한 신화를 포함하고 있다 할지라도, 이런 이야기들이 고대성antiquity이란 진정한 느낌을 갖는 데까지는 몇 세대에 걸친 시간이 필요하다. 유럽연합 내 일부 민족은 지금까지 내려오는 아주 깊은 뿌리를 지니고 있다. 이런 뿌리 깊은 민족의 존재는, 유럽연합 시민들의 애정 속에서 이런 민족들을 대체하는 단일한 유럽 민족을 만든다는 발상을 불가능하게 만든다. 그러나 이런 단일한 유럽 민족[의 건설]이 버려야 할 희망이라고 해서, 하나의 유럽 인민이란 가능성도 예측 가능한 미래에 존재할 수 없다고 보아야 하는 것일까? 제국으로 확장되었던 로마 포풀루스의 기억을 다시 불러일으킬 수 있는 초민족적 차원의 정치적 인민은 가능하지 않은 일일까? 불행히도 아직까지 그런 유럽 인민이 존재하지 않았다는 것은 잘 알려져 있는 사실이다. 법률 전문가들, 정치인들, 이론가들은 유럽연합의 기구들이 이 기구의 존재를 승인할 수 있는 단일한

13) **[원주]** 로저스 M. 스미스(Rogers M. Smith)가 사용한 '인민 만들기'(people-making)라는 용어(Simth 2003)는 광범위한 측면에서 '민족 건설'과 더 일반적인 정치 공동체의 형성을 포함한다.

주권 인민의 부재로 인해 그 정당성을 결여하게 되지 않을까 걱정하고 있다. 1993년 독일 연방 헌법 재판소가 유럽의 데모스가 존재하지 않는다고 선언했을 때, 한 정체가 어떤 종류의 데모스를 필요로 하는지를 두고 논쟁이 벌어졌다. 그러나 그 논쟁 속에 진실은 거의 존재하지 않았다(Weiler 1995; Hayward 1995). 유럽연합 내에서 '그 어느 때보다 밀접한 연합'ever-closer union이란 이 프로젝트를 믿는 이들은 하나의 유럽 인민이 필요하다는 데 동의한다. 그러나 어떻게 이런 인민들을 건설할 수 있단 말인가?

고전적 공화주의 전통이 내놓는 대답은 권장할 만한 것이 아니다. 고전적 정체의 인민들은 하나의 공통 프로젝트를 지니고 얼굴과 얼굴을 맞대며 참여했고 개인적인 접촉, 외부인들에 맞선 영구 동원, 연대의 의례rituals 및 세심하게 계산된 애국주의를 통해 건설됐다(Oldfield 1990; Rahe 1992). 루소는 도시국가라는 제한된 경계 내에서도 '시민 종교'가 필요하다고 주장했다. 루소를 추종한 자코뱅주의자들은 그 시작에서는 민족국가의 적이었지만, 민족이 동원 가능한 세력으로서 잠재성이 있음을 발견하자 극성맞은 프랑스 민족주의자들로 변모했다(Hont 1994). 유럽을 사랑하는 이들은 이런 어떤 것들에도 편한 느낌을 갖지 못했다. 이들 중 많은 이들은 하나의 모델을 [찾기] 위해 역사를 돌이켜 보는 선택을 하지는 않을 것이며, 오히려 대서양 건너편에 있는 미국을 주목할 것이다. 첫눈에도, 미국의 예는 더욱 장려할 만한 것이며 다양한 자재들의 이질적 집합에서도 하나의 거대한 인민이 건설될 수 있는 모델처럼 보인다. 미국에서 하나의 헌법에 대한 존중, 시민 교육, 국기에 대한 헌신이 시민들을 효과적으로 묶어 냈다면, 왜 유럽에서는 그럴 수 없단 말인가?

이런 상응점을 제시하는 일은 또한 이런 일이 가능하지 않다는 것을 드러내는 일이기도 하다. 문제는 단지 유럽연합 내에 이미 현존하는 각 민족에 대한 충성심이 장애가 된다는 것만이 아니다. 비록 그런 장애의 수위가 낮다 할지라도, (특히 표현의 자유라는 조건에서 보자면) 이런 하나의 정체를 건설하는 일에 대한 사명감이라는 신념과 세계에 이를 설파할 수 있는 열정과 진정한 믿음을 가진 사람들의 집단이 존재하지 않는다면 어떤 시민 종교도 젊은이들에게 실질적으로 심어 줄 수가 없다. 미국 인민은 애초부터 자신들이 모든 인류에게 중대한 의미를 지니는 프로젝트를 수행하는, 특별하게 선택된 인민이란 신념을 광범위하게 공유하고 있었다. 이런 맥락에서 3절에선 한 측면에 존재하는 내부에서는 결속되고 외부에는 배타적인 인민 공동체와, 또 다른 측면에 존재하는 인류로서 인민 간의 간극을 메우는 데 있어 선택된 인민 공동체의 중요성을 고려해 볼 필요가 있다. 그러나 미국과 유럽연합 양자 간 시민적 신념에 나타나는 대조적인 측면은 충격적이다. 유럽연합을 형성했던 최초의 설계자들은 실제 새로운 공동체라는 전망에 고무됐었다. 그러나 이런 전망은 언제나 소규모 엘리트 집단의 신념이었다. 그들은 보다 광범위한 유럽 구성원들과 교류하지 않았으며 민족적 충성심에 위협이 될 만한 어떤 문제도 제기하지 않았다. 미국인들이 보이는 지속적인 사명감에 당혹스러워하고 있는 21세기 유럽인들은, 외부에서 오는 공통적인 위협에 대항해 유럽연합 전체 구성원을 동원해야 할 재앙에 가까운 위기가 없다면 미국인의 사명감에 상응하는 어떤 신념의 전환을 이룰 것 같지 않다. 심지어 외부 위협을 인식하더라도 그들이 바라는 유럽의 연대가 만들어질 것 같지 않다. 이런 유럽과 미국의 대조적인 측면은, 미국에서 2001년 9·11 사태에 뒤따른 대중적 애국주의의 부활을 통해 더 현저해지고 있다. 이슬람 근본주의의 위협이 미국을 동원하고 있는 반면, 유럽은 이로 인해 더 분열되는 경향이 생기고 있기 때문이다. 유럽연합의 구성원들이 포용할 수 있는 공통적인 '인민 공동체에 대한 이야기'가 어떤 종류의 것인지도 알기 힘든 상태이다(Smith 2003).

그러나 시민적 신념 혹은 공유된 이야기라는 관점에서 유럽연합에서 인민 건설을 생각하는 일은 오류일 수도 있다. 단순히 정치 참여와 심의라는 공통의 경험을 통하여, 보기에 좀 덜 싫으면서도 두드러진 수단으로 단일한 유럽 인민을 형성하는 일은 불가능한 것일까? 이 프로젝트를 옹호하는 이들 중 가장 유명한 이는 위르겐 하버마스[14]이다. 그는 정치 담론을 유럽연합 전역에서 만들어 내고 공유할 수 있는 광범위한 공론장의 형성에 요구되는 그 어떠한 유럽 '인민'도 존재하지 않는다는 반대론을 지속적으로 일축해 왔다. 이 담론에 몰두하는 일 그 자체가 유럽의 연대를 낳을 것이며, 민족주의와 다른 그리고 고전적 공화주의 전통의 촘촘하고 배타적인 애국주의와도 다른, [민주적으로 구성원 간에] 공유된 '입헌애국주의' constitutional patriotism를 낳을 것이라 보았기 때문이다.

입헌애국주의는 우리가 결속된 인민들과 인류로서 사람들 간의 긴장을 고려하게 될 때 본격적으로 논의하게 될 것이다. 그럼에도 우선, 유럽 공론장a European public sphere을 매개로 하여 유럽 인민을 건설하려는 하버마스의 희망을 좀더 자세히 살펴보기로 하자. 이와 관련된 첫번째 핵심적 사안은 부정적인 측면으로, (현재까지) 유럽 인민이 존재하지 않았을 뿐만 아니라 공통적인 유럽 공론장도 없다는 것이다. 이 장애물은 디터 그림Dieter Grimm이 1995년 쓴 한 논문에서 분명하게 지적한 것으로 하버마스 자신이 직접 이에 답했다. 그림은 유럽연합에서 인민의 정치가 유럽

---

14) 위르겐 하버마스(Jürgen Habermas, 1929~)는 독일의 사회철학자로 현재 프랑크푸르트 학파의 수장이기도 하다. '의사소통 행위 이론' 및 '공론장'에 대한 연구로 널리 알려져 있으며 당대 생존해 있는 가장 위대한 철학자 중 한 사람으로 손꼽힌다.

에서 광범위하게 전개되어 있는 정당·운동·캠페인을 통해 수행되고 있는 것이 아니라 국가 수준에서 실행되고 있음을 확실히 지적했다. 유럽 차원에서 이런 발전이 일어나려면 유럽 시장에서 수요와 공급에 있어서 초국가적으로 의사소통의 맥락을 형성할 수 있는 "신문, 정기간행물, 라디오 및 텔레비전 프로그램"과 같은 "유럽화된 정보통신 체제"Europeanised communications system가 필요할 것이다. "그러나 이런 종류의 시장은 유럽의 미디어를 활용할 수 있는 언어 능력을 갖춘 공중을 전제로 한다"(Grimm 1995: 294~295). 다른 말로 하자면 공통 언어의 부재가 하나의 유럽 인민을 형성하는 데 가장 큰 장애물이라는 것이다.

이 논문에 대한 하버마스의 반응은 흥미로웠다. 그는 그림의 현 상황에 대한 진단을 두고 논쟁을 벌이는 대신, 우리가 단일한 유럽 정체를 건설하려는 더 이상의 노력을 포기하고 민족국가로 물러서야 한다는 주장을 거부했다. 하버마스는 한 민주정체가 작동하기 전에 한 인민이 존재할 필요가 있다는 견해를 거부하면서, 집단 정체성collective identity이 민주적 절차의 작동 그 자체를 통해 형성된다고 주장했다. [현실적으로 보자면] 이런 절차는 실제 유럽 전역에서 움직이는 정치 정당, 사회 운동, 이익 집단을 포함하는 '범유럽 차원에서 통합된 공론장'a European-wide, integrated public sphere의 형성을 요구한다. 그러나 그는 명백하게 모든 이런 조건의 형성을 정치적 의지의 문제로 간주한다. 그는 심지어 언어의 다양성이란 거대한 장애 앞에서도 물러서지 않는다. 하버마스는 영어가 제2외국어로 광범위하게 쓰이고 있으며 언어 교육의 잠재력을 주목해야 한다는 입장을 취한다(Habermas 1995: 307). 하버마스의 최종적인 입장은 리더십, 바로 "유능한 행위자들의 정치적 의지를 통해" [유럽 통합을] 꺼리는 구성원들을 하나의 유럽 인민으로 전환시킬 수 있다는 것이다(Habermas 2001: 24).

이런 위에서 아래로 전파되는 정치적 의지에 대한 강조는 고전적 공화주의 전통에서 볼 수 있는 초인간적 입법자를 떠올리게 한다. 이 입법자는 개별 사람들을 과정 속에 있는 행위자들로 보기보다는 그 자체로 순수한 소재로 활용하여 인민들을 형성한다.[15] 하버마스는 이런 리쿠르고스적Lycurgan—혹은 나폴레옹적인—열망을 방어하면서, 유럽의 민족적 연대가 그 자체로 19세기에 국가 교육과 대중 징병이라는 수단을 통해 구축된 것이라고 주장한다(Habermas 1999: 57~58; 2001: 16). 이렇게 민족의 연대가 구축될 수 있었을진대, 왜 (궁극적으로) 세계시민권citizenship of the world을 향해 뻗은 길목에 존재하는 한 단계로서 인민의 연대가 [민주적] 심의를 통해 유럽연합 전역에 걸쳐 확장될 수 없다는 말인가? 이 프로젝트는 인민 공동체를 놓고 중요하면서도 문제가 되는 두 질문을 제기한다.

1. 정치적 인민들이 자연스럽게 생겨난 독립체가 아니라고 할지라도, 이 사실이 이런 정치적 인민들이 맞춤식으로 만들어질 수 있다는 측면에서 인위적이라는 논리적 결과로 이어진다고 할 수 있을까? 혹 그게 아니라면 정치적 인민들은 통제할 수 없는 동원의 우연한 결과로 생겨난 건 아닐까?
2. 그 어떤 인민의 경계들도 분명히 우연한 것[은 사실]이며, 이 경계들

---

15) 이 입법자(law-giver)는 법 제정자(law-maker)와는 전혀 다른 존재이다. 루소가 그리고 있는 입법자는 한 공동체에 법을 제시하고 난 다음 그 공동체를 떠나는데, 법을 제정하는 자가 법을 집행하는 자가 되거나 통치자가 되어서는 안 되기 때문이다. 사실상 삼권분립의 원리는 법을 제정한 이가 법을 집행하는 이가 되어서는 안 된다는 이런 공화주의 신념을 어느 정도 반영하고 있다. 이런 점에서 입법자는 언제나 공공의 이익을 위하는 이다. 대조적으로 법 제정자는 사적 이익에서 자유롭지 못한 이들이며 이들에게 법은 한 공동체의 정체성을 만드는 근본이라기보다는 한 공동체를 기술적으로 운영하는 수단에 불과하다.

이 확장될 수도 있을 것이다. 그러나 경계는 경계로 남아 있다. 이런 경계가 모든 사람들을 포함하는 데까지 확장될 수 있을까?

첫번째 질문을 보자면, 심의를 통한 유럽 인민 건설이라는 하버마스의 프로젝트는, 우리가 어떻게 인민이 존재하게 되는가를 두고 낭만주의 입장과 로마식 입장을 대조시키면서 보았던 자연물과 인공물이란 낯익은 경쟁 관계에 있는 입장을 쓰고 있다. 이런 관점에서 진행되는 논의는 은연중에, 인민은 낭만주의의 포크처럼 자연적으로 생겨난 유기적 성장체이거나, 과정을 통제하고 있는 정치 지도자 혹은 엘리트가 정교하게 그 존재를 만들어 낸 인공적인 정치적 구축물이라는 단지 두 개의 대안만이 가능함을 함축하고 있다. 앞서 주장했듯, 이런 대조에는 더욱 타당할 수도 있는 세번째 가능성이 생략돼 있다. 인민은 자연적으로 생겨난 유기적 성장체가 아닐 수도 있으며 또한 정교하게 만들어진 인공적 구축물이 아닐 수도 있다. 대신 그 어느 누구도 결과를 예측하거나 통제하지 못하는 다수의 정치 행위자들이 서로 주고받은 행위의 우연한 결과물일 수도 있다. 인민들은 건설이 아니라 동원을 통해 그 존재를 형성할 수 있다. 건설보다 훨씬 더 그 결과를 예측할 수 없는, 사람들을 움직이게 함으로써 이루어지는 바로 그 동원을 통해서 말이다.

이 세번째 입장은 앞의 두 입장보다, 자연적인 것도 그렇다고 설계된 것도 아닌, 특정한 위기에 반응하여 특정한 시기에 개인들이 함께 행동한 결과로 등장한 영국과 미국의 정치적 인민의 출현을 더 잘 설명하는 듯하다. 미국 인민은 그 존재를 드러낸 이후, 이민자들의 정교한 사회화 및 국기에 대한 신봉 등과 같은 작업을 통해 영구화되었다. 그러나 이는 우선 하나의 인민을 형성했던 인민 동원에 있어 2차적인 것이었다. (고전적 공화주의를 괴롭히는 입법자의 패러독스를 반복하고 있는) 하버마스 이론의 패러독스는 어떻게 그런 위에서 아래로 내려오는 절차가 하나의 민주적 인민을 형성할 수 있는지, 실제로 민주적 방식으로 실행될 수 있는지 알기 힘들다는 데 있다. 고전적 공화주의 전통처럼 하버마스는, (한나 아렌트Hannah Arendt가 지적한) 정치 행동political action과 세계를 만드는 일making things을 혼동하는 실수를 저지르고 있는 듯 보인다. 정치가 서로의 발안에 반응하는 정치 행위자들의 다원적이고 아주 다루기 힘든 일과 관련되어 있는 반면, '만들기'making 혹은 '건설'building은 기획에서 시작해 결과에 이르는 매우 복잡한 과정에서 비활성 재료를 통제하는 장인an artificer이 있음을 함의하고 있다. 많은 개인들이 어떻게든 함께하는 행동을 해낼 때, 대중 동원에서 반복적으로 볼 수 있듯 그들은 기대하지 않은 수준의 집단적 권력을 만들어 낼 수 있다. 많은 경우, 강력한 리더십은 실제 결정적인 요소이다. 그러나 정치의 근원을 이루는 다원적 행위 능력은, '인민 건설'이란 프로젝트를 포함하여 이 프로젝트의 결과를 지속적으로 예상하고 통제하고자 하는 노력을 좌절시킨다(Arendt 1998).[16]

---

16) 아렌트에게서 making은 fabrication(제작)과 같은 의미로 쓰이는데, 아렌트의 유명한 노동, 작업, 행위의 구분에서 작업에 해당하는 개념이다. 『인간의 조건』에서 이에 대한 아렌트의 생각을 가장 잘 볼 수 있다. 아렌트는 "제작은 세계(the world)에 의해 둘러싸여 있으며 이런 세계와 지속적인 접촉을 필요로 하는 반면, 행위와 말(speech)은 다른 사람들의 행위와 말의 그물로 둘러싸여 있으며 이런 다른 사람들의 행위와 말과 지속적으로 접촉한다"고 말한다(*The Human Condition*, Chicago: University of Chicago Press, 1998, p.188[『인간의 조건』, 이진우·태정호 옮김, 한길사, 1996, 249~250쪽]). 여기서 아렌트가 말하는 세계는 그야말로 도구를 제작하는 데 필요한 재료들, 다시 말해 비활성 재료라고 표현하는 자연을 의미한다. 이런 세계와 작용을 통해 재료를 구하고 이를 들고 도구 등을 제작하는 인간이 바로 '장인'이다. 이런 장인들의 제작 행위는 다른 사람들과의 상호작용을 필요로 하지 않는다. 반면 정치 행위는 언제나 다른 사람들의 행동과 말을 전제로 한다. 이런 점에서 만들기와 정치 행위가 구분된다. 이 중 정치 행위는 각각 개인들의 행동과 말로 이루어지기 때문에 정치의 본질은 다원

그렇기에 하나의 인민이 자연적 성장체라는 낭만주의 견해에 대한 거부가, 인민이 질서 있게 만들어질 수 있는 것이라 가정할 수 있는 근거가 되지는 않는다. 이런 거부에 담겨 있는 함의의 전부는 하나의 인민 존재가 우연한 것이란 점뿐이다. 인민 존재를 실제로 만들려는 정교한 노력은 때때로 도움이 된다. 그러나 이런 노력들이 아무런 결과도 내지 못하거나, 심지어 ('민족 건설'을 하려는 불행한 시도에서 볼 수 있듯이) [의도하지 않은] 반생산적인 저항을 만들어 내기도 한다. 역사적 경험에서—일부 적들에 맞서—대중 동원이 공통적으로 일어났던 상황을 돌아보면, 미래의 유럽 인민이 하버마스가 좋아할 자유주의적이고, 관용적이며, 열린 태도를 가진 인민이 되지 못할 수도 있음을 알 수 있다. 하버마스의 문제는, 그가 민족적 감성들을 초월할 수 있을 만큼 충분한 유럽 인민의 연대를 보고 싶어 하지만, 이는 매우 특별한 종류의 연대여야 한다는 데 있다. 이런 연대가 보편적 인민 공동체에 이르기 위해 [반드시 거쳐야 하는] 한 단계를 형성해야 하기 때문이다. 이 양방향적인 프로젝트가 맞는 난제는 하버마스의 유명한 입헌애국주의에 분명히 드러난다. 이 입헌애국주의에서 애국주의자들의 헌신의 대상은 '내 국가, 옳고 그름'이 아니라 국가의 헌법이 소중히 여기는 일련의 자유민주적 원칙들liberal democratic principles이다. 민족적 충성심을 이렇게 대체하는 의도는 자신이 속한 특정한 공동체에 대한 충성심이란 유대와, 모든 경계를 초월하는 보편적인 자유적 원칙에 대한 헌신을 단번에 그리고 동시에 이루고자 함이다(Habermas 1996a).

성이며, 이런 다원성은 미래 예측을 불가능하게 만든다. 그러므로 정치 행위의 본질은 예측 불가능성이다. 캐노번은 하버마스의 인민 건설이라는 프로젝트가 정치 행위임에도 불구하고 하버마스가 이를 위해 내세우는 '탁월한 지도자'론이 장인의 제작 방식인 작업에 해당함을 비판하고 있다.

이 입헌애국주의 입장은 많은 비판을 받아 왔다(예를 들어 Canovan 2000을 보라). 하버마스의 프로젝트를 보면 단일한 유럽 인민을 다음 두 [상충되는] 방식 모두를 통해 이루고자 하는 것처럼 보인다. 한 정체가 강력하고 책임지는 정부가 되려 할 때 민주정체에 필요한 인민 의식과 연대를 가지면서, 동시에 특수주의와 경계의 폐쇄를 피하고 보편적인 자유적 원칙의 나래를 펼쳐 어느 곳에라도 존재하는 모든 사람들에게 이르고자 한다는 점이다. 그러나 우리는 이런 비일관성이 이론과 실천 모두에서 곤란을 겪고 있는 자유민주주의의 진정한 딜레마에 대한 하나의 대응임을 인정할 필요가 있다. 하버마스, 앤드루 링크래터[17] 및 다른 학자들이 자유주의 국가에서 시민권을 확대하고 심오하게 만들고 있는, 자유주의에 내재한 도덕적 추동력에 주목한 것은 옳았다. 그리고 이전부터 배제돼 온 집단들에 대한 진보적 포용이 내부인과 외부인에 대한 근본적인 구분에 의문을 제기한다는 점을 지적한 것도 옳았다(Linklater 1998; 1999). 그러나 하나의 유럽 인민 형성이 배제라는 이 딜레마를 극복할 수는 없다. 단지 이 딜레마가 다른 곳으로 옮겨 갈 뿐이다.

이런 근본적인 딜레마는 주권 인민이라는 바로 이 개념에 놓여 있다. 하나의 결속체로서 인민은 그 경계를 지녀야 한다. 그 어떤 인민의 경계라도 우연히 만들어진 것일 수 있다. 그렇다면, 왜 인민 공동체는, 자신들과 합류하고자 사람들이 줄지어 있는 상황에서 이런 특정한 여러 경계를 긋

---

17) 앤드루 링크래터(Andrew Linklater, 1949~)는 국제 관계 및 국제 관계 비판 이론 분야에서 아주 중요하게 여겨지는 학자다. 1970년대와 1980년대에는 정치 이론과 국제 관계론을 연결시켜 주목받았고, 이후엔 비판 이론과 세계 정치를 연결시키는 작업으로 주목받았다. 『정치 공동체의 변환』(*The Transformation of Political Community*, Columbia: University of South Carolina, 1998)은 국제 관계 이론에서 아주 중요하게 여겨지는 저서다.

고 그 위에 멈춰 서는 것일까? '자연적' 인민 공동체라는 낭만주의적 입장을 거부하면서, 자유주의자들은 한 측면에서 포용과 배제라는 이 딜레마를 더욱 현저하게 만들었다. 우리가 특정한 인민이 이룬 그 어떤 경계들이라도 우연한 것이라 인정하면 할수록, 특정 개별 사람들을 성원권에서 배제하는 일을 정당화하기란 점점 더 어렵다. 보편적인 것과 특수한 것 간의 이론적 충돌은 서구의 부유한 자유민주정체에 몰려들고 있는 이민자 및 망명 신청자 개개인을 오싹하게 만든다. 그렇다면 우리는 하는 수 없이 인민의 개념이 민족 공동체뿐만 아니라 모든 경계들과 분리할 수 있는 것이며, 이런 점이 모든 사람들all people을 하나의 인민에 포함하는 보편적 포용을 시사하는 것이라고 결론을 내려야만 하는 것일까? 여기에서 연관된 정치적·윤리적 딜레마는 심오하고도 위험한 것이다. 다음 절에서는 우선 서구 민주주의자들을 종종 유혹해 온 인민들과 사람들 간의 간극을 메우려는 방식 하나를 살펴본 다음, 인민 공동체의 정치 내에 존재하는 긴장감을 가장 확실하게 보여 주는 국경을 넘어선 이주라는 쟁점을 살펴볼 것이다.

3. 인민들[18]과 사람들

모든 사람들을 위한 임무

인민 공동체의 정치는, 특정 인민의 지역적 동원과 인민 일반과의 보편적 연대라는 잠재적으로 서로 다른 두 가지 주제를 종종 결합시켜 왔다. 이렇

---

18) '인민들'로 번역된 peoples는 우리말로 인민 사이의 경계가 없음을 의미하는 '만민'이라고 해석되기도 한다. 그러나 이 책에서 peoples는 오히려 인민들 사이의 경계를 강조하는데, 여러 개의 our people을 나타내는 말로 하나하나 사이의 경계를 명확히 표현하기 위해서 '인민들'이라고 표현한다.

게 결합하는 한 방식은, 타자들에게 우리가 우리 자신을 위한 것이라고 주장하는 권리를 부여하고, 타자들에게 우리의 예를 따르라고 요구하는 것이다. 예를 들어, 토머스 페인[19]은 미국에서 처음으로, 그 이후 프랑스와 영국에서 왕권에 맞서 모든 특정 인민들이 자신들의 권리를 제기하고 단언하라고 호소하며 인민 주권을 방어했다(Paine 1989). 그러나 우리 인민과 인민 일반 간의 관계는 이보다 훨씬 복잡한 경우가 많다. 그 이유는 인민의 보편적인 정치가 전역에 존재하는 모든 인민들을 대신한 운동이기에 인민들 사이에 존재하는 차이를 넘어선 것이라 명쾌하게 인식되기 때문이다. (많은 다양한 국제사회주의처럼) 이런 종류의 운동은 원칙적으로 특정 인민들을 대변하는 주장에 반대하는 경향이 있다. 그러나 이런 운동의 전위대는 특정 지역에서 존재해야만 하기 때문에, 이런 특정 지역에서 우연히 일어난 보편적인 대의 이상을 위한 운동은 아무도 감지하지 못하는 사이에 서서히 지역의 보편화를 겪는다. 이런 보편화는 한 인민이 자신들을 보편적 메시지를 전파하는 이들이며 모든 인류의 대표자로 보는 결과를 낳는다(Canovan 1998 참조). 프랑스 혁명은 한 특정 인민이 자신들을 보편적 임무를 띤 세력으로 동일화하는 과정을 극적으로 설명하고 있다. 혁명가들은 왕에 저항하여 인민의 권리를 주장하면서, 저항을 일으킨 다른 인민들을 돕자는 일반적인 제안을 내놓았으며 유럽의 인민들을 해

19) 토머스 페인(Thomas Paine, 1737~1809)은 영국 태생의 미국인으로 미국 건설의 아버지 중 한 사람으로 여겨진다. 지식인 작가이자 진보적이며 선동적인 혁명가였다. 미국 혁명에 참여했고 1790년대 프랑스 혁명 과정을 경험했다. 영국의 보수주의자 에드먼드 버크에 맞서 프랑스 혁명을 방어했으며, 관련하여 정부가 인민과 그들의 권리를 보호하지 않을 때 정치 혁명은 정당하다는 내용을 담은 『인간의 권리』(*Rights of Man*, 1791)란 저명한 저서를 남겼다. 우리말 번역본으로는 『인권』(박홍규 옮김, 필맥, 2004)이 있다.

방시키고자 십자군을 발족시켰다. 그러나 이런 승리를 거듭한 십자군 원정이 진행되는 동안 국제적으로 인민이 일으킨 혁명의 이익은 특정 인민의 이익과 동일시되었는데, 그 인민은 다름 아닌 바로 이 혁명을 이끌 운명을 지니고 명백하게 선택된 프랑스 인민이었다. 국제적인 인민이 내세우는 대의 이상의 편에 서서 '해방된' 국가들에 사는 모든 이들에게 '애국자들'이란 호칭이 따랐다. 이 모호한 이름, 첫눈에 언뜻 보기에는 하버마스의 입헌애국주의의 선구자들로 보이지만, 실천에서 이 국제적 인민은 자기 인민을 배신한 프랑스의 대리자들로 여겨졌다. 로베스피에르의 시선으로 (프랑스인들에게 전통적인 적이었던) 영국인들을 보면, 그들은 보편적인 대의 이상에 등을 돌린 최대의 배신자들이었다. 로베스피에르는 1794년 자코뱅 클럽에서 있었던 논쟁에서 "한 프랑스인으로서, 인민의 대표자의 한 사람으로서, 나는 영국 인민을 증오한다고 공표한다"(Hont 1994: 224)고 소리치며, 전쟁의 목표가 영국 인민이라기보다는 영국 정부라고 내세우는 그 어떤 견해도 일축해 버렸는데 청중들은 이에 갈채의 환호성을 보냈다(Hont 1994: 225).

이런 역설적인 보편적 헌신과 특수한 지배의 결합은 충격적인 것이었는데, 그 이유는 이런 결합이 일어난 속도와, 한편에 존재하던 보편적 혁명이란 명분과 다른 한편에 존재하던 프랑스 민족주의라는 상충하는 두 요소들이 이끌어 낸 동원력 때문이었다. 그러나 기본적으로 이런 사고방식은 매우 익숙한 것이었다. 세계를 지배하고 계몽해야 한다는 임무를 갖고 특별히 선택된 인민이라는 입장은 로마의 애국주의 문헌과 구약성서, 이에 고무된 많은 모방 작품에 이미 등장했던 것이었다. 16~17세기 영국에서는 정치적 자유라는 특별한 유산에 대한 자부심을 영국인들은 진정한 종교의 대표자들로서 특별히 신성한 은혜를 입었다는 믿음과 혼합시켜, 민족적인 인민 공동체라는 면모를 특히 발전시켰다(Greenfeld 1992: 60~77). 17세기에는 이런 특권과 책임감이라는 이중적 이해가 세속적인 버전으로 나와 영국의 제국주의적 임무를 정당화하는 데 쓰였다. 그무렵 선택된 인민이라는 이해 방식은 미국으로 전파되었다(O'Brien 1988; Smith 2003). 청교도 식민지 주민들 못지않게 건국의 아버지들과 그 계승자들은 그들 자신이 속한 인민의 성취 속에서 모든 인류를 위한 약속을 보았다. 더 최근에는 (존 샤[John Schaar]의 표현을 빌리자면) "미국이 민족들 사이에 교육의 임무"를 지니고 있다는 이런 측면이 또렷하게 이데올로기적인 해외 정책을 만들어 내고 있다(Schaar 1981: 293). 좀더 점잖게 말하자면, 이런 이데올로기적 해외 정책은 자유의 여신상의 시선 아래 미국으로 들어온 수백만의 다양한 이민자들을 성공적으로 통합시키는 데 기여해 왔다. 그러나 이런 이민자들을 환영하는 자유의 보편적 언어가 담고 있는 아이러니는, 모든 사람들을 위해 주어진 사명이 선택된 인민과 나머지 간의 경계를 제거하지는 않는다는 점이다. 미국 인민은 유럽의 인민들보다 새로운 구성원들을 환영할 준비가 되어 있긴 하지만, '우리' [미국] 인민이 즐기는 권리를 인민 일반에게 부여하기를 거부하며 내부자와 외부자의 경계는 그대로 남아 있는 상태이다. 비록 보편주의와 지구화가 이런 경계의 정당화를 좀더 곤란하게 만들고 있지만 자유주의적 보편주의도, 지구화도 이런 경계들의 중요성을 제거할 수는 없다. 이 장에서 다루는 구체적 인민들과 인민 일반에 대한 결론을 내리기 위해 포용과 배제라는 난제로 관심을 돌려 보자.

사람들에게 문 닫아걸기

> 시민권에 대한 주장들은, 현대 정치의 주체로서
> 화해할 수 없을 만큼 분열된 우리의 정체성에 주목하게끔 만든다.
> 시민으로서 우리는 인간이 되길 원하며,
> 우리의 행동이 (윤리적) 행동의 보편적 규범에 맞길 원한다.
> 그러나 시민으로서 우리는 또한 다른 사람들을 언제나 밖으로 배제할 준비가 돼 있다.
> 롭 워커(Walker 1999)

인민 일반을 옹호하는 주장과 특정 인민이 지닌 우연한 경계 간의 충돌을 생생하게 설명하려 한다면, 불법 이민자들과 망명 기회를 찾는 이들이 민주국가들로 진입하려는 시도를 점점 더 절박하게 하고 있는 상황과, 관련 국가들이 이들의 진입을 막기 위해 마찬가지로 정신없이 기울이고 있는 노력을 살펴보기만 해도 된다. 이와 관련된 긴장은 철학적으로는 혼란스러우며, 도덕적으로는 고통스럽고, 정치적으로는 폭발성을 지니고 있다. 밖에서 보자면, 관련 정체들이 한편에서 자기 인민들의 특권을 방어하면서도 또 한편에선 보편적 원칙들을 설파하는 모습은 단순히 위선을 떠는 행위처럼 보일 수도 있다. 이런 정체들이 선택된 인민들에게 어울리는 위협적인 어조로 세계의 다른 정체들에 설교를 해댈 때 그들이 느끼는 모욕감은 분명히 하나의 상처로 이어진다. 그러나 이런 비일관성은 단지 위선이 아니라 좀더 중요한 것, 다시 말해 정치적 우연성이란 벗어날 수 없는 결과의 증거로 여겨져야 한다.

루소는 관련된 기본적 문제를 이미 두 세기 전에 생각해 냈다. 루소는 최종적으로 『사회계약론』이 된 한 원고에서 자연법 이론을 공격했는데, 이 자연법 이론이 너무나 얄팍한 데다 보편적인 도덕적·정치적 원칙이 특정 국가가 설립되기 이전에 인간에게 이미 명백하게 존재한다는 잘못된 가정을 하고 있다 보았기 때문이다. 루소는 [자연법 이론과는] 대조적으로, 우리가 [인류의 보편적 공동체라는] 좀더 큰 규모의 사회를 상상할 수 있는 것은 단지 특정한 공화국의 연대감을 경험한 이후이기 때문에 이런 측면에서 우리는 시민이 된 이후에야 인간이 된다고 썼다(Rousseau 1962: I 453). 세계시민주의자들이 협소한 동조감에서 보편적인 동조감 사이에 놓인 자연스러운 발전을 목격했던 반면, 루소는 이후에 더 광범위해질 이런 보편적 동조감들이 자신들의 모국의 요구와 충돌하게 될 것임을, 다시 말해 인간의 의무와 시민의 의무가 서로 부조화를 이루게 될 것임을 인식했다(Rousseau 1911: 7). 물론 고전적 공화주의 도시국가의 전통에서 글을 쓰긴 했지만, 루소는 세계시민주의적 이상들과 그가 사랑했던 스파르타인들이 지니고 있던 [도시에] 제한된 미덕을 현저하게 대비시켰다. 우리가 현재 익숙한 민족적 인민들은 [도시국가의 시민들에 비하면] 훨씬 더 크고 훨씬 더 포용적이다. 그럼에도 이들은 또한 배타적이며 수많은 사람들이 넘고 싶어 하는 경계들을 지니고 있다.

핵심적인 사안은, 자유민주주의자들이 설파하는 보편 원칙들과 너무나 명확하게 양립하지 못하는 이런 특권적인 결속이 동시에 그런 보편 원칙들의 정치적 전제 조건이라는 점이다. 인권의 원칙들은 몇몇 특정 정체에서 생겨났고 그런 토대를 지속적으로 필요로 한다. 비록 이런 원칙들이 그 정당성을 문제 삼겠지만 말이다. 다행스럽게도 몇몇 지역에서는 하나의 정치적 인민으로서 존재한 경험이 다른 곳에 있는 모든 사람들도 유사한 권리를 누려야 한다는 입장을 낳았다. 똑같이 이런 행운을 누린 몇몇 지역에서 인민들이 공유한 연대가 '우리 인민'의 권리를 보장하기에 충분한 집단 권력과 더불어, 일부 다른 곳의 인민의 이익을 위해 때때로 국외로 투영시킬 수 있는 여분의 권력을 생성해 왔다(Canovan 1998). 그러나 정치적 인민 공동체와 그 이익은 여전히 외부인에겐 드물게 드문드문 보장되는 매력적인 것이다. 그러는 동안, 이런 축복의 기만적인 안정성과 보장이 '우리 인민'에게만 제한적으로 적용되는 모양새는 도덕적으로 더욱 불쾌하게 보인다. 그렇다면 우연하게 결속된, 특권을 가진 인민들이란 현실은 모든 사람들을 위한 동등한 권리라는 보편적 이상과 어떻게 화해할 수 있을까?[20]

이런 딜레마는, 보편적 이상 혹은 정치적 우연성에서 시작하는 두 가지 상반된 입장에서 접근할 수 있다. 이때 명심해야 할 핵심은 이런 상반된 입장 중 그 어느 것도 무시할 수 없다는 점이다. 두 입장 모두 현대 서구 정치 문화와 정치 활동 내에서 나타나고 있는 피할 수 없는 것들이다. 그러므로 이 문제는 이상주의와 현실주의 간의 충돌, 혹은 도덕적으로 민감한 것과 둔감한 것 간의 충돌이 그러하듯 만족스럽게 다뤄 낼 수 있는 것들이 아니다.

우리가 이 주제를 보편주의적 이상의 관점에서 본다면, 특정 인민들을 배제하는 경계들은 우연한 것일 뿐만 아니라 자의적이고, 부당하며, 시대에 동떨어진 것이다. 보편주의자들은 인민의 개념과 연관된 자유적이고 민주적인 이상들이 실제로는 특정 인민들이 이룬 잘 결속된 공동체 내부에서 발전된 것임을 인정한다. 그러나 이들은 이 이상들이 한 번 발전되고 나면, 이런 경계들 너머를 향하게 된다고 주장한다. 모든 사람들이 평등한 인권을 가지고 있으며, 세계 전역의 그 사람들이 정치적 정당성의 궁극적인 원천이라는 점점 광범위하게 퍼져 나가고 있는 신념과 함께, 지구

---

20) **[원주]** 2001년 9월 11일 이래 국경 봉쇄를 정당화하려 하고 필요하다고 믿는 사람들은 테러리즘에 맞서 국가 안보를 고려해야 한다고 호소한다. 이로 인해 일부 지역은 커다란 안도의 한숨과 함께 [국경 봉쇄가 일으키는] 도덕적 딜레마에서 벗어날 수 있었다.

화는 그 자체로 사람들 간의 연계를 강화시키며 한편에서는 경계의 중요성을 감소시키고 있다. 도덕적 압력과 경험에서 나온 압력이 결합되며 광범위하게 도출된 결론은, 우리가 지지해야 할 모두를 포함하는 새로운 형태의 정치적 공동체가 등장하고 있으며, 이 가운데 잘 결속된 정치 공동체라는 구식 공동체가 대체되고 있는 중이라는 것이다. 헬드와 아키부기를 비롯한 일부 세계시민주의자들은 직접 선출된 '인민의 의회'people's assembly를 포함하는, 국제연합을 확장시킨 형태의 철저한 지구적 민주주의를 위한 체제를 제시한다(Archibugi and Held 1995; Holden 2000).[21] 이들이 이 체제의 매개층을 형성하고 있는 책임지는 정부를 위해 정교한 제도적 장치를 만들어 놓고 있음에도 불구하고, 그 분명한 목적은 한 특정 주권 인민에게 책임지는 정부와 유사한 모델을 취하고 이런 모델을 정부와 사람들[인민 일반] 양자 모두가 포용될 수 있는 수준까지 끌어올리는 것이다.

이들이 보이는 야망만큼이나 이들이 제시하는 체계가 충격적이지만,

---

21) 데이비드 헬드(David Held, 1951~)와 다니엘 아키부기(Daniele Archibugi, 1958~)는 세계시민민주주의 모델에 입각해 지구화 시대의 정치 권력을 재편하기 위해 국가 정부가 아닌 인민들이 직접 선출한 지구적 차원의 '인민의 의회'라는 기구를 유엔에 설립해야 한다고 주장했다. 이 인민 의회의 성격을 좀더 정확히 표현하자면 민주적인 인민들의 의회(assembly of democratic peoples)이다. 이 지구적 수준의 인민 의회는 유럽과 같은 넓은 지역 차원, 국가, 국가 내 지방까지 다 연결되어 있다. 이 모델은 경제가 정치를 압도하는 지구화의 문제를 다루기 위해 경제 이익과 정치 이익을 분리하고 있으며, 새로운 민주주의에 따르는 권리와 의무도 이런 문제의식에 맞추어 각각의 영역에 분리되어 들어간다. 이 프로젝트에서 또 하나 주목할 만한 점은 국가 내 지역부터 지구적 차원까지 모든 문제를 강제력을 행사하는 법적 체계 안으로 묶으려는 시도였는데 세계시민민주주의가 다루는 중요한 주제이기도 하며 유럽연합을 통해 실험되고 있는 과제이기도 하다. 그러나 너무 이상주의에 빠져 있으며 상대적으로 문화적 요소를 고려하지 못했다는 비판을 받았다. 헬드와 아키부기의 입장은 Archibugi and Held 1995를, 관련 논쟁이 궁금하다면 David Held and Anthony G. McGrew eds, *Globalization Theory: Approaches and Controversies*, Cambridge: Polity, 2007을 참고하라.

세계시민주의를 추구하는 모든 문헌들이 이런 특징을 보여 주는 것은 아니다. 많은 사상가들은 [특정 경계를 기반으로] 결속된 인민 주권을 보편적인 인민의 민주주의[a universal People's Democracy]라는 공식적인 구조로 대체하려 하기보다는, 경계가 흐려지고 있거나 주권이란 개념이 낡아 가고 있는 세계 속에서 정치의 유동성을 강조하는 좀더 미묘한 차이가 있는 그림을 선호하고 있다. 이런 입장을 취하는 이들은 공식적인 인민의 의회를 통하여 대변되는 집단적인 지구적 차원의 인민을 찾기보다는 지구적 시민 사회를 만드는 개인들과 집단 간에 지속적으로 점점 증가하고 있는 좀 덜 공식적인 접촉의 네트워크를 강조하는 경향이 있다(Carter 2001; Hutchings and Dannreuther 1999). 하버마스와 마찬가지로 링크래터에겐, 대화를 통해 이렇게 "상상된 인류의 공동체"에 이르는 일은 "주권 국가란 끝나지 않은 도덕적 작업"[을 완수하는 일]과 다르지 않다(Linklater 1999: 36). 자유민주국가들의 경계 안에서 보면, 처음에는 시민들에게 권리를 부여했던 도덕적 추동력은 여성, 빈자, 인종문화적인 소수자들 및 공식적으로 배제된 타자들에게까지 권리를 확장시키면서 시민권을 더더욱 포용적인 것으로 이해하는 방향으로 밀고 나왔다. 링크래터에게 이런 진행의 논리는 너무나 명확하다. 이제 무너져야 할 다음 장벽은 내부인과 외부인의 경계이다. "국가의 구성원들[National populations]은…… 이전에 계급, 성, 인종문화와 인종 간의 차이에 도덕적 의미를 부여하며 생겨났던 것처럼, 이제 시민들과 외부인들 간의 차이에 도덕적 의미를 부여함으로써 틀림없이 골치를 앓게 될 것이다"(Linklater 1999: 48).

세계시민주의자들이 [다음 세 가지] 보편 원칙들, 동정심의 확장, 구체적 인민들과 인민 일반 간의 경계와 관련해 의구심을 불러일으키는 지구적 동향들의 결합에 관심을 기울이는 것은 옳다. 그러나 이 문제에는 또 다른 측면이 있다. 이 환희에 찬 전망에서는 생략되어 있는 잔인한 정치적 우연성을 무시할 여유가 우리에겐 없다는 점이다. '우리 인민'과 외부인 간의 경계를 개략적으로 정당화하는 일이 얼마나 어려운 일이든 간에, 정치적 논의는 그런 경계들이 자리를 잡고 있다는 사실에서 시작해야 한다. 그런 경계들은 실제 정치적으로 부각되며 증가하고 있는데, 지구화와 지구화가 일으킨 이민 및 국제사회의 테러리즘 때문만이 아니라, 늘어나고 있는 [민주정체] 시민들이 누리는 권리들로 인해 내부인의 지위가 그 어느 때보다 가치 있게 되었기 때문이다. 이러한 경계들이 민주주의와 부합하지 않는 것이라고는 할 수 없는데, 이 경계들이 한 측면에서 민주주의의 전제 조건이며 또 다른 한 측면에선 그 결과이기 때문이다. 한편으로 민주주의는 정치 공동체를 반드시 필요로 한다. 데이비드 밀러[22]가 세계시민주의 시민권 입장에 대한 비판에서 지적하고 있듯, 지금까지 모든 정치적 경험을 살펴보면 단지 공화주의적 혹은 민족적인 뚜렷한 정체성을 지니고 잘 결속된 정체에서만 효과적인 시민권이 가능함을 알 수 있다(Miller 1999). 지구적 수준에서 책임지는 지구적 정부를 유지하기 위해 국제연합에 '인민의 의회'를 허용할 만큼 충분한 인민 연대를 상상하기는 어렵다.

게다가 필연적으로 잘 결속된 민주적 인민은 헌법적 변화와 영토 경계 변화를 두고 자신들과 상의할 것을 지속적으로 주장할 것이다. 인민들은 대개 내부인과 외부인 간의 구분을 유지하길 원한다. 완전히 만개한 '지구적 민주주의'를 위한 체제는, 미국 인민이 강화된 국제연합에 권력

---

22) 데이비드 밀러(David Miller, 1946~)는 영국 출신의 정치학자로 현재 옥스퍼드대학교에서 사회 및 정치 이론 분야를 가르치고 있다. 롤스 및 노직의 보편적 정의론에 맞서 다원주의적 정의론을 제시했으며, 시민권이 효과적으로 작동할 수 있는 배경으로서 온건한 형태의 자유적 민족주의를 옹호한다.

을 넘겨주려는 모습을 상상해 보는 바로 그 순간 곧바로 붕괴돼 버릴 것이다. 민주국가의 어떤 정치 정당도 찾아오는 모든 이들에게 자신들의 경계를 개방하겠다는 약속으로 선거에서 승리할 수는 없다. 이런 지적이 민주적 유권자들이 링크래터 및 다른 이들이 설명하는 동정심을 확장하는 일에 관심이 없다는 말은 아니다. 누구를 '우리들 중 하나'로 간주할 것인가에 대한 기준들은 매우 우연한 것이며 시대에 따라 다양하다. 미국에서 누가 미국 인민에 진정으로 속한다고 볼 것인가에 대한 입장들은 공화국이 역사적 과정을 거치는 동안 극적으로 확장되어 왔다. 그리고 지금 현재 유럽 인민은 존재하지 않지만, 그럼에도 한때 각국에서 외부인으로 간주되던 많은 유럽연합의 시민들이 더 이상 그렇게 외부인으로 여겨지고 있다고 보이지는 않는다. 그러나 이런 점에 너무 많은 의미를 부여하는 것은 성급한 일일 수도 있다. 간단한 이유 중 하나는 다른 곳에서 내부인과 외부인 간의 경계들이 다시 그어지고 있기 때문이다. 프랑스에서 이탈리아인들이나, 아일랜드에서 영국인들은 좀더 낯선 새로운 이주자들과 비교해 볼 때 명예로운 내부자들처럼 보일 수도 있을 것이다.

이민에 대한 반대가 종종 무지, 인종적 편견, 부정적 선입관에 근거하고 있음에도, 민주주의의 관점에서 본다면 이런 반대를 완전히 비합리적인 것으로 치부할 수는 없다. 민주주의는 드문 것이다. 민주적 정체의 인민들은 소중하면서도 부서지기 쉬운 어떤 것, 아마도 (선택된 일체감 있는 인민들의 언어를 빌려서 표현해 보자면) 심지어 인류에 대한 신뢰를 소유한, 특권을 지닌 이들이다. 이런 민주적 정체를 이루는 인민의 규모와 본질에 따라, 인구 구성의 변화는 정치적으로 파괴적인 효과를 빚어낼 수도 있다. 그들이 지닌 배경과 상관없이 이민자들이 소수라면 좋든 나쁘든 미약한 효과를 내지만, (예를 들어) 오스트레일리아에 비민주적 정치 문화를 가진 곳에서 온 2천만 인구가 갑작스럽게 유입된다면 분명히 폭력적인 충돌을 일으키고 민주주의 전체를 모두 파괴할 수도 있을 것이다. 정치 투쟁과 수용의 과정에서 찾을 수 있는 광범위한 실천적인 가능성은 이 두 극단 사이 어딘가에 놓여 있다. 그렇다 하더라도 여전히 피할 수 없는 경계 통제를 수행하는 데 필요한 수단들—수용소와 추방, 유죄 추정 같은—이 보편적 원칙들 앞에서 횡행하고 있으며, 자유민주적 양심에 지속적으로 상처를 입히고 있다는 사실은 그대로이다(Barry and Goodin 1992).

하나의 잘 결속된 인민이란 필요조건과 인민 일반을 옹호하는 주장 간에 존재하는 긴장이 현대 자유민주주의를 괴롭히고 있다. 제2차 세계대전 이래, 자유민주주의 내에서 정치 계급들은 풀뿌리 차원의 투표자들보다 좀더 세계시민주의 입장을 취하는 경향을 보여 왔다. 특히 유럽의 엘리트들은 수십 년 동안 이민과 같은 쟁점들을 정치적 선전에서 이용하지 않으려고 노력했으며 정치 담론에서 외부인에 대한 정치적으로 잘못된 견해들을 배제하려고 노력해 왔다. 이를 두고 지난 10년 동안 일어난 가장 충격적인 정치적 발전 중 하나는 인민의 운동이라고 칭하는 대중영합주의적 반응이었다. 이들은 특히 이민 및 내부인과 외부인 간의 경계에 초점을 맞추어 왔다. 권력을 보유한 자들에 맞서 '보통 사람들'을 동원할 길을 찾는 이런 운동들은, 하나의 민족으로서 인민의 연대에 호소하고 있으며 궁극적인 주권으로서 인민의 권리를 주장하고 있다. 이런 운동의 전형적인 예를 보여 주는 대중영합주의가 다음 장의 주제이다.

4장/ 부분과 전체: 인민, 대중영합주의, 민주주의

> 나는 두 정당 중 하나를 선택하기 위해
> 비밀투표나 하는 일에 끼어든 것이 아니다.……
> 이것은 인민에서 나온 하나의 운동이다.
> 이야말로 헌법의 설계자들이 의도했던 우리 정부,
> 인민으로부터 비롯된 정부가 작동하는 방식이다.
> **로스 페로**(Westlind 1996)

우리는 지금까지, '인민'을 상대적으로 포용적인 관점에서 이해한다 하더라도, 이 입장이 은연중에 하나의 잘 결속된 정체를 함의하고 있으면서도 그 정체를 넘어 전체 인류까지 가리키는 것이기에 인민의 경계가 여전히 문제로 남아 있음을 보았다. 이러한 외부적 정의external definition의 문제에서 그 초점을 한 단일 정체 **내부**inside의 인민에게 옮기면, 우리는 다시 한 번 이론적 모호성 및 실천적 긴장과 마주하게 된다. 내부적으로, 이론적 특이성은 인민이 언제나 명백하게 양립할 수 없는 두 측면을 지니고 있다는 점이다. 인민은 정체 전체를 의미하기도 하고, 전체 인구의 한 부분을 의미하기도 한다. 전체 인구의 한 부분의 경우, 때로 정체를 통제하는 특권층을 의미하기도 하지만, 더 많은 경우 권력에서 배제된 구성원들을 의미한다. 부분과 전체 간에 존재하는 이런 확고한 모호성은 배제된 부분으로서 인민the people-as-excluded-part이 주권자 전체로서 인민the people-as-sovereign-whole을 이루는 가장 큰 부분으로서 권력을 주장해 온 수많은 정치적 갈등을 통해 끊임없이 지속되어 왔다.

당대 서구 정치 내에서 보면, 대중영합주의 운동은 주권 전체로서 인민이란 이름으로 배제된 부분으로 인민을 동원할 길을 여전히 모색하고 있으며, 이들은 엘리트에게서 권력을 되찾아 인민들에게 되돌려 주어야 함을 여전히 요구하고 있다. 1992년 미국 대통령 선거에서, 로스 페로는 인민이 다시 인민의 정부를 통제할 수 있도록 해야 한다는 선거 운동으로 일반투표에서 19퍼센트의 표를 획득했다. 이 장 서두의 인용문이 보여 주듯이, 페로에겐 이런 작업이 미국 헌법을 그 원래의 원칙들로 되돌리는 간단명료한 문제였던 듯하다. 그러나 이를 지켜본 많은 사람은 페로가 벌인 운동을, 다른 확고히 정착된 민주주의에서 볼 수 있는 상응하는 운동들처럼, 안심해도 좋을 민주적인 것이기보다는 경계해야 할 대중영합적인 것으로 본 듯하다. 앞으로 살펴보겠지만, 대중영합주의와 민주주의 간의 관계에 대한 혼동은 부분과 전체라는 인민의 내부적 변증법과 얽혀 있다.

대중영합주의를 정의하는 데 있어 나타나는 문제는 이 장의 후반부에서 언급하게 될 것이다. 그러나 이런 이름이 붙은 대다수의 운동은 대중영합주의를 인민 주권이란 약속을 되찾으려는 인민의 투쟁으로 이해한다. 우리는 2장에서 영국과 미국에서 전체로서 인민의 주권에 대한 신념이 민주적 개혁에 불을 지폈음을 보았다. 이런 신념은, '평민'이 자신들이 속한 정체 내로 완전히 포용되고자 싸움을 벌였을 때 그들이 지속적으로 언급했던 원칙이었다. 그러나 대중영합주의와 민주주의 간의 관계에는 불편한 측면들이 존재한다. 평민의 동원은 자유민주주의 역사에서 중요한 역할을 해왔다. 그러나 이런 동원이 한편으로는 혁명적 폭력 및 대중영합적인 독재자들의 출현과 결부돼 있던 것도 사실이다. 20세기 이전 대부분의 사회에서 평민은 엘리트들과 확연하게 구분됐다. 이들은 숫자상으로 다수를 이루고 있었을 뿐만 아니라 가난하고 무지하며 경멸당하던 대중이었다. 인민 주권이란 정치적 원칙을 통해 그들의 존재가 정당화되었을 때조차 그들이 벌인 투쟁은 권력뿐만이 아니라 부wealth 및 명예와 연관돼 있었다. 굴욕당한 자들의 분노로 더욱 강렬해진 이런 투쟁들로 인해 때때로 정치 선동가들이나 독재자들이 권력의 자리에 오르기도 했다.

자유민주주의의 안전을 걱정하는 비평가들은 [바로 앞에 언급한] 과거와 현재 간에 놓여 있는 불안스런 지속성에 주목하는 경향이 있다. 그럼에도 페로 및 다른 이들이 대표하는 '신대중영합주의'New Populism는 현대 민주주의자들에게 다른 종류의 곤궁을 야기한다. 인민에게 주권 권력을 되돌려 주라는 요구에 동요하고 있는 당대 서구정체들에는 종속적이며 별개로 구분되는 평민이 더 이상 존재하지 않는다. 대중영합주의자들이 직업 정치인과 '보통 사람들' 간의 대조를 끌어낸 것은 사실이다. 그러나 보통 사람들은 여론조사에 집착하는 정치인들이 지지를 구하기 위해 호소하는, 분산되고 확실한 형태가 없는 유권자 집단이다. 어떻게 미국, 캐나다, 오스트레일리아, 서구 유럽과 같이 안정적이고 확고히 정착된 자유민주주의 정체에서 인민의 정부를 '되찾아 오는' 동원을 이뤄 낼 기회가 존재할 수 있을까?

자유민주주의 정체 내에서 대중영합적 정치의 빈도가 점점 증가하자 많은 비평가들이 이에 어리둥절해 하고 있다. 우리는 앞으로 이를 해명하려는 다양한 설명들을 살펴볼 것이다. 그러나 이 장에서 주요 관심사는 부분과 전체로서 인민의 모호한 공명들이며, 이런 공명들을 가능하게 하거나 만들어 내는 정치적 대응들이다. 이 장의 구성은 다음과 같다. 1절에서는 평민의 역사를 살펴보고, 인민 동원이 한편으론 자유민주주의와, 다른 한편으론 대중영합적 독재와 묶이게 되는 연결고리를 살펴보게 될 것이다. 2절에서는 현대 대중영합주의로 초점을 옮겨, 특히 최근에 자유민주주의 정체의 정치적 관례에 도전하고 있는 신대중영합주의 운동들에 초점을 맞출 것이다. 3절은 대중영합주의를 정의하는 일과 관련해 좀더 일반적인 문제를 고려할 것이다. 많은 분석가들에 따르면, 운동을 대중영합주의로 만드는 것은 그들의 프로그램이나 선거구 유권자들이 아니라, 주권 인민을 위해 권력을 되찾아 오고자 할 때 이를 두고 일어나는 공통의 담론이다. 그러므로 자유민주주의적 성격이 고착된 정체에서 이런 종류의 운동에 대한 열렬한 지지는 곤란한 질문들을 제기한다. (자신들이 지향하는 목적이 정치꾼들로부터 권력을 되찾아 인민들에게 되돌려 주는 것이라 공언하는) 대중영합주의자들을 그들이 주장하는 것처럼 진정한 민주주의자로 봐야만 하는 것일까? 아니면 (이들을 비판하는 사람들이 주장하듯) 대중영합주의자들은 자유민주주의의 위험한 적들일까?

이런 질문들에 대해 (유럽의 정치 분석가들이 특히 선호하는) 설득력 있는 대답은 우리가 잘 알고 있듯이 근대 정체 내의 민주주의가, 대중영합적인 민주주의populist democracy와 자유적 헌정주의liberal constitutionalism라는 섞이기가 쉽지 않은 두 개의 서로 다른 입장strands[1]을 결합시켜 놓은 것이기 때문이라는 것이다. 신대중영합주의는 이 두 입장 사이의 균형을 깨뜨리겠다고 위협을 가함으로써 말썽의 소지를 만들고 있다. 4절에서는 대중영합주의에 대한 이 '두 입장two strand 이론' 및 이 이론과 민주주의의 관련성을 살펴보게 될 것이다. 필자는 이 이론이 상당히 이치에 맞는 것임에도 불구하고 두 가지 측면에서 오도되었다고 주장할 것이다. 첫째, 이 이론은

1) 이 책에서 strand는 '오래전부터 내려오는' 사상 및 개념의 일부라는 의미로 쓰이고 있다. 우리말에서는 (사상적) '조류'라는 용어가 이에 적합한 표현일 것이다. 그러나 이 장에서는 근대민주주의가 대중영합적 민주주의와 자유적 헌정주의라는 두 상이한 사상적 조류의 혼합이라는 점을, '두 조류 이론'이라는 표현보다 '두 입장 이론'이 좀더 명료하게 전달한다는 점을 고려해 '입장'으로 번역했음을 밝혀 둔다.

자유적 헌정주의와 인민이란 대의 이상 간에 존재하는 많은 역사적 고리를 무시한 채 이 양자의 대립을 과장하고 있다. 둘째, 이 이론을 따르다 보면, 정치 권위의 궁극적 원천으로서 인민과 관련하여 대중영합주의적인 정치적 수사들이 제기하는 중대한 쟁점들에 주의를 기울일 수가 없게 된다. 대중영합주의적인 정치적 수사들은 주권 인민을 조명하고 있지만, 이런 정치적 수사들은 인민이 행동에 나서는 본질, 행동에 나설 수 있는 권위, 행동할 수 있는 권력을 매우 단순하고 직접적인 것으로 보이게끔 만든다. 이는 확고한 사실이다. 필자는 인민에 내재해 있는 그 깊은 모호함을 분명하게 하길 바라며, 실제로도 인민이 이런 어둠에서 벗어날 수 있게 해야만 한다고 주장할 것이다.

1. 평민

모지스 핀리[2]는 『고대 세계의 정치』*Politics in the Ancient World*, 1983에서, "데모스라는 용어의 모호성은……한편으론 전체로서 시민 결속체를 의미하고……다른 한편으론 평민, 다수, 가난한 자를 의미하는 데 있다.……라틴어의 포풀루스도 동일한 이중적인 함의를 지니고 있다"고 말한다(Finley 1983: 1). 이 고대 [남성] 시민 구성원들은 노예, 여자, 외국인 거주자들 이상의 존재로 양성된 그 자체로 하나의 선택받은 집단이었다. 아리스토텔레스가 강조했듯, 시민 다수의 측면에서 데모스는 부자들과 반대

2) 모지스 핀리(Moses Finley, 1912~1986)는 미국 시민으로 태어나 영국 시민으로 사망한 고전학자다. 현대의 경제 관점에서 고대 경제를 분석해서는 안 된다고 주장했는데, 고대에는 경제를 사회에서 따로 분리된 영역으로 보지 않았기 때문이다. 헤겔이 주장하는 경제는 근대에 새롭게 등장한 영역으로, 근대성의 핵심적인 측면을 이룬다는 주장과 일맥상통하는 면이 있다.

되는 빈자들을 의미했다(Aristotle 1992: 192, 245, 269). 이런 의미에서 보자면, 로마공화국에서 포풀루스는 신분이 우월한 귀족들이 멸시하면서도 종종 두려워하던 플레브스plebs[고대 로마의 평민]를 의미했다. 후대의 정치 사상가들에게까지 전해져 내려오는, 귀족들이 평민을 두려워한 상호 연관된 세 가지 이유들이 있다. 첫째, 평민은 가난한 이들이었기에 부자들을 약탈하려는 대중 선동가들이 쉽게 선동할 수 있다. 둘째, 또한 평민은 무지하고 분노에 차 있기 때문에 비합리적이며 폭력적인 무리로 쉽게 돌변할 수 있다. 다시 말해 플라톤에서 시작해 셰익스피어와 그 후대까지 이어진 엘리트들의 정치적 상상력을 괴롭혀 온 "머리가 여럿 달린 괴물"로 둔갑할 수 있다는 것이다(Hill 1974).[3] 셋째, 평민은 그 어떤 혼합정체mixed constitution[4] 및 권력에 대한 제한이라도 위험에 빠뜨릴 수 있는데 한 사람의 대중영합적인 군사 지도자가 전제정의 설립을 지지하도록 이들을 유도할 수 있기 때문이다. 줄리어스 시저Julius Caesar가 음식과 오락으로 로마 평민에게 지지를 호소하여 개인 권력으로 부상한 이후 이런 현상에 '시저주의'

---

3) 전통적으로 정치는 인간의 몸(body)에 빗대어 표현되어 왔다. 인간의 몸에 머리는 하나여야 한다. 만약 머리가 두 개이면 손발은 두 개의 다른 뇌의 명령을 수행해야 한다. 머리가 여러 개일수록 손발은 그 명령을 수행하는 데 혼란을 겪을 것이다. 정치를 인간의 몸과 같다고 본 대다수의 사상가들은 인민이 주인일 때 머리가 여럿이 되기 때문에 정치가 혼란을 겪을 수밖에 없을 것이라 생각했다.

4) 혼합 헌정 체제는 공화주의 전통에서 가장 이상적인 체제로 꼽혀 왔는데, 계급 간 이익을 조정하는 법을 중심으로 여러 계급이 권력을 나누어 갖는 정체를 말한다. 인문주의자로서, 그리고 공화주의자로서 마키아벨리가 가장 이상적으로 생각했던 정체다. 우리가 흔히 알고 있는 『군주론』(*Il Principe*, 1512)은 마키아벨리가 자신의 시대에 유효하다고 본 두 개의 정체, '인간성'을 기반으로 한 공화정과 '야수성'을 기반으로 한 군주정 중 군주정이 어떻게 운영되어야 하는지에 관한 이야기다(마키아벨리의 지도자론에 집중하는 많은 이들이 간과하지만, 마키아벨리는 『군주론』의 첫 문장에서 이를 분명하게 밝히고 있다). 군주정의 군주는 자신이 법이지만, 공화정에서 군주는 혼합정체를 이루는 하나의 계급으로 법에 제약된다.

Caesarism란 별칭이 붙었다(Baehr 1998).

그러므로 인민이라는 주제를 두고 내려온 고전적 유산은 이것저것 많이 뒤섞인 것이다. 우리는 2장에서 최고 권력으로서 포풀루스the sovereign populus에 대한 로마인들의 생각이 그 자체로 심오하면서도 모호한 형태로 전해 내려온 것임을 보았다. 그러나 혼란스럽지만 고원한 전체 정치 공동체로서 인민people-as-whole political community이라는 개념 곁엔 평민이란 어두운 그림자가 드리워 있었다. 17세기 영국에서 왕과 의회 간의 투쟁으로 인해 인민 주권이란 원칙의 중요성이 새로이 부각되었을 때, 이 원칙을 활용했던 이들은 스스로 당혹스러운 상황에 빠졌는데, 인민의 두 가지 측면들이 서로 다른 방향을 가리키는 것처럼 보였기 때문이다. 최고 권력의 정치 공동체라는 좀더 영광스러운 외피를 두른 인민은 왕들에게 책임을 요구하는 데 적합해 보였다. 그러나 거대한 전체 주민 집단이란 두려운 상상을 불러일으키지 않으면서 이 용어를 사용하기는 어려운 일이었다. 신사 계급은 자신들이 전체 정치 공동체의 천부적인 대표자들이라 여겼을 수도 있다. 그러나 일단 왕에 반대하여 인민 주권이 제기되자, 수평주의자들도 전체로서 인민이란 이름 아래 배제된 자들의 정치적 권리를 주장하기 위해 이 원칙을 활용할 수 있게 되었다.

왕당파들은 인민 주권이란 개념을 폭력적 무리들의 지배로 해석하여 신뢰도를 떨어뜨리고자 했는데, 이로 인해 일부 휘그파 신사들은 인민 주권을 평민과 분리시키려 노력했다. 18세기 초 공화주의자이자 인민의 자유를 방어했던 토머스 고든[5]은 구체적으로 다음과 같이 말했다.

> 내가 의미하는 인민이란, 인민이란 이름 아래 흔히 이해되고 비방당하고 있는 목적이 없고 가난한 대중 무리를 말하는 것이 아니다. 내가 말하는

인민은 귀족들이 누리는 특권 없이 재산을 소유하고 있는 모든 이들을 말한다(Gordon 1737: III 191).

그러나 18세기 중엽 영국의 일반적인 담론은 인민을 이렇게 냉혹하게 정의하진 않았다. 더 일반적이었던 의미는 (어찌 되었든 영국의 민족적 인민의 구성원인) 평민이 비록 자신들보다 더 신분이 높은 사람들에 의해 천부적으로 대의된다고 할지라도 주권 인민 내에는 포함된다는 좀더 모호하고 좀더 신축성 있는 담론이었다. 일부 영국인들은 이 담론의 급진적인 잠재력을 명백히 인식하고 있었고, 미국에서는 더 많은 이들이 알고 있었다. 만약 전체로서 인민이 주권이라면, 그리고 평민이 이 전체 인민의 대다수를 이루고 있다면, 그렇다면 언뜻 보기에는 평민이 정치적 권리를 주장할 수 있는 근거가 확실한 경우였다. 미국 혁명을 기회로 급진주의자들은 정체 내의 (남성, 백인) 평민 구성원들에게 투표권을 부여하라는 압박을 가할 수 있었다. 19세기 영국에서는 이와 동일한 이상을, 특히 차티스트들과 자유당이 연속적인 운동을 통해 더 오랫동안 추구했다.

고전적 선례들과는 대조적으로, 미국에서 평민의 급진적 동원은 마침내 헌정적 균형과 양립할 수 있는 것으로 드러났으며, 19세기 영국에서는 혁명적이라기보다는 개혁적인 것으로 나타났다. 그러나 이는 어떤 측면에서도 결코 그러리라 예상된 결과가 아니었다. 그랬기에 특권 계급에 속한 많은 이들이 느꼈던 두려움이 합당하지 않은 건 아니었다. 프랑스 혁명

---

5) 토머스 고든(Thomas Gordon, 1692~1750)은 영국 정치 체계의 부패와 도덕성의 결여를 비판하고 전제정의 위험을 경고한 대표적인 저널리스트로, 존 트렌차드(John Trenchard, 1662~1723)와 함께 쓴 『카토의 편지』(*Cato's Letters*, 1720~1723)는 표현의 자유에 엄청난 영향을 미쳤다. 이 글은 영국 지방당(Country Party)의 정책에도 영향을 미쳤다.

에서 평민이란 대의 이상은 시민적 자유 및 제한 정부가 아니라 혁명적 폭력, 몰수, 전제정 및 시저주의와 연관되어 있었다. 아리스토텔레스가 살던 시기와 마찬가지로 평민은 여전히 빈자들이었고, 이들이 인민 주권에 근거를 둔 한 정체 내로 완전히 편입되기 위해 벌이던 캠페인은 부자들을 향한 계급 투쟁이기도 했다. 이런 평민의 '대중영합주의적'인 동원이 우리에게 익숙한 맑스의 계급 갈등 상황과 어떻게 다른 것인지, 특히 이런 전망이 고무된 영국에서 어떻게 다른 것인지 잠시 살펴보는 일은 가치가 있다.

그 첫번째 차이는, 18세기 후반 및 19세기 초 대중영합적인 사회적 급진주의가 (이전에도 그랬듯이) 광범위하고 정체성이 모호한 유권자들에게 호소하려 했다는 데 있다. 맑스의 새로운 산업 프롤레타리아들 대신 인민에 대한 광범위하고 포용적인 담론을 사용하는 급진주의 집단에 매료된 이들은 장인들과 공인들 및 다른 기술자들처럼 좀더 다양한 집단의 집합이었다(Calhoun 1982; Stedman 1983; Joyce 1991). 맑스주의 분석에서는 경제적인 측면에 해당되는 것들이, 대중영합적 급진주의에서는 경제적 결함이 정치적 이유로 돌려지고 투표와 같은 정치적 처방을 모색한다는 측면에서 정치적이다. 대중영합주의자들은 자기들이 내세우는 급진주의를 인민 주권이라는 익숙한 원칙에 호소함으로써 정당화한다. 이런 정당성의 차이는 역사에 대한 완전히 다른 태도와 연관되어 있다. 맑스주의 이론에서 프롤레타리아들은 기술의 변화로 인해 형성되고 운명적으로 그 결과를 물려받을 진보적인 계급이다. 그러나 19세기 초 영국 및 산업화가 진행되고 있던 다른 사회에서 대중영합적인 급진주의는 이런 변화에 대한 저항과 전통적인 공동체 및 평민의 삶의 방식을 방어하는 일에 좀더 연관돼 있었다. 영국 역사에서 전형적인 대중영합적 급진주의자는 19세기 초 언론인이자 정치 선동가였던 윌리엄 코빗[6]이다. 코빗은 자신과 사람들이 목격했던, 점점 더 부패하던 엘리트들의 인민에 대한 억압을 향해 대중적 적대감을 분명하게 드러낸 매우 보수적인 인물이었다. 맑스가 현존하는 국가들을 단순히 자본주의의 도구에 불과한 것으로 치부했을 수도 있지만, 코빗과 그와 비슷한 성향을 지녔던 이들은, 권리 차원에서 이미 자신들의 것인 자유로운 헌법을 되찾기 위해 투쟁하고 있다고 믿었다. 평민으로서 배제와 억압을 겪고 있던 그들은, 정당한 권력이 귀속하는 주권 인민의 거대한 다수를 자신들이 형성함을 자각하고 있었다. 그들이 내세운 분석, 전략, 정당성 모두가 인민의 개념과, 특히 최고 권력으로서 전체와 배제된 부분 간의 모호성에 의존하고 있었다.

19세기 초 영국에서는 대부분의 대중영합적 급진주의가 현존하는 의회 체계를 받아들이는 것을 목표로 했기 때문에, 결국에 자유민주적 개혁 운동과 함께 수용되었다. 대조적으로 프랑스의 경험은 평민이 동원될 경우 그 결과에 대한 전형적인 공포를 확인시켜 주는 듯하다. 인민 혁명의 결실을 거둬들이던 나폴레옹 1세와 나폴레옹 3세는 인민 주권의 원칙과 평민의 투표에 호소하며 국민 투표로 자신들이 만든 제국을 정당화했다. 다양한 국가에서 이들의 뒤를 따르고 있는 카리스마 있는 지도자들은, 자신들이 평민과 맺은 관계를 자유민주주의를 뒤엎는 데 쓰고 있다. 유럽에서 대중영합주의에 대한 회의적인 평가는 대중 동원에 뛰어난 재능을 보인 아돌프 히틀러Adolf Hitler에 대한 기억과 많은 관련이 있다. 유럽 밖에서는 대중영합주의적 지도자들이 다소 독재 성향을 보여 왔는데, 특히 라틴

---

6) 윌리엄 코빗(William Cobbett, 1763-1835)은 농민 집안에서 태어나고 자랐으며, 그 자신도 농부였다. 탁월한 팸플릿 작가이자 언론인이기도 했던 코빗은 농민들의 빈곤을 의회 개혁을 통해 해결하고자 했다.

아메리카에서 이런 성향이 공통적이었다. 후안 페론Juan Peron과 에바 페론Eva Peron에서 우고 차베스Hugo Chavez에 이르는 카리스마 있는 지도자들이 부유한 엘리트에 맞서 도시 빈민들을 동원해 권력을 획득했다. 라틴아메리카의 대중영합주의는, 종종 부유한 세계의 변방에 머물며 완전하게 근대화되지 않은 지역에서 자유민주주의 정치로 향해 가는 불안정한 전환기에 나타나는 특징인 '후진성'backwardness을 드러내는 징후라고 진단돼 왔다(예를 들어 Di Tella 1997: 190, 199; 또한 Laclau 1979도 참조).

고전적 평민 동원과 19세기 초 평민 동원처럼, 라틴아메리카에서 대중영합적이라 불리는 이 운동은 일반적으로 도시적 현상인데, 약자들의 가장 가시적이면서도 강력한 목소리에 호소한다. '대중영합주의'와 '후진성' 간에 가정된 이런 연결고리는, '대중영합주의자'라는 말이 19세기 초 러시아에서는 소작농, 미국에서는 농장주라는 시골 '사람들'을 대상으로 했던 두 가지 (서로 아무 연결고리도 없는) 급진적 운동을 묘사하기 위해 처음 쓰였다는 점을 고려하면 더욱더 이치에 맞는 것처럼 보인다. (일반적으로 '대중영합주의'populism로 번역되는) 러시아의 나로드니키주의는 결국 무산되기는 했지만, 소작농의 삶이라는 이상적인 견해에 고무된 젊은 지식인 사이에서 일어났던 혁명적 운동이었다.[7] 1870년대 그들은 차르와 지주 계급에 반대하는 혁명을 기대했던 '인민 속으로' 들어가 토지의 공동

---

7) 나로드니키주의(Narodnichestvo)는 1860년대 및 1870년대 러시아에서 중산 계급 학생들과 청년들이 중심이 되어 일어났던 '소작농 대중영합주의'를 의미하는데 일종의 농촌 계몽 운동이었다. '브나로드'(인민 속으로)라는 슬로건에서 이런 이름이 생겨났으며, '나로드니크'는 이들이 벌인 운동을 의미한다. 이들은 발전된 자본주의 사회에서 노동자에 해당하는 이들이 러시아에서는 농민이라고 생각했고, 러시아에서는 이 농민들이야말로 공산주의적 성향을 지닌 변혁의 주체 세력이라고 생각했다. 우리 역사에서도 일제강점기에 이에 영향을 받아 동아일보사가 주축이 되어 문맹 퇴치를 내건 '브나로드'라는 농촌 계몽 운동이 펼쳐졌다.

소유권을 확립하고자 했다(Venturi 1960; Wortman 1967). 당시 이 프로젝트는 거의 호응을 끌어내지 못했지만, 이후 반세기 동안 동부 유럽 전역에서 (많은 경우 카리스마적 지도자들과 특히 이 중에서도 나로드 운동Narodinik에 영향을 받은 사람들과 함께) 일어난 소작농 운동은 소작농의 경제적 이익을 말하고, 소작농의 삶의 방식을 이상화하며, 이를 위해 인민이란 담론을 활용하는 독특한 하나의 급진주의를 명료히 표현하는 데 가끔 성공을 거두기도 했다(Canovan 1981: 112~128; Mudde 2002). 동부 유럽의 소작농 급진주의자들이 라틴아메리카의 독재자들과 '대중영합주의자'라는 이름을 공유하게 된 것은 역사적 우연이다. 그러나 양자 간 커다란 차이가 있음에도 (좀더 탄력적인 측면에서) 경제적으로 '후진적인' 사회에서 억압받는 사람들의 동원에 집중해 보면 유사성 또한 찾을 수 있다. 그러므로 명백한 억압[이란 요소]과 더불어 이에 따른 소작농 봉기를 이해한다면, 두 현상 모두 시저와 아리스토텔레스까지 거슬러 올라가는 평민에 대한 이야기에 적합한 것일 수도 있다. 그러나 이 이야기를 현대 서구 정치에서 현재 급증하고 있는 대중영합주의와 연결하기는 어렵다. 다른 사례를 통해서는 이 사이에 미약한 고리나마 만들어질 수도 있는데, 그 대표적인 경우가 19세기 미국의 대중영합주의다. 그러나 이를 위해서는 역사를 일부 논쟁적으로 해석해야 하는 대가를 지불해야 한다(McMath 1993: 9~16).

대중영합주의자라는 용어는 영국에서 정착된 용어인데, 스스로를 농업 급진주의가 정점에 이른 시기인 1890년대에 형성된 미국 인민당의 당원들the members of US People's Party이라 불렀던 이들을 주로 설명하기 위한 것이었다. 러시아 소작농 대중영합주의자들이 이상화한 소작농들과는 달리, 대다수 미국 대중영합주의자들은 상품을 생산해 먼 거리에 있는 시장에 대던 상업 농장주들이었다. 그들이 분노한 대상은 그들의 채권자, 자신들이 재배한 농작물을 운송하기 위해 의존했던 철도 기업, 농작물 가격을 억누르면서 자신들의 빚은 늘리던 부족한 금화 통화량, 열심히 일하는 생산자들은 겨우 먹고 살 만큼 버는 데 비해 사치에 젖어 있던 월스트리트의 부호들이었다. 이 운동은 카리스마 있는 지도자 하나 없이 일어난 풀뿌리 운동이었는데, 주목할 만한 특징 중 하나는 미국 헌법이 인민 정부를 설립했다고 보는 신념이었다. 19세기 초 코빗과 영국의 급진주의자들(과 실제 17세기 영국 수평주의자들)처럼, 이 미국의 대중영합주의자들은 자신들을, 정당하게 자신들이 소유했던 권력을 되찾아 오기 위해 조직된 주권 인민으로 보았다. 이 정당이 1892년 7월 오마하에서 개최한 첫 대통령 후보 선출 전당 대회에서 채택한 강령을 보면, "우리는 공화국의 정부를 이 정부가 탄생했던 그 기원 계급인 '평범한 사람들'the plain people의 손에 되돌려주고자 한다"고 선언한다(Hicks 1961: 441). 그들이 특수 이익 집단이 아니라 압도적인 다수 인민을 대변한다는 이런 신념은 이들의 정치적 수사에서도 분명히 드러난다.

> 여러분, 앞으로 이런 일을 보게 될 것입니다.……여러분은 한편에서는 말끔하게 차려입은 이 국가의 위대한 재계 거물들과 월스트리트 브로커들, 거부(巨富)들이 행사하는 권력을 보게 될 것입니다. 그리고 다른 한편에서 인민들을 보게 될 것입니다(Goodwyn 1976: 192).

이 운동이 절정에 이른 시기는 1892년 대통령 선거였는데, 대중영합적 후보였던 제임스 위버[8]는 100만 표를 획득했다.

미국 대중영합주의는 여러 측면에서 전통적인 평민의 운동들과 당대의 대중영합주의자들이 주도하는 '보통 사람들'의 동원을 서로 연결하는 고리로 보일 수 있다. 이런 연결고리는, 역사가들이 이 운동에 서로 상충하는 해석을 해온 이유들을 설명할 수도 있을 것이다. 이 운동이 기반을 둔 농업 종사자들이 겪는 빈곤과 이 운동이 행한 월스트리트의 악마화는, 일부 사람들이 이런 현실을 [러시아 및 동부 유럽의] 소작농들과 라틴아메리카 독재자들의 대중영합주의와 연결될 수 있는 후진성에 관한 이야기와 서로 끼워 맞추는 일을 거들고 있다. 이들이 끼워 맞추려 하는 후진성 이야기는 또한 대중영합주의자들의 비합리성의 위험을 경고하는 것이기도 하다(Hofstadter 1968: 62~93). 그러나 인민당의 정치 프로그램과 담론은 그들을 다른 무리에 넣고 있으며 다른 질문을 제기했다. 로렌스 굿윈 Lawrence Goodwyn은 풀뿌리 대중영합적 운동의 등장에 동조하는 관점에서 이들을, 인민 정부를 인민의 손으로 통제할 수 있도록 함으로써 인민 주권에 활력을 불어넣으려는 의도를 지닌 본보기가 되는 민주주의자들이라 본다(Goodwyn 1976). 이것이 바로 정확하게, 자신들이 진정한 민주주의자라고 주장하는 당대 대중영합주의자들이 지속적으로 호소하는 내용이다. 우리는 이렇게 상충하는 신호들을 어떻게 이해해야 하며, 인민에 대한 당대의 호소에 어떻게 반응해야만 하는 것일까? 우리는 이런 호소를 민주주의가 행동에 나선 것으로 보아야 하는 것일까 아니면 민주주의에 대한 위협으로 보아야 하는 것일까? 이런 질문에 답하기 위해서 우리는 대중영합주의가 의미하는 것이 무엇인지를 분명하게 하는 데 더 많은 노력을 지속적으로 기울일 필요가 있다. 다음 두 절에서는 우선 당대 자유민주정체들에서 '대중영합주의'라는 딱지가 붙은 운동을 살펴보고 난 뒤, 일반적인

8) 제임스 위버(James Weaver, 1833~1912)는 미하원의 의원직을 여러 차례 지냈으며, 1880년과 1892년 두 차례 대통령 후보로 추대되었다.

대중영합주의의 정체성을 찾고 분석할 때 생겨나는 더 광범위한 문제들을 살펴보게 될 것이다.

2. 당대 자유민주정체들에 나타나는 대중영합주의

언론인들과 정치학자들이 대중영합주의라는 이 용어를 쓰는 바람에, 종종 대중영합주의가 현대 정치에서 광범위하게 퍼져 있다는 인상을 준다. 자유민주정체들 내에서 이런 딱지는 두 종류의 현상과 연결되어 있다. 하나는 경계심을 불러일으키고 다른 하나는 냉소주의를 좀더 불러일으킨다. 이 냉소적 현상은 아마도 '정치꾼politician[9]들의 대중영합주의'라고 부르는 것이 가장 적합한데, 이 절의 후반부에서 논의하게 될 것이다. 경계심을 불러일으키는 대중영합주의는 지난 20년 동안 여기저기서 급성장한 것으로, 필자는 이를 폴 타가트Paul Taggart가 붙인 이름을 따라 '신대중영합주의'New Populism라고 부를 것이다(Taggart 1995).[10]

신대중영합주의

최근 들어 많은 자유민주정체에 현존하는 정당과 주류 정책에 도전하는

---

9) 여기에서 politician을 '정치인' 혹은 '정치가'라고 하지 않고 '정치꾼'이라고 옮겼다. 존 롤스(John Rawls)는 『만민법』(*The Law of Peoples*, 1993)에서 다음 선거를 준비하는 politician과 다음 세대를 준비하는 statesman을 구별하고 있으며, 플라톤의 3대 정치 저작 중 하나인 『정치가』(*Politikos*)도 영문으로는 statesman이라고 번역되어 있다. 이 책이 개념서인 탓에 좀더 엄격한 구분을 위해, 그리고 이 '정치꾼들의 대중영합주의'라는 말의 냉소적 측면을 부각시키기 위해, 롤스와 아리스토텔레스에 근거해 이 용어에 한해서만 politician을 '정치꾼'으로 옮긴다.

10) **[원주]** 타가트가 이런 이름을 붙인 원래의 의도는 최근 사회 운동에서 등장한 '새로운 정치'(the new politics)와 비교하기 위해서이다.

운동의 출현을 목격할 수 있다(Taggart 1995; 2000). 그 형식상 전형적으로 대립을 유발하는 이런 운동은, 그들이 정당한 권력의 올바른 원천으로 인민을 대표한다는 주장을 펼친다. 그들은 자기 이익을 추구하는 정치가들뿐만 아니라 정치적으로 올바른 지식인들조차 이런 인민의 이익과 바람을 무시해 왔다고 주장한다. 이렇게 기존 세력에 도전하는 이들은 일반적으로 자신들을 '대중영합주의자들'이라 부르지 않는다. 일부 연결고리가 있음에도 불구하고, 이들은 지금까지 자신들을 (예를 들어) 녹색당들Greens처럼 하나의 국제적인 이데올로기 운동에서 나온 가지들로 보지 않는다. 각 경우마다 한 특정한 민족국가적 인민을 대변한다고 주장하는 대중영합주의자들은 본연의 국제주의자들이 아니다. 그러나 대중영합주의자들은 그들 사이의 정책 처방들 간에 많은 차이들이 있음에도 불구하고 특징적인 형태와 메시지를 공유하고 있다. 대다수 이런 종류의 운동들은 단기적인 것이었으며 다른 일부는 주변부적인 것이었다. 그러나 집단적으로 이들이 미치는 정치적 영향은 이미 상당한 것이며 특히 유럽에서 그러하다. 서로 간 많은 차이점이 있음에도 이런 범주에 속한다고 일반적으로 인정되는 사례로는, 미국에서 로스 페로가 벌인 대통령 선거 캠페인, 오스트레일리아에서 폴린 핸슨Pauline Hanson의 한나라당One Nation Party, 캐나다에서 프레스턴 매닝Preston Manning의 개혁당Reform Party이 있다. 많은 유럽의 사례 중에서 가장 오랫동안 지속되고 있는 것은 프랑스 장-마리 르펜Jean-Marie Le Pen의 국민전선Front Nationale이다. 다른 사례 중 특히 눈에 띄는 예들로는 오스트리아에서 외르크 하이더Jörg Haider의 자유당Freedom Party, 이탈리아에서 움베르토 보시Umberto Bossi의 북부연맹Northern League, 네덜란드에서 잠시 분출된 핌 포르퇴인Pim Fortyun이 이끌었던 운동이 있다. 2002년 네덜란드 의회 선거 바로 직전에 일어난 포르퇴인의 암살[로 인한 운동의 소멸]은 이런 신대중영합주의 운동들의 전형적인 특징 중 하나를 극적으로 설명하는데, 이런 운동이 제도적인 정당 구조보다 개인적 리더십에 압도적으로 의존한다는 것이다.

이런 지도자들이나 정당들을 '대중영합주의'라고 부를 때, 이 말은 분석적 차원에서 쓰는 것일 수도 혹은 경멸을 퍼붓기 위해 쓰는 것일 수도 있다. 중립적인 관점에서 보자면, 이들의 존재 이유가 인민들을 대변하기로 되어 있는 대표자들에 [오히려 대항해] 맞서 펼치는 '인민'을 향한 호소라는 측면에서 대중영합주의자라고 말할 수 있다. 이들은 인민이 주권이란 원칙에 의존하면서 자신들이 속한 특정 정체에서 직업 정치가들과 여론을 형성하는 이들이 인민 대다수의 이익과 가치를 소홀히 한다고 비난한다. 그러나 앞서 살펴보았던 평민의 역사와 연결되어 있는 이런 종류의 풀뿌리를 향한 호소는 또한 소위 대중 선동적인 차원에서 대중영합주의라는 꼬리표가 달린다. 유럽 대륙에서 이 용어는 종종 인민의 비합리성과 히틀러의 인종차별적 대중 선동을 연상시키는 조작적인 리더십을 반영하고 있다. 자유주의적 비평가들은 이 새로운 운동들 내에서 돋보이는 카리스마적 지도자들을 두고 우려하고 있을 뿐만 아니라 특히 이들이 가장 성공적으로 강조해 온 인민의 감성, 바로 이민과 다문화주의에 대한 거대한 적대감을 우려하고 있다. 그러므로 경멸적인 측면에서 대중영합주의는 '극우파'를 의미하는 것으로 여겨진다. 전통적인 정치 스펙트럼에서 보자면 이민 분야와 관련해 대부분의 신대중영합주의자들은 실제로 우파이다(Betz 1994). 그러나 네덜란드 핌 포르퇴인의 사례는 이런 이름이 오도될 수도 있다는 것을 보여 준다. 포르퇴인은 공개적으로 성 정체성을 밝힌 (그래서 우파의 다수에 절대 반하는) 동성애자였을 뿐만 아니라, 그가 무슬림 이민과 다문화 정책에 반대했던 이유들은 좌파들의 목소리를 일부 반영하고 있었다. 이런 특별한 경우에는—자유적 인민이 공유한 문화의 맥락에서 볼 때—자신들의 대표자들에 반대하면서 인민을 대변한다는 대중영합주의자들의 주장을 단순히 우파들의 외국인 혐오증으로 일축할 수는 없다(*The Economist*, 4 May 2002: 14~16).

잊혀진 대다수의 보통 사람들을 대변한다고 주장하는 신대중영합주의자들은, 그들을 둘러싼 주변 환경에 반드시 [정치적] 색깔을 입힐 필요가 있다(Taggart 2000). 그들이 홍보 활동을 벌이는 입장들과 그들이 표현하는 가치들은 국지적 관심사와 그들이 도전하고 있는 정치적 기득권의 종류에 달려 있다. 그들은 직업 정치가들과 여론 매체에 변함없이 비판적이면서 인민이 생각하고 있는 것을 소리 높여 대변하고 있다고 주장한다. 특히 엘리트들이 말할 필요가 없다고 여겨 왔던 것이라면 더 그렇다. 신대중영합주의자들은 인민의 관심이 집중된 문제들을 전문적인 정치가들을 거치지 않고 인민이 결정할 수 있도록 주민 전원 투표로 결정해야 한다고 요구한다. 그들은 또한 자신들이 풀뿌리 인민과 가까이 있는 반면 정치 기득권은 이들과 동떨어져 있음을 강조하면서 [정치적] 색깔을 입히고 비타협적인 용어들을 사용하는 경향이 있다. 이들 중 일부는 권력을 공유하기에 충분할 만큼 선거에서 성공을 거두기도 하지만, 이들은 [기득권 정치에] 반대하고 나설 때 가장 편안함을 느낀다. 2002년 프랑스 대통령 선거에서 2차 최종 투표까지 오른 장-마리 르펜의 성공은 확고히 자리 잡은 자유민주정치에 대한 대중영합주의의 도전적 힘을 보여 주는 가장 극적인 상징적 사례였다. 가장 비타협적인 우파이자 모든 대중영합주의자들 중 가장 민족주의를 옹호하는 르펜은 1차 투표에서 권력에서 물러나는 사회주의자 수상[리오넬 조스팽Lionel Jospin]에게 승리를 거두었다. 이로 인해 (내부 분열로 이런 일이 일어날 수 있는 기회를 내준) 프랑스 좌파들은 르펜을 권좌에서 몰아내기 위해 2차 선거에서 오랫동안 자신들의 적이었던 [보수정당 출신의] 자크 시라크Jaques Chirac 대통령을 지지해야만 했다(*The Economist*, 27 April 2002: 25~27; 또한 Surel 2002도 참조).

비평가들과 분석가들은 신대중영합주의에 많은 관심을 보이고 있는데, 이들이 현대 민주정치의 실천 및 이론이 맞서야 할 도전을 드러내고 있는 것처럼 보이기 때문이다. 심지어 일부 사람들은 르펜, 하이더, 그리고 이들과 성향이 비슷한 이들이 자유민주주의를 전복하겠다는 위협을 가하는 중이라 믿는다. 그러나 신대중영합주의자들은 인민의 주권이라는 입장을 취하면서, 인민의 관심에 반응하지 않는 엘리트들을 반대하는 인민을 옹호하며 그들 자신들이야말로 진정한 민주주의자들이라고 주장하고 있다. 그러므로 이론적인 문제는 대중영합주의와 민주주의 간의 긴장 관계를 이해하는 것이다. 이 쟁점은 이 장의 마지막 절에서 살펴보게 될 것이다. 우리는 그 사이 현재 일부 서구 정체들에서 나타나고 있는 다른 종류의 대중영합주의를 살펴볼 필요가 있다. 이런 대중영합주의는 여러모로 신대중영합주의와는 매우 다른 유형의 정치다. 비록 이 두 종류의 대중영합주의가 인민이라는 공통적인 정치 담론에 의존하고 있기에 겹치는 부분이 있지만 말이다. 편리하게 이런 대중영합주의를 '정치꾼들의 대중영합주의'라고 부르도록 하자.

정치꾼들의 대중영합주의

대중영합주의의 의미를 두고 현재 혼란을 겪고 있는 이유 중 하나는 이 용어가 내부 기득권 세력에 반대 입장을 취하는 보통 사람들을 동원하는 대립적인 정치를 설명하기 위해 쓰이고 있을 뿐만 아니라, 또한 정치적 내부자들이 사용할 수 있는 전형적인 전술을 의미하기 때문이다. 이 전술은 일종의 '모든 이들의 마음을 사로잡자'catch-all는 정치로 전체로서 인민에게 호소하기 위해 시작됐다. 신대중영합주의와 마찬가지로 이런 종류의 정치는 종종 [한 사람의 지도자를 중심으로] 매우 개인화된다. 효과적으로 소통하는 직업 정치가들은 [정당 및 계급 같은] 오래된 경계를 넘어서 호소하기 시작하는데 정당, 계급 혹은 이데올로기의 전선을 따라 이루어진 분열을 폄하하고 전체 인민의 단결을 강조한다. 유럽에서는 정당 체계에서 떠오른 계급과 이데올로기를 두고 대다수 갈등이 일어나는 반면, 미국에서 생겨나는 대다수 갈등은 이와 별다른 관련이 없다. 이런 미국에서 직업 정치가들이 벌이는 대중영합주의는, 정기적으로 분출되는 좀더 대립적이고 반기득권을 외치는 목소리를 따라 그 기회를 모색해 왔다. 인민에게 호소하는 담론은 실제로 미국 정치 문화에서 전반적으로 너무나 일부가 되어 버려, 유럽과 비교해 볼 때 미국에서는 직업 정치가들이 실제로 이런 '대중영합주의'란 이름을 이용할 수 있는 대중 선동적인 연합을 만들 기회가 훨씬 적었다. 앨런 웨어Alan Ware가 관찰하듯이, 미국에서는 대중영합주의는 "정치적 주류의 한 측면을 형성"하고 있다(Ware 2002: 119).

미국 이외의 지역에서 정치가들의 대중영합주의는 전통적인 정당 구조의 약화와 좀더 연관되어 있다. 계급과 이데올로기에 근거를 둔 분열은 점점 덜 부각되고 있으며, 현대 언론 매체는 베르나르 마냉[11]이 '청중민주주의'audience democracy[12]라 부르는 시대를 만들었다(Manin 1997: 220). 텔레비전은 정당 구조와 그 구조에 각인된 이데올로기적인 헌신에는 주목하지 않는 반면, 지도자들이 전체로서 유권자들에게 호소할 길을 열어 주고

11) 베르나르 마냉(Bernard Manin, 1951~)은 프랑스 태생의 정치학자로 정치 사상 분야 및 대의 정부에 관한 연구로 잘 알려져 있다. 현재 뉴욕대학교 교수로 재직 중이다.

이런 호소를 부추김으로써 뛰어난 개인이 발휘하는 리더십의 중요성을 극대화시키고 있다. '인민'이라는 이 포용적인 말은, 사회주의자들과 노동계급 연합 세력들이 배타적으로 공유해 오던 영국 노동당을 '신노동당'New Labour으로 성공적으로 재포장해 낸 토니 블레어가 상당히 자주 써 온 말이다. 피터 마이어[13]는 '블레어주의'Blairism[14]를 논하면서, 대중영합주의란 인민이 구분되지 않는 곳에서 그리고 다소 '중립적인' 정부가 모든 이들의 이익에 봉사하고자 시도하는 곳에서 "정당이 부수적이 되거나 사라지는 통치의 형태"라고 말한다(Mair 2002: 96). 비록 모든 이들의 마음을 사로잡자는, 위로부터 시작되는 이 정치가 풀뿌리에서 시작된 반기득권 운동과는 전혀 다른 문제처럼 보일 수도 있겠지만, 양자 모두 인민을 공통 이익을 지닌 단일한 결속체로 이해하면서 이런 인민을 강조하는 담론을 쓰고 있다. 이탈리아의 실비오 베를루스코니Silvio Berlusconi의 경우, 낡은 정당

---

12) 청중민주주의는 마냉이 제시한 대의민주주의 모델로 당대의 대중민주주의에서 시민들이 지켜보기만 하는 청중이 된 현실에 착안해 고안된 것이다. 마냉은 20세기 말 이래 당대의 민주주의에서 정치 엘리트와 피지배자 간에 동일성을 더 이상 찾아볼 수 없다는 점을 지적한다. 마냉에게 당대 민주주의는 엘리트들이 위에서부터 아래로 만들어 가는 것이다. 정치 의제는 인민이 제안하는 것이 아니라 엘리트들이 창조적으로 만들어 낸다. 당대 민주주의에서 인민이 직접적으로 목소리를 내지 못하는 것을 지적한 모델이지만, 마냉은 이를 오히려 긍정적으로 해석했다. 선거가 계속 반복되는 한 엘리트들이 인민의 목소리를 대변할 수밖에 없을 것이라고 말한다. 이 모델은, 정치를 엘리트주의로 만들었다는 점에서, 인민이 직접 목소리를 내지는 않더라도 선거에서 마냉이 소급적 투표라고 부르는 행위가 인민을 진정한 주권자로 만들어 준다는, 즉 목소리 없이 인민의 의지를 표현할 수 있다고 주장한다는 점에서 정치학자들 사이에 큰 논란이 되었다.

13) 피터 마이어(Peter Mair, 1951~2011)는 아일랜드의 정치학자로 유럽 대학 연구소(European University Institute) 교수로 재직했다. 정당 및 선거 관련 분야에서 탁월한 업적을 남겼다.

14) 전 영국 수장이자 노동당 당수였던 토니 블레어(Tony Blair, 1953~)의 정치 이데올로기를 이르는 말이다. 탁월한 연설가였던 블레어는 역동적 시장 정책과 일자리와 연계된 복지라는 소위 제3의 길로 불리는 유명한 정책을 시행했는데 이는 블레어주의의 핵심 내용으로 꼽힌다.

체계가 완전하게 신임을 잃은 이탈리아와 같은 정체에서는 반기득권 운동을 벌이는 사람들이 어떻게든 모든 사람들의 마음을 사로잡는 지도자로 변신할 수 있음을 보여 준다(Tarchi 2002).

당대 서구 정체들 내에서 신대중영합주의는 자유주의자들에게 경고를 보내고 있으며, 정치꾼들의 대중영합주의는 냉소주의를 불러일으키고 있다고 할 수 있다. 그러나 둘 중 어느 것도 헌정 질서의 안정성과 경제적 안정성에 커다란 위협을 가하고 있는 것처럼 보이진 않는다. 다른 정치적·사회경제적 조건들을 가진 서구 외의 정체들에서는, 배제된 인민의 동원이 좀더 체제 전복적인 목표를 수반할 수도 있다. 과거 라틴아메리카에서 종종 볼 수 있던 보호[무역]주의적이며 인플레이션에 따른 '거시경제적 대중영합주의'를 지지하는 측면에서만 본다면 하나의 계급으로서 동원된 인민은 경제적으로 급진적일 수도 있으며 이 와중에 카리스마를 지닌 리더십은 헌정적 합법성constitutional legality이란 속박을 떨쳐 버릴 수도 있다(Dornbusch and Edward 1990). 이런 두 대중영합주의 범주들 중 하나에 해당하는 운동들에 대한 기억과 그 지속적인 가능성은 현재 이 용어의 쓰임새에 혼란을 더하고 있다.

3. 대중영합주의의 정체성 찾기

대중영합주의에 관한 연구는, 이 용어가 사용되는 다른 측면들 간에 분명한 연결고리를 발견하기 어렵다는 문제로 인해 곤란을 겪고 있다. 일부 분석가가 대중영합주의에 대한 정의 혹은 본질적 특성의 항목을 만들어 내놓고 있는 반면, 다른 일부 분석가는 단지 서로 다른 대중영합주의들 간의 좀더 미약한 연결고리들과 느슨한 유사성을 발견해 냈을 뿐이다. 모든 경우에 대중영합주의의 일반적 특성을 찾으려는 노력은 논란이 되어 왔다(Ionescu and Gellner 1969; Laclau 1979; Canovan 1981; 1982; Westlind 1996; Taggart 2000). 이 용어의 형태는 사회주의, 자유주의 혹은 민족주의와 같은 이데올로기 운동과 친화력이 있음을 보여 준다. 그러나 이런 다른 '이념들'isms이 광범위하게 다양한 현상에 걸쳐 있음에도, 각각의 이념은 지속적인 역사, 각 이념의 대다수 지지자들이 이 이념의 이름으로 자신들의 정체성을 부여하려는 자발적인 의지, 독특한 원칙과 정책 속에서 어느 정도의 일관성을 만들어 왔다. 그러나 대중영합주의는 이런 유형에 들어맞지 않는다. 대중영합주의에는 인정된 공통적인 역사, 이데올로기, 프로그램 혹은 사회적 기반이 없다. 이 용어는 일반적으로 외부에서 시작된 운동들에 적용되는데 이 가운데 용어가 남용되기도 한다. 관례적으로 주어진 이런 꼬리표를 대중영합주의자들 스스로가 품지 않는다는 점에서 보면, 미국 인민당의 회원들은 스스로 자신들을 대중영합주의자들이라고 불렀다는 점에서 특별한 경우였다. (예를 들어) 토니 블레어, 우고 차베스, 장-마리 르펜 상호 간에 인정할 수 있는 어떤 정치적 친화력을 상상하기란 어려운 일이다. 이 지도자들이 러시아 소작농 대중영합주의자들the Narodinki과 미국 인민당 간에 공통적인, 선조들을 숭상하는 일에 합류하는 것도 상상하기 힘들다. 폴 타가트가 말하듯이, 대중영합주의라는 용어는 "개념적으로 포획하기 힘든 곤란함"을 지니고 있다(Taggart 2000: 1).

이런저런 이유로 이런 꼬리표가 붙은 일부 사례들에서 중첩성과 유사성을 찾을 수 있기는 하지만, 전반적으로 인민에 호소하는 정치적 수사를 제외한다면 이들 간에 공통점은 거의 없는 듯하다(Canovan 1981; 1982; 1984).[15] 최근의 연구들은 대중영합적 담론의 중요성을 강조하고 있으며, 이런 담론에 더 많이 주목한다면 특수한 경우들과 더욱 일반적 차원에서 대중영합적인 현상들을 분석하는 데 도움이 됨을 보여 준다(예를 들어 Kazin 1995; Westline 1996; Laclau 2005를 보라). 우선적으로 인민 관련 담론에 초점을 맞추어 주목하고 나면, 그다음 단계는 인민의 모호성을 두고 대중영합주의자들이 사용할 수 있는 의미들의 범위를 살펴보는 것이다. 이브 메니Yves Mény와 이브 수렐Yves Surel은 이런 절차를 따라 신대중영합주의 운동에 대한 분석에서 중요한 진전을 이뤄 냈다. 대중영합주의에서 인민에 대한 호소의 중요성을 강조하는 메니와 수렐은 인민이 불러일으키는 세 가지 중첩적 측면을 찾아냈는데, 인민이 올바른 주권이며, 억압받고 있으며, 민족이라는 것이다(Mény and Surel 2000). 그러나 이들이 푀플peuple, 포크Volk, 피플people 간의 언어적 차이들을 인정하고 있긴 하지만, 불어를 사용하는 이 두 학자의 분석은 특히 영미권에서 드러나는 개인 정치 행위자들과 예비적 [권력으로서] 집단 주권 간에 존재하는 인민의 모호성과 관련된 나머지 복잡한 문제들은 손대지 않고 남겨 둔다.

메니와 수렐은 자신들이 주권·계급·민족이란 세 가지 측면에서 정의한 인민관을, [인민] 동원에 기반을 제공할 수 있는 정치·경제·문화라는 세 관심 영역과 연결 짓는다(Mény and Surel 2000: 185). 만약 (필자가 주장해 왔듯이) 인민의 [의미가 갖는] 모호성들이 이런 세 가지 삼위일체를 넘어선 것이라면, 정치·경제·문화의 문제들이라는 세 범주는 완전한 설득력을 갖기에는 [그 복합성을 온전히 반영하지 않는] 너무 깔끔한 것일 수 있다. 그럼에도 불구하고 신대중영합주의뿐만 아니라 인민을 동원하는 담론을 이런저런 방식으로 이용하는 광범위하게 걸친 다양한 대중영합주의를 이해하고자 한다면 이 세 방면에서 나타나는 불만을 살펴보는 일은

15) **[원주]** 대조적 입장에 대해서는 Taggart 2000을 보라.

도움이 된다. 대중영합적인 동원들은 대개 인민이 느끼는 일종의 경제적 불만과 결부되어 있다. 다른 한편으로 보통 이런 동원들은 인민들이 지닌 가치들을 방어하는 일종의 문화적 측면과 결부되어 있으며, 인민을 위한 권력을 주장한다는 점에서 변함없이 정치적이다. 이런 각각의 주제로 인해 다양한 범위의 변형된 형태의 대중영합주의가 가능하며, 이런 다양한 주제는 그 자체로 많은 다른 방식으로 서로 혼합되어 왔다. 이런 주제들을 함께 연결 짓고 (아무리 미약한 것이든 간에) 이들 전부를 대중영합주의로 정체성을 부여하는 것이 인민과 관련된 광범위하고 다양한 담론들이다.

인민 및 인민의 이익과 이들의 적대자들이 많은 상이한 방식들로 인식되어 온 탓에 어떤 특별한 프로그램이나 사회적 기반에 근거를 두고 대중영합주의의 정체성을 찾고자 하는 노력은 헛된 일이다. 그럼에도 모든 대중영합주의들은 공통적으로 정당성의 궁극적 원천으로서 인민이란 개념에 호소하며, 신대중영합주의가 강력하면서도 문제가 되는 이유도 바로 이런 호소 때문이다. 대중영합주의가 분출되고 있는 부유한 자유민주정체들에는 대중영합적인 동원에 필요한 많은 전형적인 기반이 결여돼 있다. 이런 부유한 자유민주 사회는 평민과 부유한 엘리트 간의 오래된 경제적 분열을 이유로 더 이상 양극화되지 않는다. 이 사회에 대규모 소작농이 있는 것도 아니며 심지어 시골 지역이 다수를 이루는 것도 아니다. 실제 사회가 덜 계층화되고 더 다양화되어 가며 이런 낡은 계층 구조가 붕괴됨에 따라 대중영합적 모험가들은 주민 대다수에게 핵심적인 경제적 이익들과 관심사가 무엇인지 확고히 규정하는 데 어려움을 겪고 있다. 문화적으로 대중매체가 가능한 한 가장 광범위한 청중을 목표로 하고 있으며, 대다수 주민들은 더 이상 교육에서 배제당하지도, 공개적으로 경멸당하지도 않는다. 무엇보다, 부유한 자유민주정체들은 정치 방면에서 인민의 동의라는 원칙에 의해 정당성을 부여받았을 뿐만 아니라, 자유로운 선거를 통해 전체 주민에게 책임을 지는 통치자들이 존재하는 인민의 정부를 보유한 국가들이다. 정치 엘리트는 그 어느 때보다 광범위하게 일반 유권자들의 마음을 사로잡기 위해 스스로 대중영합적인 언어를 쓰는 정치가들로 이루어져 있다. 그렇다면 늘어나고 있는 대중영합적인 운동이, 인민이 지닌 가치들에 재확신을 심고 인민의 경제적 이익을 방어하면서 인민을 위해 권력을 다시 되찾자는 자신들의 메시지를 전달하고 있는 이런 일이 어떻게 가능한 것일까?

이런 질문들이 모두 다 새로운 것은 아니다. 미국에서 '인민의 정부'가 처음 설립된 이래 지속적으로 이런 질문들이 표면화됐기 때문이다. 심지어 1830년대 잭슨주의 민주주의자들은 신대중영합주의자들처럼 소위 인민들의 강탈당한 '권력을 되찾아 오기' 위해 동원에 나섰다. 이런 주제가 정기적으로 반복되고 있는 현상은, 이런 일이 특정한 장소와 시기에 대중영합적인 운동이 시작될 수 있는 구체적 불만들보다는 좀더 장기적으로 지속되는 동원에 대한 유인을 제공하는 현대 민주주의 그 자체의 본질에 뿌리내리고 있음을 보여 준다. 이런 대중영합주의와 민주주의 간에 존재하는 더 광범위한 쟁점을 언급하기 전에, 우리는 신대중영합주의의 발흥에 대한 좀더 구체적인 몇몇 설명들에 주목할 필요가 있다.

비록 때때로 소수 지식인들에게는 자신이 살고 있는 자체의 질서를 공격하고 인민과 함께 자신의 운명을 내던질 만큼 대중영합주의가 설득력을 갖기도 했지만, 대중영합주의와 학문 간의 관계가 편했던 적은 거의 없었다.[16] 분석가들은 이러한 불편한 관계로 인해 이런 운동을 객관적으로 바라보는 데 더 많은 어려움을 겪고 있다. 이전의 교양 있는 귀족들의 세대들이 평민들이 하는 행위를 지켜보며 이들을 '수많은 머리가 달린 괴물'로 여기던 곳에 살고 있는 정치학자들은, 좀더 최근에 일어난 대중영합주의 운동을 자신의 관점에서 바라보며 이해해야 할 정치 현상이라기보다는 일부 사회적 질병의 병리학적 징후로 취급하고자 하는 유혹을 느껴왔다(예를 들어 Betz 1994; 2002; Immerfall 1998을 보라).

이런 접근법에도 일부 유효성이 있음은 의심할 여지가 없다. (어떤 계층에 속해 있다 할지라도) 면밀히 검토했을 때 잘 성립이 되는 동기를 지닌 정치 활동가들은 거의 없다. 그러나 이런 고려들이 대중영합주의를 이해하는 데 도움이 되는 반면, 우리가 대중영합주의의 정치적 측면과 이데올로기적 측면에 주목하지 않는 데 대한 변명이 되지는 않는다는 메니와 수렐의 주장은 확실히 옳다. 이런 관점에서 볼 때, 신대중영합주의는 현존하는 민주 체제에 확고한 정치적 도전이 되고 있다. 그 도전은 다음과 같은 세 가지 명제로 요약될 수 있다.

1. 인민은 공동체의 기반이다.
2. 인민은 자신들의 정당한 최고 권력으로서의 지위를 강탈당해 왔다.
3. 인민은 자신의 적합한 자리를 되찾아야만 하며 사회는 소생되어야만 한다(Mény and Surel 2000: 181).

그렇다면, 이런 종류의 정치적 주장이 인민의 정치 참여를 위한 정교한 제도가 있는 성숙한 정체들 내에서 왜 지지를 얻어 온 것일까? 많은 지

16) **[원주]** 소작농 대중영합주의(Narodniki)가 가장 눈에 띄는 예이긴 하지만, 20세기 초 영국과 관련해서는 G. K. 체스터턴(G. K. Chesterton)이(Canovan 1977), 20세기 말 미국에 관련해서는 『텔로스』를 둘러싸고 형성된 집단(*Telos* 1991)이 좋은 예가 될 것이다.

역적 혹은 구체적인 정치적 조건들은 의심할 바 없이 대중영합주의 운동들이 시작되는 데 일조해 왔다. 예를 들어, 오스트리아에서는 정당과 정부가 인민과의 접촉을 잃었다는 외르크 하이더의 주장(Haider 1995: 88)이 많은 유권자들의 마음을 울렸는데, 오랜 '카르텔 정치' 전통으로 인해 두 주요 정당의 영구 연합이 권력과 이권을 독점했었기 때문이다(Müller 2002). 이탈리아에서는 1990년대 대규모 부패의 누설로 인해 이탈리아의 정치가들에 대한 불신을 다시 한번 더 깊게 확인할 수 있게 되었으며 대중영합주의 운동이 떠오르는 계기가 됐다(Tarchi 2002). 메니와 수렐은 광범위하게 퍼진 '정치적 정당성의 위기'의 원인이, 정치 정당이 자금을 마련하는 가운데 점점 더해 가는 체계적인 부패에 있다고 본다. 몇몇 국가에서 대중영합주의자들은 이런 부패를 계기로 전체 대의 체계가 썩었다는 일부 타당한 주장을 하고 있다(Mény and Surel 2000: 167). 정당의 재정 문제는 그 자체로 유권자들과 정치 엘리트들 간 관계 변화와 결부돼 왔다. 정치가들과 풀뿌리 구성원들을 연결했던 정당 구조들이 쇠퇴하고 있는데, 바로 이 빈자리를 채우기엔 감당하기 힘든 비용이 들 뿐만 아니라 [뛰어난 지도자에 초점을 맞추어] 정치를 거침없이 개인화시키는 텔레비전이 그 빈자리를 채우고 있다. 주류 정치가들의 스타일과 담론이 점점 더 '정치꾼들의 대중영합주의'에 가까워지는 것처럼, 더욱 대립적인 대중영합주의자들이 [자신들이 조명받고 권력을 잡는] 기회를 찾는 것은 별달리 놀랍지 않다(Mény and Surel 2000: 85).

만약 대립적인 대중영합주의자들이 어떤 제도적 소통로이든 상관없이 효과적으로 그 소통로를 쓰고자 한다면, 그들은 기존의 인민 대표자들이 언급하지 않는 인민의 관심사를 이용할 필요가 있다. 특정 불만의 핵심은 국가마다 다양하다. 그러나 높은 세금, 실업, 사회 복지의 축소, 범죄,

(증가하는) 이민과 그 결과는 공통적인 주제이다. 대중영합주의적인 적대주의antagonism[17]를 분출시킬 자극제로서 이런 주제들은, 인민의 압박에 선출된 정부가 반응하는 동안 마주하는 제약들로 인해 더 선명해진다. 이런 제약들은 (특히 유럽연합에서는) 헌법적 헌신과 자유주의 이데올로기의 결합에 의해 부여된다.

이민, 망명 모색, 다문화주의에 직면한 상황에서 '우리 인민'의 보호와 관련해 터져 나오는 인민의 불만으로 인해, 유럽 내에 존재하는 이런 제약들이 집중적인 관심을 받게 되었다. 이 문제는 오스트리아의 1999년 선거 결과로 인해 극적인 것이 되었다. 이 선거 캠페인 동안 이런 불만을 활용한 외르크 하이더의 대중영합적인 자유당 FPÖ는 이전의 두 지배 정당 중 하나인 인민당 OVP에 이어 두번째로 많은 의석을 차지한 정당으로 떠올랐다. OVP가 연합 정부를 제안했을 때, 오스트리아와 함께 유럽연합에 참여하고 있던 국가의 지도자들은 이런 연합 정부를 수용할 수 없다고 선언했다. FPÖ가 유럽연합이 내세우는 공통적인 자유적 가치들을 위배하고 있었기 때문이었다. 결국 이 논란을 해결할 길을 찾아내기는 했지만, 이런 "동료 회원 국가들이 [다른 회원국의] 국내 정치에 간섭하려는 전에 없던 시도"(Müller 2002: 156)는 자유민주주의 내에서 한편에 있는 인민 주권과 또 다른 한편에 있는 자유주의 가치들로 알려진 헌정주의에 대한 헌신 간의 긴장을 설명하는 것처럼 보였다. 대중영합주의자들의 관점

17) 적대주의는 적과 동지의 구분에 근거하여 정치를 바라보는 관점으로 슈미트의 정치적인 것의 개념이 대표적이다. 적대주의처럼, 민주주의가 모든 것을 포용하는 것이 아니라 결국 우리와 타자의 구분에 의해 이뤄진다는 것을 강조하지만, 우리와 타자의 구분이 굳이 적대적일 필요는 없다는 점에 근거해 나온 것이 우리(us)와 타자(them)의 구분에 근거한 논쟁주의(agonism)로 샹탈 무페(Chantal Mouffe, 1943~)가 대표적으로 이 입장을 취하고 있다.

에서 볼 때, 그들이 배운 교훈은 소위 자유민주주의 정체들이 전혀 민주적이지 않다는 것으로, 인민의 선택이 무엇이든 간에 그들의 결정이 민감한 주제의 금기를 깨뜨린다면 기각될 수 있다는 것이었다.

이런 종류의 특수한 대립으로 인해 제기된 더 심오한 문제는 민주주의의 본질과, 이 민주주의와 대중영합주의 간의 관계와 연관돼 있다. 도대체 어떻게, 민주주의에 대한 위협으로 널리 여겨지는 대중영합주의자들이 자신이야말로 인민이 진정으로 생각하고 있는 바를 표현할 뿐만 아니라 정치가들이 무시하고 있으나 정작 인민의 가슴에 더 닿는 관심사를 분명히 밝히는 진정한 민주주의자들이라고 주장할 수 있는 것일까?(Marcus 1995: 54에서의 르펜의 주장을 참조하라)

4. 대중영합주의, 민주주의, 인민

상당히 많은 최근 논의에 따르자면, 신대중영합주의 운동은 단순히 구체적인 정치적 조건 및 사회경제적인 조건에 대한 반응으로써뿐만이 아니라 현대 자유민주주의의 중심부에 긴장이 존재한다는 증거로 여겨져야 한다. 이런 긴장을 두고 다양한 분석이 있지만, 그 중 압도적인 주제는 잘 알려져 있듯 민주주의가 본질적으로 서로 양립할 수 없는 두 가지 입장이 그 내부에 공존하는 복합적인 혼합체이기 때문이다. 하나는 대중영합적 의제인 인민 주권으로, '인민에게 권력을' 부여하는 '인민의, 인민에 의한, 인민을 위한 정부'이다.[18] 그러나 (이런 분석에 따르면) 자유주의에서 나온 헌정주의 입장이 [민주주의의 원리인 인민 주권의] 대중영합적인 측면에 맞서 균형을 잡는다. 대중영합주의의 위험은 이런 불안정한 균형에 위협을 가한다는 데 있다. 메니와 수렐이 관찰하듯이, "모든 대중영합주의 운동은 민주주의가 인민의 권력, **오로지** 인민의 권력만을 의미하는 것처럼 말하고 행동한다"(Mény and Surel 2002: 9).

[대중영합주의와 자유민주주의 간의 긴장 관계에 대한] 이해를 돕기는 하지만, 이 두 입장 분석은 여러모로 오도된 것이다. 우선 첫째로 이런 분석은 자유민주주의 내에서 대중영합주의 입장과 자유주의적 입장이 본질적으로 분리되고 정반대의 것이라는 인상을 준다. 영미권 관점에서 보자면, 실제는 그렇지 않다. 그러나 이 '두 입장' 분석의 더 결정적 약점은 이 이론이 일방적으로 [대중영합주의에 대한] 자유주의적 공포에 초점을 맞추는 바람에 민주정체들 내에서 대중영합주의 운동의 출현이 제기하는 중대한 문제, 즉 주권 인민의 본질 및 권위와 관련된 문제들에 주목할 수 없게 주의를 흩어 놓는다는 것이다. 대중영합주의자들은 인민을 위한 권력을 주장한다. 인민에게 정체를 되돌려 주자고 요구하는 가운데, 권위의 궁극적 원천이 주권 인민이라는, 모든 정당한 정치 권력은 인민의 동의에 근거한다는, 인민은 때때로 [자신이 부여한] 한 정체에 대한 정당성을 철회하고 새로운 정체에 그 정당성을 부여할 수 있는 능력이 있다는 당대 정

---

18) 자유민주정체 내에 존재하는 자유주의와 민주주의의 본질적 긴장을 설명하는 이 주장을 잘 이해하려면, 이 문맥에서 '대중영합적'이라는 표현과 '대중영합주의'라는 용어의 차이를 이해해야 한다. 민주주의의 인민 주권은 그 자체로 '대중영합주의'는 아니지만 '대중영합적인' 측면이 있다. 다시 말해, 인민 주권은 자유민주정체에서 민주주의의 중요한 요소이지만 '대중영합적'인 측면이 있다는 것이다. 이런 측면을 견제하는 것이 바로 자유민주정체 내의 자유적 헌정주의 요소라는 것이다. 이런 주장을 캐노번은 '두 입장 이론' 혹은 '두 입장 분석'이라고 부른다. 고대 그리스 도시국가 시절부터 헌정주의는 민주주의를 길들이기 위한 프로젝트로 이해돼 왔고, 두 입장 이론에 따르자면 당대의 헌정주의는 민주주의의 대중영합적 측면을 길들이려는 자유주의 프로젝트의 일환으로 여겨진다. 이런 입장이 가장 잘 나타나 있는 대표적인 저작을 보려면 Scott Gordon, *Controlling the State: Constitutionalism from Ancient Athens to Today*, Cambridge: Harvard University Press, 1999를 참고하라.

치의 근본적인 가정들을 강조하고 있다.

현대 정치 문화에서 명백한 이런 불변의 뻔한 소리들을 지속적으로 내세우는 대중영합주의적인 주장은 그들이 지닌 당혹스러운 모호성을 보여 준다. 그 권위가 불확실한 인민은[is/are], 우리가 보아 왔듯이 단순히 그 의미만 모호한 것이 아니다. 그들의[its/their] 구성 자체도 불확실하다. 예를 들어 '우리 미국 인민'과 같이 특정한 주권 인민은 어떻게든, 지속적이고 권위 있는 결속된 독립체로서뿐만 아니라 특정 시기에 삶을 영위하고 투표를 하는 뚜렷이 다른 개인들로 이루어진 하나의 주민 집단으로서 동시에 유지돼야만 한다. 어떻게 이런 하나의 인민을 명백하게 인식할 수 있을까? 이런 인민이[it/they] 존재할 수는 있는 것이며 행동을 취할 수는 있는 것일까?[19] 아니면 주권 권위로서 이런 인민은 행동하는 대중영합주의자들과 혁명가들의 넘치는 상상력 속에서 활기찬 생명력을 가지지만 일상적인 시간 속에서는 대중민주주의를 위해 꾸며 낸 하나의 이야기로 작동하는 정치적 신화의 영역에 속하는 것일까? 이 절의 후반부에서 필자는, 대중영합적인 정치적 수사가 민주적 정당성과 같이 우리가 소홀히 다루고 있는 쟁점들에 대한 경각심을 일깨운다고 주장할 것이다. 하지만 우리는 우선, 이 자유민주주의와 대중영합주의 관계를 설명하는 두 입장 이론의 장점과 단점을 살펴볼 필요가 있다.

현대 민주주의는 엄청나게 복잡한 일련의 정치적 실행과 담론, 제도, 발상 등으로 이뤄져 있다. 현대 민주주의는 대중적이지 않은 소수자들의

---

19) 이 문단에서 인민을 is/are, it/they라는 단복수로 표현한 것은, 2장에서 살펴본 하나의 결속체(a collectivity)로서 인민과 개인들이 모여 이룬 하나의 집합체(a collection)로서 인민이라는 인민의 모호성을 강조하기 위해서다.

권리를 비롯한 다양한 권리들을 보호하기 위하여 권력의 행사에 대한 헌법적 제한을 포함하고 있다. 이는 또한 때때로 정부가 여론과 반대되는 자유주의 원칙과 조화를 이루는 방식으로 행동할 것을 은연중에 함의하고 있다(Mény and Surel 2002: 7~10). 자유민주주의의 이런 명백한 복잡성은, 대중영합주의자들이 모든 복잡한 제도적·법적 구조들을 비민주적인 것으로 맹렬히 비난하면서 인민에게 권력을 돌려주어야 한다고 주장할 수 있는 구실을 항시 제공한다(Canovan 2002a). 그러나 현대 민주주의를 과도하게 단순화시키는 것이 대중영합주의자들의 특징이라고 한다면, 이들을 비판하고자 하는 이들은 다른 방식으로 현대 민주주의의 복잡성을 과소평가하려는 유혹에 빠진다. 그 유혹은 현대 자유민주주의를, 한편에서는 인민에 의한 직접적인 통치로 이해하는 순수한 민주주의와 다른 한편에서는 우선적으로 권리의 보호를 위한 귀족적 전통의 제한 정부로 인식되는 입헌적 자유주의라는, 본질적으로 매우 다른 두 요소가 교차하는 정체로 생각하는 것이다. 이 모델에서는, 불평등한 재산권 및 개인의 자유와 연관되어 있는 헌정적 자유주의 입장은 [폭력적] 군중 지배 및 다수의 독재와 연관된 인민 권력과 상충하는 것으로 여겨진다. 이 견해에서 보자면, 명백하게 한쪽에 인민이 존재하고 다른 한쪽에 자유·권리·문명이 존재하기에, 현대 민주주의는 단지 인민이 정치에 대한 접근을 상당히 억제함으로써 가능한 체제이다. 이런 두 입장 이론이 적절하다면, 대중영합주의자들이 당대 민주주의에 인민을 권력에서 떨어뜨려 놓으려는 음모가 존재한다고 보는 것은 어떤 측면에서 옳으며, 대중영합주의자들이 [자유민주정체에] 위험한 세력이 되는 이유는 그들이 옳은 일을 하기 때문이다.[20] 이런 두 입장 분석을 지지하는 증거들을 찾는 일은 어렵지 않다. 예를 들어, 현대 민주주의란 대중영합주의에 자유적 헌정주의라는 굴레를 씌운 것이라 말하고자 하는 이라면, 그 누구라도 부분적으로 평민으로부터 재산과 문명을 보호하고자 설계된 미국 헌법을 지적할 수 있다. 미국 헌법의 설계자들은 평민을 두려워했었다. 성장하고 있는 인민 권력이 자유와 계몽에 위협이 된다는 믿음은 19세기 유럽 대륙의 자유주의자들 사이에서 공통적이었으며 심지어 급진주의자인 존 스튜어트 밀John Stuart Mill조차 이런 생각을 어느 정도 공유하고 있었다. 좀더 최근에는 대중이 나치즘을 지지했던 경험을 통해 희석되지 않는 인민 권력에 대한 두려움이 더더욱 깊어졌다. 인민에 맞서 자유주의 원칙들을 방어할 필요가 있다는 이런 신념은 독일의 선거구 설정에서부터 유럽 인권 재판소European Court of Human Rights, 유럽연합의 제도들에 이르기까지 제2차 세계대전 이후 유럽에서 재설립된 많은 제도들의 구조 속에 드러나 있다.

신대중영합주의를 지켜보는 많은 이들에게 대중영합주의와 자유주의가 선천적으로 적대적 관계임은 자명한 사실인 듯하다(Taggart 2000: 116; Mény and Surel 2000). 앞서 언급했던 네덜란드의 동성애자이자 대중영합주의자인 핌 포르퇴인의 헷갈리는 사례가 있음에도, 인민에게 권력을 돌려주자는 당대의 호소가 인권의 자유적 원칙과 충돌하는 인민이라는 배타적인 공동체적 전망과 자주 연결돼 있음은 사실이다. 그러나 좀더 장기적인 관점에서 보면 실제 사례는 조금 다르다. 그 자체 역사 대부분의 기간 동안, 권력에서 배제된 이들을 인민 주권이란 이름뿐만 아니라 인간의 자유와 권리의 이름으로 동원했던 자유주의는 명백하게 인민이

20) **[원주]** 미국에서는 매카시즘에 놀라고 다른 지역에서는 파시즘의 기억에 놀란 정치학자들이 현재의 논쟁의 논쟁을 예상하며 이런 많은 실질적 분석을 만들어 냈다. 이들은 1960년대 정치에서 풀뿌리 참여에 대한 낭만적인 열광이 분출되자 '민주적 엘리트주의'라며 이를 맹렬한 비난했다. 예를 들어 Bachrach 1967을 보라.

추구한 대의 이상이었다. 우리는 이미 2장에서 이런 대의 이상이 미국 혁명과 프랑스 혁명 기간 동안 얼마나 많은 측면에서 제시되었는지 살펴보았다. 이런 혁명 속에서, 또한 이런 혁명을 통하여 이 인민이 내건 대의 이상은 (왕 혹은 귀족이 아닌) 주권 인민에 귀속하는 정부뿐만 아니라 개별 사람들로서 인민을 위한 권리, 억압받는 민족적 인민들을 위한 자결권, 인민 일반 즉 모든 인류와의 연대와 같은 포괄적인 일련의 급진주의적 요구를 포함하는 프로젝트가 됐다. 현대 민주주의의 자유주의적인 측면은 자유적이고 진보적인 대의 이상 뒤에서 배제된 인민을 정기적으로 동원했던 이 다면적인 급진주의에 상당히 빚을 지고 있다. 영국 자유당과 프랑스 공화주의자들의 급진주의는 이런 측면에서 대중영합주의적인 것이었으며, 미국 정치에서는 이런 전통의 대표자들이 많이 존재했다. 특히나 ('인민'the people이 한 결속체뿐만 아니라 개인들을 의미하고, [관사 없이 쓰이는] '인민'people이란 말이 인간 그 자체를 언급하는) 영미권 정치 담론에서 대중영합주의와 자유주의는 쉽사리 공통적인 기반을 공유했다.

실제 [많은 분석가들이 믿고 있듯] 이데올로기적 프로젝트로서 자유주의가 대중영합적 반발을 유발할 수 있는 내부적 긴장을 품고 있다는 점은 사실이며, 이는 신대중영합주의와 상당한 관련성을 지니고 있다. 난제는 자유주의가 해방과 진보라는 다른 계몽의 이데올로기를 공유하고 있다는 데 있다. 원칙적으로 이런 이데올로기들은 평등주의적이다. **모든** 사람들이 해방과 계몽을 공유하기로 되어 있다. 그러나 이런 목표들은 진보적으로 성취되는 것이기 때문에, 일부 집단들이 언제나 다른 집단들보다 앞서 나간다. 더 계몽될수록, 더 해방될수록, 이런 방식을 게으른 이들에게 더 많이 보여 줄수록 앞서 나간다. 모든 사람들[의 해방과 계몽]을 향한 사명에도 불구하고, [더 앞서간다는] 진보에 대한 자유주의의 믿음은 자유주의가 고심하는 기존의 문화, 가치, 그리고 대부분의 인민의 삶의 방식을 평가절하하는 역설을 피할 수 없다.

좌파의 역사를 보면 배제된 인민의 구성원들이 종종 이런 종류의 수직적 가르침을 자발적으로 받아들여 왔음을 볼 수 있다. 이런 자발적 수용은 배제된 자신들보다 더 낫다고 생각하는 이들에 대한 존경에서 나온 것이었거나, 자신들의 삶의 방식에서 고통스런 변화를 받아들일 만큼 진보에 대한 충분한 신념을 지니고 있었기 때문이었다. 그러나 이러한 수용이 필수적이었다고 여길 수는 없다. 진보를 지향하는 이데올로기로서 자유주의는 계몽된 전위대에 대한 대중영합적 적대감과, 계몽되지 않은 상태에 있는 인민의 존엄성을 방어하려는 대중영합적 반발을 유발할 수 있는 잠재력을 늘 지니고 있었기 때문이다.[21] 미국에서 유동 인구가 일으키는 변화의 수용은, 특히 대중 종교 및 도덕성 영역에서 지식인들에 대한 존중이 현저하게 결여되어 있었던 탓에 균형이 이루어져 왔다(Hofstadter 1964). 1925년 테네시에서 있었던, 대중의 성경 근본주의를 거스른 다윈주의 과학을 구덩이에 파묻은 유명한 '원숭이 재판'monkey trial은, '진보적' 의견이 풀뿌리 신념과 부조화의 관계에 있다는 쟁점을 두고 일어난 당대 논쟁의 전조였다(Canovan 1981). 이 반진보적인 대중영합주의를 좀더 살펴보고자 하는 이유는, 자유주의 전위대와 그 뒤에 동떨어져 있는 풀뿌리 간에 존재하는 권위의 균형점이 미국이나 오스트레일리아와 같은 전통적인

---

21) 자유주의 사상에서 계몽과 인간의 존엄성은 불가분의 관계다. 계몽의 관점에서 볼 때, 인간이 존엄한 이유는 인간 개인이 이성적이고 합리적인 존재이기 때문이다. 그러나 대중영합주의에서 인간의 존엄성은 이런 개인들의 이성적·합리적 측면과는 별달리 관련이 없었다. 이런 점에서 대중영합주의는 계몽을 위한 자유주의 전위대나 계몽에 근거한 인간 존중을 강조하는 자유주의와 언제든 충돌할 가능성이 있었다.

평등주의 사회에서뿐만이 아니라 유럽에서도 이동했기 때문이다. 20세기 말엽에는, 모든 권위들에 대한 인민의 존중이 현저하게 줄어드는 사이, 진보와 계몽의 행진에 대한 신념이 심지어 자유주의 엘리트들 사이에서조차 약화되었다. 『텔로스』지와 연계되어 있던 일부 미국 지식인들은 심지어, 보통 사람들이 그들의 삶을 어떻게 살아야 하는지 결정하는 데 있어 자유주의적 지식인들이 이룬 '새로운 계급'New Class을 더 이상 존중하지 말아야 한다는 새로운 대중영합적인 주문을 옹호해 오고 있다(*Telos* 1991).

'정치적 올바름'political correctness[22]을 두고 벌어진 신대중영합주의자들과 당대 자유주의자들 간의 충돌은 특히 범죄자, 동성애자, 망명 신청자와 같이 대중적이지 못한 소수자의 권리를 보호하기 위해 마련된 헌법적 제약들과 연관되는 경향이 있다. 자유주의 원칙들처럼, 법의 정당한 절차에 대한 헌신은 종종 본질적으로 '인민에게 권력을'power to the people이라는 생각과 양립할 수 없는 현대 민주주의에 존재하는 한 요소로 여겨지곤 한다. 그러나 이런 진단은 헌법적 제약과 주권 인민의 의지 양자 간의 관계를 너무 단순화시켜 바라보는 견해다. 모든 시민들에게 법의 평등한 보호를 보장하는 제도는 원칙적으로 인민의 권력에 대한 장애물이 아니며 그 실현에 가장 근본적인 조건이다. 권력을 지닌 자들이 자의적으로 행하는 지배에 맞서 개인의 권리와 법의 적법한 절차를 보호하는 일은 역사적으로, 예를 들어 수평주의자들과 19세기 초 영국 대중영합주의자들이 압력을 행

22) '정치적 올바름'이란 한 개인이 지닌 직업, 성, 문화, 종교 등의 성향과 장애, 나이 등과 같은 조건에 사회적·제도적 공격을 최소화하는 언어·정책 행위 등을 이르는 용어다. 예를 들어, 미국의 이력서에는 나이와 성별을 기재할 필요가 없으며 이를 요구하면 법적인 제재 대상이 된다. 이 용어의 정의와 쟁점이 뚜렷이 잘 나와 있는 저작으로는 Geoffrey Hughes, *Political Correctness*, Oxford: Wiley-Blackwell, 2010을 참고하라.

사했던, 인민이 추구한 대의 이상에서 중요한 요소이다. 그리고 법의 느린 절차를 두고 내보이는 조급증은 명확하게 당대 대중영합주의에 존재하는 한 요소이며, 또 하나의 요소는 시민 개인의 권리와 재산이 범죄자들의 공격에 맞서 효과적으로 보호를 받지 못하는 데 대한 분노이다.

지금까지 필자는 대중영합주의와 민주주의 간의 관계에 대한 두 입장 분석이 타당성을 지님에도 불구하고 자유적 헌정주의와 인민이 추구하는 대의 이상 간의 연결고리를 진지하게 보지 않는 경향이 있다고 주장했다. 지금부터 필자는 이 장의 나머지 부분에서, 두 입장 이론이 또한 신대중영합주의가 제기하는 중요한 문제에 분석적으로 주목하지 못하고 있다고 주장할 것이다. 인민 주권이 자유주의 제도들과 가치들에 위협이 될 수도 있다는 공포는, 대중영합주의자들이 내세우는 '인민에게 권력을 되돌리기'가 누가 그리고 무엇이 주권 인민인지[is/are], 인민이[it/they] 어떻게 행위를 취하는지, 왜 그런 행동이 권위를 지닌 것인지를 보여 주는 단순 명료하고도 직선적인 프로그램이란 의심스러운 주장에 대한 동의처럼 보인다. 필자가 두 입장 이론과 벌이고자 하는 논의의 핵심은, 이 이론이 확립된 민주정체 내에서 일어나고 있는 대중영합주의 운동이 제기하는 가장 근본적인 지적 도전을 회피하고 있다는 것이다. 그 도전이란 바로 주권 인민을 진지하게 생각하자는 것이다.

일부 대중영합주의자들의 주장 및 많은 대중영합주의에 반대하는 이들의 공포와는 대조적으로, '인민에게 권력을 되돌리기'는 여론에 의한 지배로 교환될 수 없는 것이다. 대중영합주의자들이 동원하고자 하는 이들은 배제된 인민—소위 '보통 사람들'의 '침묵하는 다수'—이지만 그들은 전체로서 인민, 바로 정치적 정당성의 궁극적인 원천이라 공통적으로 믿는 결속된 주권 인민의 이름으로 이런 동원에 나선다. 이 주권 인민은 특정한 시기에 투표한 다수자들과 단순하게 동일시할 수 없는 그 실체를 파악하기 어려운 독립체이다. 실제 권력을 행사할 능력이 있는 독립체 혹은 집단으로서 인민은[is/are] 쉽사리 찾아볼 수 없다. 인민은[it/they] 미리 주어진 집단이 아니다. 권력을 행사하거나 혹은 이런 권력을 행사하는 가운데 견제될 수 있는 위치에 있기 위해서는 여러모로 구축되거나, 동원되거나, 대표되어야만 하는[has/have] 것이다. 한 국가의 개별 시민들로 이루어진 전체 주민으로서 인민이 저절로 하나의 결속된 행위자가 되지는 않는다. 정상적인 조건들 아래 이들이 대략 하나에 가까운 어떤 존재라도 되기 위해서는 헌정적 규칙과 절차들이 요구된다(Holmes 1995: 163~169). 게다가 우리는 5장에서 아무리 조심스럽게 구축되었다 할지라도 주권 인민의 행위라고 수긍할 수 있는 결과를 보장하는 절차는 존재하지 않으며, 그런 절차가 없다고 하여 인민이 주권 인민의 행위로 수긍할 수 있는 비제도적 동원을 통해 공적 무대에 그 모습을 가끔 드러내는 일이 불가능한 것도 아님을 보게 될 것이다.

주권 권위로서 인민—비록 대중영합주의자들에 의해 들먹여지는 게 거슬리기는 하지만, 모든 현대 정치를 괴롭히고 있는 신비스런 존재인 인민—은 제도적 형식 내로 쉽사리 포획할 수 있는 것이 아니다. 이런 인민의 일부 특수성에 대한 단서를 대중영합적 운동에서 나타나는 특징적인 분위기와 형태에서 찾을 수 있다. 비록 이런 운동이 얻고 있는 대부분의 지지가 이들이 다루고 있는 [인민의] 구체적인 불만 덕분이긴 하지만, 이들의 호소에는 또 다른 측면이 있는 듯하다. 분석가들은 종종 이들의 과열된 분위기, 지도자들을 휩싸고 있는 카리스마, 제도적인 해결책에 대한 관심이 결여된 프로그램, 이들이 정치적으로 약속하는 새로운 시작에 대해 비판을 가해 왔다(예를 들어 Taggart 2000: 99를 보라). 대중영합주의 운동은 제도보다는 지속적으로 자발성을 강조하면서 잠시 불타오르다 급속하게 사라져 가는 돌발적인 경향을 보인다.

이런 특징을 보면, 우리가 신대중영합주의를 이해하고자 할 때 필자가 다른 문헌에서 자유민주주의 내에 작동하는 '실용적' 형태의 정치와 '구원적' 형태의 정치로 묘사한, 양자 간에 존재하는 중요한 긴장을 인식할 필요가 있음을 알 수 있다(Canovan 1999).[23] 실용적 관점에서 보면, 전체 주민으로서 인민의 평범하고도 일상적인 다양성에 들어맞는 현대 민주주의의 형태는, 가능한 한 최소한의 강제력을 사용하는 가운데 우리들이 다른 사람들 및 그들이 지닌 다양한 이익과 공존할 수 있도록 해주는 복잡한 일련의 제도들이다. 그러나 민주주의는 또한 (근대성의 특성이기도 한) 정치를 통한 구원을 약속하는, 구원적 전망들의 보고이기도 하다. 그 약속된 구원자가 바로 '인민'이다. 하나의 신비로운 결속체로서 인민은 비록 우리, 보통 사람들로 이루어져 있지만, 극적이고 구원적인 정치적 출현을 가능하게 만드는 권위 있는 존재로 변신할 수 있는 능력을 지니고 있다. 우리가 인민의 주권을 일상의 정치적 실천 속으로 옮겨 놓을 수 있다고 생각함에도 불구하고, 우리는 초월적인 주권 인민the transcendent sovereign people이 어떻게든 정치적 쇄신을 가져다 줄 것이라는 기대를 떨쳐 버릴 수가 없다. 보통 사람들이 정치에 참여할 수 있는 일상적인 장치들을 통해서는 행위하는 인민을 거의 볼 수 없는 탓에, 현대 민주주의는 그 중심에 큰 구멍이 하나 뚫려 있는 셈이다. 바로 이런 빈자리야말로, 우리들이 새

23) **[원주]** 이런 구분이 앞에서 비판한 민주주의에 대한 '두 입장 이론'에 상응하지 않는다는 점에 유의하라. 이 이론을 옹호하는 일부 자유주의자들은 분명하게 민주적 제도들에 대해 실용적인 견해를 취할 것이지만, 구원적 형태의 정치야말로 일반적 자유주의의 기질을 좀더 잘 특징짓는 요소로 존재해 왔다.

로운 시작을 위해 모습을 드러내는 특별한 인민을 상상할 수 있게끔 만드는 무대이다(Lefort 1986). 이런 비어 있는 자리를 메우는 가장 쉬운 방법은—대중영합적 운동들이 자주 취하는 노선인—인민을 구현할 만하다 여겨지는 한 사람의 지도자에게 우리의 희망을 투영하는 것이다(Mény and Surel 2000: 127). 그러나 심지어 가장 카리스마 있는 대중 지도자들조차도, 어떤 방식으로든 항상 예비적 권력으로서 존재하는, 바로 그 특별하고도 구원적인 인민의 진정한 등장이라는 욕망을 채워 주지 못한 채 실망만 남겨 놓곤 한다.

대중영합적인 운동들은 (평민이건 보통 사람들이건 간에) 부분으로서 배제된 인민을 전체로서 인민의 권위를 불러일으켜 동원한다. 이런 운동이 현대 민주정치와 긴장 관계를 이루는 데는 수많은 원인들이 있으며, 그 중 일부는 널리 알려져 있다. 그러나 대중영합적인 열정이 뿌리를 내리고 있는 근원 하나는 이제부터 좀더 전면적으로 살펴볼 가치가 있다. 이 근원은 당대 대중영합주의자들이 주류 정치 문화와 공유했던, 정당한 권력의 궁극적 원천은 주권 인민이라는 근본적인 신념을 둘러싼 어두운 불명확성의 영역이다. 다음 두 장에서는 이런 불명확성을 좀더 분명하게 보려 한다. 우리는 6장에서 정치적 신화의 영역으로 들어간 주권 인민을 살펴보게 될 것이다. 그 전에 다음 5장에서 우리가 좀더 전통적인 관점에서 이런 입장을 얼마나 이해할 수 있는지 살펴보도록 하자.

5장/ 우리 주권 인민

> 헌법보다 더 강력한 것이 하나 있다.……그것은 인민의 의지다.
> 도대체 헌법이란 게 무엇이란 말인가?
> 그것은 인민들이 만들어 낸 것이다.
> 인민들이 권력의 첫번째 원천이다.
> 원하기만 한다면, 인민은 헌법을 폐지할 수 있다.
> 조지 월러스(Lipset and Raab 1971)

지난 3장에서 우리는 인민을 정의하는 경계를 살피는 동안, 그리고 4장에서 '주권자 전체로서 인민'the people-as-sovereign whole이라는 이름으로 '배제된 부분으로서 인민'the people-as-excluded-part에 대한 대중영합주자들의 동원을 살펴보는 동안 인민 주권에 내재한 일부 정치적 복합성을 볼 수 있었다. 지금까지 우리는 인민 주권이라는 근본적인 개념 그 자체를 이해하려는 노력은 하지 않았다. 하지만 인민 주권의 개념이 매우 불명확하기 때문에 그럴 수밖에 없었다. (2장에서 보았듯이) 오래된 전통에서 보자면, 인민 주권은 예비적인 추상적 권위이자 혁명과 같이 예외적인 환경을 통해 [정치적] 실천에서 볼 수 있는 구체적 권력 양자 모두로 이해되어 왔다. 더불어 인민들은 (특히 영미권 전통 내에서) 불멸하는 집단적 결속체로, 한편으로는 죽음을 통해 소멸하는 분리된 개인들이 이룬 주민 집단a population 양자 모두로 인식돼 왔다. 그렇기에 인민 주권의 문제는, 구체적인 특정한 시간에 특정한 공간에서 행위를 취하는 일련의 구체적 개인들, 더불어 시공간의 한계를 넘어 생명력을 갖는 하나의 추상적 결속체라는 양자 모두를 어떻게든 유지해 온 하나의 '인민'에 궁극적인 정치적 권위를 부여하는 일이다. 이러한 모호함은 이론과 실천 모두에서 문제를 일으킨다. 이론적으로 이해하기가 어려울 뿐만 아니라, 실천적이고 작동할 만한 조건으로 옮겨 놓는 일은 더더욱 어렵다. 우리가 특정한 개별 사람들이 어떤 일을 하고 있는 것을 보았을 때, 그 목격한 행위가 주권 인민의 행동이라고 자신 있게 말할 수 있을까? 결정적으로 우리는, 예를 들어 대표 선출, 주민 전원 투표와 같은 제도적 실천의 결과가 주권 인민의 행동의 결과로 여겨져야만 한다고 자신 있게 말할 수 있을까?

이런 문제들이 이 장에서 명확히 살펴보려는 쟁점이다. 하지만 좀더 현명하게 이 논의를 시작하기 위해, 필자가 이 문제를 정의해 온 방식에 반대하는 입장을 먼저 살펴보려 한다. 일부 비판자들은 필자가 실제로는 진정으로 분리되어 있어 각각의 맥락 내에서는 상대적으로 명확한 인민 주권의 두 관점을 합쳐 버려 불필요한 난제를 만들어 냈다고 말할 수도 있을 것이다. 이런 견해에 따르자면, 현대 국가들에서 인민 주권은 법적 주권legal sovereignty과 혼동되는 것이 아니다. 법적 주권은 법을 제정하는 실천적인 문제이며, 그렇기에 그런 맥락에서 이해되는 인민 주권은 마치 고대 로마나 아테네 의회처럼 함께 모인 인민들이 직접적으로 법을 제정하는 행위를 의미한다. 한편, 법 제정 및 정부의 일상 업무 뒤에서 예비적 권위의 궁극적인 원천으로 존재하는 **구성 주권**constituent sovereignty은 매우 다른 것이다. 인민 주권은 현대 정치에서 당연시되어 왔듯 이 후자의 범주에 온전히 속하는 것이다. 버나드 야크는 이런 이론을 명확하게 했는데 이에 대한 그의 설명은 자세히 살펴볼 만한 가치가 있다.

야크는, 주권 인민이 현대 정체에서 최종적인 정당한 권위를 갖는다는 입장은 순수하게 추상적인 주권 인민관이라고 주장한다. 주권 인민은 지배권을 행사하거나 법 제정은 하지 않고 단지 이런 일을 하는 이들에게 권위를 위임하는 "하나의 집단적 결속체", "영토 내 합법적 거주자들의 전체 집결체"로 이해된다(Yack 2001: 519). 야크는 자신이 사회적 현실에 대해서 말하는 것이 아니라 인민을 정당화하는 추상성에 대해 말하는 것임을 강조하면서, 이런 추상적 인민이 중국에서 캐나다까지 모든 곳에서 "일종의 영구한 현재 속에" 동일한 방식으로 존재하기 때문에 현대 정치에서 보편적으로 쓰일 수 있다고 주장한다(521). 야크는 에드먼드 모건Edmund Morgan과 이스트반 혼트István Hont의 저서에 근거하여, 구성 주권으로서 인민의 개념이 영국 혁명, 미국 혁명, 프랑스 혁명을 통해 전파되고 이제는 보편적인 것이 된 특히 근대적인 인민관이라고 주장한다(Morgan 1988; Hont 1994). 3장의 논의에서 보았듯 야크 자신의 관심은 주로 인민 주권과 민족주의와의 관계다.

야크의 이런 해석이 생생하긴 하지만, 수많은 복잡한 문제들을 그대로 남겨 두고 있다. 우선 첫째로 추상적인 궁극적 주권으로서 인민을 보는 입장은 야크가 주장하듯 온전히 근대적인 것만은 아니다. 우리가 보아왔듯 이 개념은 로마의 유산에서 단계별로 나타난 것이다. 더 중요한 것은, 야크의 구성 주권 인민에 대한 해석이 프랑스 전통에는 적합할 수 있지만 영미계 전통의 복합성을 수용하지는 못한다는 점이다. 2장에서 보았듯이, 이 전통은 예비적 구성 주권으로서 실제 추상적인 결속된 인민abstract collective people이라는 개념을 포함하고 있지만, 두 가지 다른 특징으로 인해 더 복잡한 것이다. 우선, 주권 인민은 정당성을 부여하는 추상체로서뿐만 아니라 (경우에 따라) 구체적으로 정치에 간섭하고 행동을 취할 수 있는 하나의 결집체a body로 인식되고 있다. 다시 말해, 이 주권 인민은 로마의 포풀루스나 아테네의 데모스와 같이 분명하게 법적 주권을 행사하는 실천적인 집단은 아니지만, 단지 정당성을 부여하는 추상체라는 어중간한 존재로만 몰아붙일 수는 없다.

둘째, 영미권 전통의 주권 인민은 추상적 집단체일 뿐만 아니라 구체적 개인들이기도 하다는 것이다. 이런 입장은 개념화하고 작동시키는 인민 주권의 작업을 엄청나게 복잡하게 만들지만 결정적으로 중요한 문제이다. 이 전통 내에서 볼 수 있는 일체성unity과 다원성plurality의 결합은 충격적이다. 이런 결합은 주권 인민이, 우리가 구성원이 되는 강력하고, 불멸하며, 권위 있는 결속체로 존재할 뿐만 아니라 바로 지금 여기에 존재하는 **우리**라는 인상을 만들어 낸다.

비록 이런 복합성들이 영미권 전통 내에서 더 현저하게 나타나기는 하지만, 필자는 이런 복합성들이 이 전통 내에 한정된 것이라 생각지 않는다. 정치에서 인민 주권이라는 개념이 한번 가용되기 시작하면, 결속된 인민의 추상적 구성 주권을 구체적 개인들에 의한 정치적 행동으로 옮겨 놓는 시도를 않기란 어려운 일이다. '인민에게 정치를 되돌려 주자'는 대중영합주의자들의 시도에서건 또는 현대 민주주의에서 점점 친숙한 특징이 되고 있는, 헌정 구조 내에서 실시되는 주민 전원 투표에서건 이런 시도를 피하기란 어려운 일이다(Yack 2001: 529 참조). 그러므로 이 장에서 살펴볼 이런 문제들은 좀더 폭넓게 그 적합성이 있을 수 있으며, 이런 논의 속에서 로크뿐만 아니라 루소에 대해서도 살펴보게 될 것이다.

이런 비일관성을 다루는 유일한 방법은 모건이 '꾸며 낸 이야기들'fictions이라고 부른 관점에서 인민 주권의 담론을 분석해 보는 것이다(Morgan 1988). '꾸며 낸 이야기들'은 이데올로기적 조작의 도구일 수도 있고 대중 동원의 시대가 후대에 남겨 논 신화일 수도 있다. 우리는 6장에서 이런 질문들을 다시 살펴볼 것이다. 그 사이 이 장에서는 우리의 뒤얽힌 정치적 유산에서 나온 두 가지 연관된 질문에 대해 답해 보려고 한다.

1. 인민 주권은 이해할 수 있는 것인가?

결속되어 있으면서도 **동시에** 개인적인 것으로 보이고, [일상의 현실에] 부재하면서도 **동시에** 현존하는 것처럼 보이는 주권 인민을 우리가 이론적으로 이해할 수 있을까?

2. 인민 주권은 행사될 수 있는 것인가?

인민 주권의 의미를 분명히 이해할 수 있다고 가정할 때, 인민 주권은 현대 대의민주주의의 제도들과 어떤 관련이 있을까?

이에 관한 주장을 발전시키기에 앞서, 필자는 1번 질문에 대한 만족할 만한 대답이 은연중에 2번 질문에는 불만족스러운 대답이 될 수도 있음을, 그리고 결집체/개인들, 부재/현존이라는 양면적 모순을 수용하는 방식으로 인민 주권을 인식하는 일이 가능할 수도 있는 반면, 부각된 해결책이 민주적 제도에 장착시킬 만큼 만족스러운 것이 되지 못할 수도 있음을 미리 밝혀 둔다. 그러나 우리가 우선해야 할 일은 한 주권 인민을 하나의 단일한 결속체로도 개인들의 집합체로도 볼 수 있다는, 그리고 추상적으로는 부재하는 것이지만 때때로 행동을 통해 그 모습을 드러낸다는 난제를 살펴보는 것이다. 이런 난제의 중심에는 인민을 하나의 '결집체'로서 이야기한다는 것이 (만약 의미가 있다면) 어떤 의미인가라는 골치 아픈 질문이 존재한다.

1. 인민 주권은 이해할 수 있는 것인가?

인민의 결집체

영미권 전통 내에서 '인민'이 구체적인 개인들을 의미함을 그 누구에게도 상기시킬 필요는 없다. 문제가 되는 것은 하나의 집단적 결속체로서 인민이다. 이 결속된 인민은, 가장 단호한 개인주의자들의 표현 속에서도 드러나듯이, 이 전통 내에서 대체적으로 중요하게 여겨져 왔다. [그 예로] 우리는 나중에 '인민의 결집체'the body of the people가 존 로크의 이론에서 중요한 역할을 하고 있음을 보게 될 것이다. 그러나 결속된 인민이라는 관점이, 개인으로서 인민이 푀플 혹은 포크 속으로 사라져 버리는 '대륙' 이론들 속에서 배타적으로 지켜져 온 것이라 여기는 경향이 있는 최근의 정치 이론가들은 이런 결속된 인민관에 거의 관심을 기울이지 않는다(Holden 1993: 84). (최근의 경제학에서 나온 합리적 선택 이론이 정치 이론으로 채택되어 들어오며 강력해진) 집단주의collectivism[1]에 대한 이런 본능적인 회의적 시각은, 그 자체로 결속된 주권 인민을 명확히 표현하려는 어떤 이론적 시도도 인민을 분리되고 다원적이며 구체적인 개인들로 인정하지 않는다면 결코 만족스러운 것이 될 수 없다는 경고이다. 이 점을 명심하면서 전체로서 인민에 대해 생각해 볼 수 있는 가능한 방법에 관심을 기울여 보자.

인민의 결속체는 전통적으로 은유적으로 표현되어 왔는데, 이런 은유는 대개 그 함의들에 대한 깊은 숙고 없이 쓰였다. 미국 혁명과 프랑스 혁명에서 활약한 위대한 대중영합주의자 토머스 페인이 정치적 은유에 대한 공격을 시작했다는 점은 많은 것을 시사한다. 『인간의 권리』에는 페인

---

1) 여기서 합리적 선택 이론에 근거한 집단주의는 집단 행동(collective action) 이론을 의미하는 것으로, 정치학에서는 1965년 멘슈어 올슨(Mancur Olson)이 『집단 행동의 논리: 공공선과 집단 이론』(*The Logic of Collective Action: Public Goods and Theory of Groups*)에서 처음으로 발전시켰다. 민주적인 정치 이론가들이 집단 이론을 회의적으로 바라보는 것은, 개인들이 집단 행동에 나설 때 함께 행동하여 성취하려 하기보다는 무임승차하려는 성향을 보인다는 것이며 이것이 합리적인 선택의 결과라고 보기 때문이다.

이 주권이 **왕관**the Crown에 속할 수 있다는 견해를 조롱했음을 보여 주는 한 재밌는 구절이 있다. 그는 전쟁을 선언할 주권의 권리에 대해 논하면서 다음과 같이 언급했다.

> 영국에서는, 그 권리가 한 번에 6펜스나 1실링만 내면 런던탑에서 볼 수 있다는 것, 즉 왕관과 사자에 있다고 한다. 둘 중에선 사자에게 그 권리가 있다고 하는 편이 이치에 한 걸음 더 가까우리라. 왜냐하면 생명이 없는 왕관은 하나의 모자보다 나을 게 없기 때문이다(Paine 1989: 86).

군주제 지지자들의 허튼소리에 대한 페인의 거부는 매력적이며, 진짜 살과 피를 가진 인간과 이런 말도 안 되는 은유적 난센스를 대조하기는 쉬운 일이다. 그러나 실제 살과 피를 가진 인간들은, 서로 결집하여 유한한 삶을 가진 개인들의 집합체를 넘어선 그 이상의 일관성 있는 존재로 변모하지 않는다면 주권을 소유하거나 행사할 수 없다. 군주제를 지지하는 이론가들은 왕들 역시 죽음을 맞는 개인들이기 때문에, 이로 인해 동요할 수 있는 권력과 권위를 안정시키기 위해 왕관의 비유를 채택했다(Kantorowicz 1957). 페인은 분명하게, 인민이라는 주권 결집체가 왕관만큼이나 은유적일 수 있음을 알아채지 못했다. 비록 페인 자신이 프랑스의 [인간과 시민의] **권리 선언**Declaration of Rights이 왕으로부터 주권을 다시 찾았을 때 그랬듯이, '인민'보다는 주권 '**민족**'에 대해 이야기함으로써 이 문제를 회피하는 경향이 있었다는 점이 중요할 수도 있지만 말이다(Hont 1994: 194).

영국의 정치 담론은 종종 '**나라**'the country [2)]라는 지리학적인 은유에 의지해 왔는데 이 용어는 민족과 밀접하게 연관되어 있다. 그러나 가장 익숙한 이미지는 인민을 **구성원**members을 지닌 하나의 유기적인 **몸**a body으로 보는 은유적 표현인데, 사회적 집단체들을 두고 이렇게 말하는 방식은 너무나 익숙해서 우리가 이 말을 쓰면서도 이 말이 은유적 표현인지조차 거의 알아채지 못한다. 그렇다면 하나의 '몸'으로서 주권 인민에 대해 말한다는 것은 어떤 의미일까?

이 몸으로서 인민에 대한 수수께끼에 가장 쉽게 우회적으로 접근하는 방식은, 인민에서 나온 수많은 화신들incarnations 중 하나가 인민에 적대적인 외부 사람들에게 어떻게 비춰지는가를 살펴보는 것이다. 호라티우스Horatius를 거쳐 플라톤에 이르는 이 오랜 전통을 지니고 있는 담론 내에서 보면, **평민**은 신화에 나오는 야수로서 '수많은 머리를 가지고 있는 괴물'로 그려지고 있다. 이 괴물에 대해 크리스토퍼 힐Christopher Hill이 모아 놓은 17세기 영국의 엄청난 문헌 자료들에는, 평민들이 함께 행동할 때 이들이 가지는 집단적 권력에 대한 두려움이 드러나고 있을 뿐만 아니라, 평민들이 형성하는 결속체가 어떤 종류인지 그 밑그림을 볼 수 있다(Hill 1974). 수많은 머리를 가진 이 괴물은 거대하고 잔인한 야성으로 가득 찬 위험한 야수인데, 이들이 위험한 까닭은 수많은 머리를 가지고 있지만 이에 지침을 내려 줄 정신이 없기 때문이다. 평민은 파괴하는 데 있어서는 효과적일 만큼 충분한 단결력이 있지만, 이성적으로 사고하거나 책임을 질 능력이 없다.

평민에 대한 이런 적대적인 캐리커처는 주권 인민의 이미지를 하나의 몸으로 그리는 역설적인 특징에 초점을 맞추도록 한다. 표면적으로 볼

---

2) The country는 지정학적으로 구분되는 독립체로 규정되는 지역을 이르는 말이다. 근대 이후에는 주권 국가와 동일시되는 말로 변해 왔다.

때 이 은유는 다른 평범한 몸처럼 인민들도 하나의 머리가 필요하다는 의미를 은연중에 담고 있는 듯 보인다. 교회를 예수의 신비스러운 몸으로 보는, 그리고 예수를 머리로 여기는 신학적 이미지들은 중세시대 동안 몸과 관련된 은유들이 왕국과 인민에 공통적으로 쓰이는 데 많은 역할을 했을 뿐만 아니라, 동시에 이 은유 자체가 담고 있는 군주제에 대한 함의를 강화하는 데 있어서도 많은 역할을 했다. 15세기에 존 포테스큐 경Sir John Fortescue은 이런 함의를 정확하게 표현했다.

> 인민은 무두acephalous, 다시 말해 머리가 없는 까닭에 하나의 몸이라고 부를 만한 가치가 없다.……그러므로 그 자체를 하나의 왕국으로 만들려고 하는 인민들은, 혹은 다른 모든 몸의 정치는 항상 그 모든 몸을 다스리기 위해 한 사람을 내세워야만 한다.……배아 상태에서 하나의 머리가 통제하는 육체가 자라나는 것과 동일한 방식으로 인민도 왕국을 세울 수 있으며, 한 사람이 그 머리로 다스리는 신비스러운 하나의 몸으로서 존재할 수 있다(Fortescue 1997: 20).

포테스큐와 같은 입헌군주제 지지자들에게 왕이 머리가 되어 이끄는 하나의 몸으로서 인민의 이미지는 적합한 것이었을 수도 있다. 하지만 왕과 인민의 관계가 서로 어긋나 버리자 이런 이미지는 부적절한 것이 되었다. 2장에서 보았듯이, 예비적 인민 주권은 이런 종류의 대립을 통해 발전하였다. 만약 왕이 인민에게 책임을 지게끔 하고자 했다면, 인민은 왕으로부터 독립해 행동할 수 있는 하나의 몸을 형성할 필요가 있었다. 하지만 왕이 그들의 머리라면 인민이 어떻게 그런 일을 할 수 있단 말인가? 영국 내전이 시작될 무렵 의회파는, 비록 개별 사람으로서 왕이 옥스퍼드에서 의회를 향해 군대를 동원할 수 있을지라도 그의 **제왕**으로서의 몸regal body은 의회에서 그들과 함께 있다는 것을 주장하기 위해 왕이 (개인적이고 공식적인) '두 개의 몸'을 가졌다는 신학적-정치학적 교리doctrine를 사용하고자 했다(Morgan 1988: 55; Kantorowicz 1957: 21).[3] 그러나 이런 몸의 은유는 왕당파 쪽에서도 쉽게 사용할 수 있는 것이었다. 토머스 홉스는 이런 은유를 『리바이어던』*Leviathan,* 1651에서 (특히 표지에) 그림을 통해 사용했다. 이 그림은 개인으로서 인민이 몸의 정치의 구성원이 되는 일은 그들의 머리인 왕에게 복속한 상태이거나 복속하면서 이루어진다는 것을 함축하고 있다. 비록 '다중'multitude이 "하나의 결속된 집단을 의미하는 용어" 일 수 있지만, 이 말은 행동을 취할 수 있는 결속된 존재를 의미하지는 않는다(Hobbes 1983: 92). 단지 이들의 주권적 대표자만이 이들을 개인의 총합에서 리바이어던의 몸을 이루는 세포들로 전환시킬 수 있다. "다중으로서 인간들은, 한 인간이 혹은 한 개인이 그들을 대표할 때 **하나**의 의인one person[4]이 된다.……의인이 하나인 이유는 대표되는 사람들의 **일체성**unity이 아니라 대표자의 **일체성** 때문이다"(Hobbes 1960: 107). 이런 주권

---

3) '왕의 두 몸(king's two bodies) 이론'은 중세시대 왕의 권력을 정당화하기 위해 발전된 정치신학 이론이다. 말 그대로 왕이 두 개의 몸을 가지고 있다는 주장으로, 이는 타고난 인간으로서의 몸(the body natural)과 신권이 부여된 몸(the body politic)이다. 왕을 위해 외치는 '왕은 죽었다. 장수하시길'(The king is dead. Long live the king)이라는 말은 '이전의 왕은 죽었다. 새로운 왕이 장수하시길'이라는 의미를 지니고 있는데, 이 말은 육체적 인간으로서 왕은 죽지만, 신에게 부여받은 왕권은 지속된다는 의미다. 다시 말해 왕이 없는 시대는 존재하지 않는다는 말이다. 이런 맥락에서 '국왕 붕어(崩御), 신왕 만세'로 번역되기도 하는데 육체적인 인간으로서 왕과 신의 권력으로서 왕의 분명한 구분을 보여 준다.

4) 한 집단을 사람으로 표현하는 person의 번역어는, 진태원의 논문 「『신학정치론』에서 홉스 사회계약론의 수용과 변용」(2004)에 쓰인 '의인'(擬人)을 그대로 따랐다. 만족스럽지는 않지만 이 이상의 적절한 용어를 찾을 수 없었다.

적 대표자가 없다면, [정치적 권위 자체가 존재하지 않기 때문에] 인민은 권위에 도전하는 일체가 된 존재가 될 수 없다. 홉스는 왕의 은유적 몸을 차지하려는 의회의 도전에 대응하는 움직임으로서, 표면적으로 군주제임에도 불구하고 인민은 이미 자신들의 주권적 대표자를 통해 자신들 스스로를 통치하고 있다고 주장했다.

> 인간이 **인민**과 **다중**을 충분히 구분하지 않는 것은 시민 정부, 특히 군주제에 커다란 장애물이다. **인민**은 어느 정도 **하나** one 인 존재로, **하나의 의지** one will 를 지니며 어떤 행동의 결과가 이들의 책임이라고 볼 수 있다. 그러나 의지와 책임 이 둘 중 그 어떤 것도 다중의 특징이라고 볼 수 없다. **인민**은 모든 형태의 정부에서 통치하는 존재다. 심지어 **군주정**에서조차 **인민**이 명령을 내린다. **군주정**에서는……**인민**이 **한 인간**의 의지로서 의지를 내보이기 때문에 신민들 the subjects 은 **다중**이며 (비록 역설적으로 보인다 할지라도) 왕이 바로 **인민**이다(Hobbes 1983: 151).

그러므로 언뜻 보자면 이 인민의 일체성에 대한 몸의 은유는, 왕의 주권 royal sovereignty 에 반대하여 인민 주권을 표현할 수 있는 왕의 직권력 royal headship 과 상당히 밀접하게 연관을 맺고 있는 것처럼 보일 수도 있다. 그러나 이게 이 문제의 끝이 결코 아니다. 홉스가 자신이 내세운 군주정을 향한 목적에 맞게끔 이런 이미지를 사용하기 훨씬 이전부터, 인민을 공동으로 공공사를 처리하는 집단으로 보는 은유는 결속된 인민의 권력을 명확하게 표현하려는 공화주의적이고 반군주제적인 목적으로 쓰였다. 공화주의 전통의 공동 집단 corporation[5] 이론 내에서 보자면, 정치 행위를 위해 조직화된 하나의 인민은 수많은 머리를 가진 다중과는 전혀 다른 문제이다.

심지어 로마공화국 시절에도, 다중이 행동을 취하기 위해 광장the Forum에서 자신들을 좀더 훨씬 단결되고 존중받는 존재인 포풀루스 로마누스로 탈바꿈시킬 수 있는 인정된 절차가 존재했다. 로마 공화주의 전통이 중세 이탈리아 도시국가에서 되살아났을 때, 공화주의자들이었던 법 전문가들은 도시를 통치하는 인민이 군주들과 일체를 이루지 않고도 행위를 취할 수 있는 하나의 몸을 형성한다고 주장하기 위해 은유적 표현을 사용했다. 14세기 법학자 발두스[6]는 도시를 개인들의 총합이라기보다는 공공사를 함께 처리하는 포풀루스corporate populus로 그렸는데, 이런 개인들이 하나의 '신비로운 몸'corpus mysticum을 형성한다고 보았기 때문이다. 이런 하나의 몸은 신비롭고, 추상적이며, 단지 지식인들만이 이해할 수 있는 것일 수 있지만, 발두스가 말하듯이 이 집단은 상당한 수준의 행동을 취할 수 있는 존재인데, 다른 모든 몸처럼 이 몸 역시 하나의 구조와 적절한 기관들organs을 가지고 있기 때문이었다. 공동 집단을 이룬 인민이 민회에 모여들면, 이때 참석한 개인들은 몸 전체를 이루는 기관들로서 자신들을 내세울 수 있었다(Canning 1980: 13~14). 대안적으로는, 선출된 통치 위원회가 전체

---

5) Corporation은 다양한 유형으로 존재할 수 있는데 여기서는 공동으로 공공사를 함께 처리하는 집단을 의미하며, 주로 이런 처리가 법적인 차원에서도 인정되는 집단을 말한다. 이런 문제는 좀더 구체적으로 현대 정치 이론에서 공동 집단과 시민권의 관계로 확장되어 연구되고 있다. 시민으로서 공동 집단(corporation as citizens)과 정부로서 공동 집단(corporation as governments)이 이에 기반을 둔 대표적인 입장이다. 경제 분야에서 기업들의 등장으로 인해 이해 관계자로서 공동 집단(corporation as stakeholders) 이론도 주목받고 있다. 우리가 흔히 알고 있는 기업의 사회적 책임 이론도 이 이론에 기반을 두고 있다. 이와 관련해서는 Andrew Crane, Dirk Matten and Jeremy Moon, *Corporations and Citizenship*, Cambridge: Cambridge University Press, 2008을 참고하라. 최근의 연구 동향이 자세히 나와 있다.

6) 발두스 데 우바디스(Baldus de Ubaldis, 1327~1400)는 이탈리아의 법학자로 중세시대 로마법을 정립하는 데 주도적 역할을 했다.

결집체를 대표할 수 있었다(Canning 1988: 475). 그러므로 공화국을 통치하는 인민은, 함께 권리를 행사하고 의무를 받아들이던 수많은 다른 기독교 및 세속 집단처럼 공동체universitas를 형성할 수 있다. 이런 방식으로 인민을 이해할 때의 장점은 실천적 차원에서 볼 때 인민의 명확성이었다. 다른 이런 법적 독립체의 경우에서처럼, 공동 집단을 이룬 인민과 단순한 개인들의 총합 간에 명확한 구분이 이뤄졌다. 어떻게 인민의 몸이 구성되는지, 누가 구성원들인지, 누가 이 몸을 대신해 말하고 행동할 권위를 지니는지 명확하였다.

이런 방식의 공동 집단 이론은 중세 도시국가의 소규모 시민 결집체들이 세운 직접 인민 정부에 적용하기 위해 의도된 것이었다. 그러나 집단적 행동을 취할 수 있는 하나의 결집체 속으로 개인들을 합체시키기 위한 방식으로서 법적 공동 집단화[법인화]incorporation의 원칙은 그 규모나 형식에 관계없이 거의 똑같은 것으로 보일 수도 있다. 현대 사회는, (대학을 포함해) 개인들로 이루어져 있으나 하나로서 행동하고, 성원권의 변화 속에서도 살아남으며, 자체의 이익과 권리 및 책임을 갖는 여러 종류의 공동 결집체들corporate bodies을 수용한다. 이런 공동 결집체들의 정확한 존재론적 위치가 아직까지 명확하게 규정지어진 적은 없는데, 이는 이 결집체들이 '진짜'인지 아니면 '가짜'인지, 단지 법적 명령으로만 형성되는 것인지 아니면 법적 인정 이전에도 존재하는 것인지와 같은 격렬한 법률적 논쟁을 유발해 왔다(Hallis 1930; Gierke 1950). 그러나 이런 불명확성에도 불구하고 공동 결집체들은 심지어 오늘날의 개인주의적인 사회 속에서도 법적 구체성의 틀 내에서 아주 명백하게 작동하고 있다. 그렇다면, 왜 하나의 공동 집단을 이룬 인민이 더 큰 문제가 되는 것일까? 우리는 발두스가 자신이 살던 도시의 포풀루스에 적용한 공동 집단 분석을 현대 민족국가의 인민에까지는 확장할 수 없는 것일까?

그러나 우리는 이런 질문을 하자마자 영미권 민주주의의 주권 인민이 이런 종류의 결집체가 아님을 알 수 있다. 우리가 (법에 의해 규정되는 공동 결집체들이 법의 궁극적 원천이라 여겨지는 그 결집체를 포함할 수 있는가라는) 법적 순환성이란 문제를 무시한다 하더라도, 정확하게 인민이 결여하고 있는 요소는 [인민 자체에 대한] 분명한 정의definition이다. 영미계 전통은 발두스의 공화주의적 포풀루스와는 상이한 입장에 기대고 있다. 이 전통은 발두스의 포풀루스보다 한편으로는 좀더 모호하고 다른 한편으로는 좀더 구체적이다. 이 전통에서 예비적 주권 인민의 방대하고 모호한 이미지는, 영미권 개인주의와 어떻게든 연결되어 있었다. 17세기 및 18세기 영국과 미국에서 있었던 정치 투쟁 속에서 인식되었듯이, 주권 인민은 몇몇 다른 것들을 동시에 의미한다. 정확한 경계나 구조가 없이 세대를 넘어서 확장되는 주권 인민은 신비한 예비적 [권력을 쥔] 주권 결속체이다. 이 주권 인민은 (어떤 상황에서도 때에 따라) 왕이나 의회를 무시하고 정치에 개입할 수 있는 활동적인 집단체이다. 이들은 또한 퍼트니에서 연설했던 레인보로 대령[7)]에게는 살과 피를 가진 구체적 개인들, 바로 자유롭게 태어난 영국인을 뜻했다(Sharp 1998: 103~115). 이런 인민에 대한 개인의 집합체로서의 입장은 이 개념을 분석하려고 하는 이들에게 서로 얽

---

7) 퍼트니(Putney)는 런던의 남서부에 있는 지역으로 영국 내전 당시 의회주의자들이 만든 뉴모델 군대(the New Model Army)의 본부가 있던 곳이다. 많은 수평주의자들이 가담했던 뉴모델 군대 내에서 새로운 영국 헌법을 만들 것인가를 두고 벌어진 일련의 논쟁을 퍼트니 논쟁이라 부른다. 토마스 레인보로(Thomas Rainsborough, 1610~1648)는 영국 내전에 지도적 역할을 했던 수평주의자였다. 1948년 왕당파들에게 납치되어 살해당했는데 수평주의자들은 이에 반발하여 레인보로의 장례식에서 대규모 시위를 벌였다.

혀 있는 두 가지 도전을 제기한다. 인민이 집단적 독립체이면서 동시에 일련의 개인들로 **남는다**는 것을 어떻게 이해할 수 있는가? 그리고 인민은 어떻게 구성되어 있기에 예비적 최고 주권을 유지하면서도 정치적 행동을 취할 수 있는가?

이런 이중적 곤궁을 다른 방식으로 표현할 수도 있을 것이다. 주권으로서 이해되기 위해 인민은 개인 구성원들의 출생과 사망을 초월하는 지속적인 존재가 될 필요가 있는 것처럼 **보인다**seems. 게다가 인민이 주권이 되고자 한다면, 미래 세대를 포함하여 전체를 위해 행동하며 개인 구성원들을 함께 묶어 내는 결정을 하는 어떤 대의 형태가 **필요하다**needs. 이 모든 것이 (앞의 몇몇 문장에서 불가피하게 단수를 사용할 수밖에 없었듯) 발두스가 마음에 두고 있던 일종의 공동 집단 존재를 함의하고 있는 듯하다. 그러나 이는 단지 한편의 이야기일 뿐이다. 비록 인민이 집단 행동을 취할 능력이 필요하고 그리하여 집단적 대표성을 만들어 낼 능력이 있어야 하지만 인민과 이들의 주권은 여전히 예비적 상태로 남는다. 그리고 이들이 지속적인 결속체의 성원권을 가지고 있음에도, 그들은 여전히 각 구체적 세대의 '우리, 인민'을 의미하는 개인들로서 인민으로 남는다.

논리적으로 볼 때, 이런 순환이 서로 일치하지 않는 것처럼 보일 수 있다. 만약 결속된 인민이라는 입장이 일관성 있게 개념화될 수 있다고 한다면, 이런 일은 공동 집단 이론을 통해서만 가능한 것으로 보일 수 있다. [이처럼 일관성 차원에서 보자면] 인민은 집단적 주권의 행사 및 정치 행동을 할 능력이 없는 단순한 개인들의 총합이거나, 그게 아니라면 다른 공동 결집체들이 그러하듯, 존재할 수 있고 행동할 수 있는 하나의 공동 결집체를 만들어야 한다. 후자처럼 공동 결집체를 만들 경우, 그들은 **단지** 전체의 구성원들로서 인민이지 개인들이 아니다. 이 경우 '인민'**으로서** 그들이 그들의 개인성 혹은 그들의 예비적 권위를 붙잡고 있을 수 있는 길은 없다. 인민으로서, 개인들은 공동의 전체 안에 포괄되며 이 개인들을 포용하는 전체는 전체 대표자들의 행동 내로 포괄된다.

이런 주장들이 불가피한 것처럼 보이지만, 이런 주장들은 정치적 경험과는 조화를 이루지 못하고 있다. 우리가 맞는 곤란한 문제는, 상상된 주권 인민이 영미권 전통에서 중대하게 떠오른 이후, 집단적이면서도 **동시에** 개인적인 것, 현존하면서도 **동시에** 예비적 존재로서 완고하게 지속되었다는 점이다. 그러므로 도전은 정치적으로 일어난 일을 이론적으로 이해하는 방법을 찾아내는 것이다. 필자는 다음 절에서, 로크가 인민 혁명을 방어하면서 쓴 『통치 제2론』*Second Treatise of Civil Government*에서 이런 일을 시도했다고 주장할 것이다. 그리고 이런 정치 현실과 맞붙어 분투한 노력 때문에 로크의 이론이 좀더 정통적인 방법으로 만들어진 사회계약론들보다 그 일관성이 덜하게 되었다고 주장할 것이다.

로크와 인민의 결속체

1690년 로크의 『통치 제2론』이 출간되었을 무렵, 유럽 전역에 걸쳐 있던 많은 정치 사상가들이 일종의 원초적 사회계약original social contract에 근거해 정부가 설립되었다는 견해를 광범위하게 받아들이고 있었다. 자연법 이론 전통 내에서 정당한 권위는 인민에게서 나온다는 아주 오래 지속된 가정은, 자연 상태에 있는 자유롭고 평등한 개인들이 정부를 설립하는 하나의 인민 안으로 계약을 통해 들어간다는 [지금 현재 우리가 잘 알고 있는] 전통적인 담론으로 점차 발전되었다(Gough 1936). 오늘날 광범위하게 읽히는 홉스, 로크, 루소와 같은 계약 이론은 당시에는 특이한 창작물로서, 많은 유럽 국가에서 사상가들이 200년 이상 정교하게 다듬어 온 좀더 정통적인 이론들의 배경이 되었던 전통과는 대조적인 것이었다(Gough 1936; Derathé 1950). 비록 로크를 읽은 독자들이 계약 이론을 개인의 권리에 대한 자유주의적 관심사와 연결 짓고 있지만, 이런 로크 읽기는 잘못된 것이다. 전체로서 이 전통의 충격적인 특징 중 하나는, 명백하게 개인들의 타고난 자율성 위에 세워진 이론들이 아주 공통적으로 절대군주에 대한 승인에 이르고 있다는 것이며, 심지어 개인의 자유를 하나의 결집체로서 공동체에게 넘기고 포기하는 일을 승인하는 데 이르는 경우는 좀 더 잦았다는 점이다(Gough 1936; Tuck 1979). 홉스는 주권에 대한 복속을 개인이 정하는 일로 만들었다는 점에서 특이한 경우였다. 좀더 일반적인 유형을 보면, 군주와의 협상은, 상상된 자연 상태에 살고 있는 개인들이 수아레스Suarez가 단일한 의지를 지닌 신비한 결집체라고 설명하는 하나의 인민을 형성하기 위해 그 속으로 들어가는 일종의 '연합을 이루기 위한 협정'compact of association을 따르게 되어 있었다(Gough 1936: 67; Skinner 1978: 165). 이런 인민이 형성되는 방식 중 가장 명확하고 가장 영향력 있는 방식을 발전시킨 이는 독일 법학자인 사무엘 폰 푸펜도르프[8]였다. 그는 이 방식을 1672년에 쓴 『법과 국가의 본질에 관하여』*De Jure Naturae et Gentium*[9]에서 제시했는데 관련된 서적 중 가장 널리 읽혔다. 푸펜도르프는, 원초적 자연 상태에서 자신들이 결과적으로 새로운 '도덕적 존재'가 되는 하나의 결집체를 만들기 위해 함께 계약을 한 자유롭고 추상적인 개인들

8) 사무엘 폰 푸펜도르프(Samuel von Pufendorf, 1632~1694)는 17세기 독일 법학자이자 정치 사상가, 정치가, 역사가이기도 했다. 홉스와 그로티우스(Grotius, 1583~1645)의 이론을 수정하여 자연법을 더욱 정교하게 만든 업적을 남겼다.

9) [원주] 영문으로는 '자연법과 국가의 법에 대하여'(Of the Law of Nature and of Nations)로 번역되어 있다.

을 그리고 있다. 이 도덕적 존재는 그 안의 모든 개인들의 의지들을 포괄하는 그 자체의 의지를 지닌 '복합적인 도덕적 의인'compound moral person이다. 그리하여 공동의 인민들이 스스로 주권의 통치에 복속하는 세번째이자 마지막 단계에 이르게 되면, 이 결집체는 설립될 국가의 유형을 결정한다. 여기서 주권은 운영위 혹은 민회도 가능하지만 대개 군주이며, 그 어떤 경우이든 상관없이 주권은 나눠지지 않은 채 온전히 한 주체[10]가 갖는다(Pufendorf 1717: 8, 468, 497; Dufour 1991).

다른 많은 유럽의 법학자들처럼, 푸펜도르프는 계약이라는 주제를 인민 권력의 활발한 행사를 정당화하기보다는 강한 국가에 정당성을 부여하고자 이용했다. 이와 똑같이, 전제군주에 맞서던 영국의 휘그파들에게 공동의 인민이라는 이 개념은 첫눈엔 아주 유용하게 보였을 수도 있다. 이런 개념은 무엇보다 주권 군주만이 개인들을 단결시키고 사회를 함께 유지할 수 있다는 홉스의 주장에 대한 반박을 제공한다. 홉스의 원칙에서 보면, 왕에게 도전하는 단결된 행동을 취할 수 있는 결속된 인민은 존재하지 않는다. 그래서 왕의 권위를 약화시키는 그 어떤 행위도 사회를 만인 대 만인의 투쟁 상태로 거꾸로 되돌려 놓기 십상이다. 표면적으로 볼 때 정부 설립 이전에 이뤄지는 원초적 사회계약의 입장은, 비록 정부가 붕괴된다고 할지라도 공동의 인민이 일관성 있는 방식으로 정치적 정체를 복원하거나 다시 만드는 행위를 할 수 있는 결속체로서 여전히 남아 있음을 정확하게 보장할 필요성이 있다. 이는 실제 조지 로슨[11]이 『시민 신성 정치』*Politica sacra et civilis*, 1660에서 썼던 견해인데 종종 로크에 영향을 준 것으로

---

10) **[원주]** 이 추상적인 한 집단으로서 인민은 야크가 제시하는 추상적 구성 주권의 직접적인 뿌리이다(Hont 1994 참조).

여겨진다(Franklin 1978). 로슨에 따르면, 궁극적인 주권은 단일한 공동의 결집체로 여겨지는, 그리고, 의미심장하게, 민족적 관점에서 '영국이라는 공동체'로 여겨지는 인민에게 있다. 내전이 정부를 해체시킬 때는, 그 민족적 결집체에 대한 충성 속에 단결된 채 남아 있는 인민에게 주권이 돌아간다(Lawson 1992: 227~236; Tierney 1982: 97~100).

로크 역시, 정부가 붕괴되었을 때 한 인민에게 정치적 행동을 취할 수 있는 권리와 능력이 여전히 남아 있다고 주장하길 원했다. 로크의 이론은 덜 명료하지만 좀더 흥미로운데, 그 이유는 그가 명백하게 상호 모순되는 인민에 대한 두 입장을 주장하고자 단호히 결심했기 때문인 듯하다. 로크는 주권 인민을 왕에게 책임을 추궁할 수 있으며 정부를 재구성할 수 있는 단일한 결집체로 인식하는 데 만족하지 않고 동시에 자신들의 자연권[12]을 온전히 소유하고 있는 구체적 개인들로서 이해한다. 우리가 보아 왔듯 더 정통적인 이론 내에서 [자연 상태에서 가졌던] 개인들의 자율성은, 공동의 인민들의 [정치사회 설립이라는] 집단적 선택 속에 포괄되며 초기 단계에서 사라진다. 그러나 로크는 하나의 결집체로서 인민을 보는 입장을 계속 사용하면서도 동시에 개인들[의 총합으]로서 인민의 자유를 지속적으로 주장한다.

---

11) 조지 로슨(George Lawson, 1598~1678)은 국가와 교회와의 관계 속에서 복잡해지던 영국의 주권 문제를 명료하게 다뤘던 자연법 사상가이다. 시민 사회와 기독교 사회의 공동체와 시민권을 소개했고, 시민의 공동체가 단순히 고립된 개인들의 집합이 아니며 자연법 아래 존재하는 복합적인 공동의 사회라고 주장했다.

12) 여기서는 자연권을 너무 어렵게 생각하지 말고 정치사회 형성 이전부터 인간이 선천적으로 갖는 권리라고 이해하면 된다. 홉스와 같은 사회계약론자들은 이런 정치사회 이전의 자연권은 정치사회가 설립되면 일부 포기하고 주권에 양도해야 한다고 보았지만, 로크는 이런 권리는 절대 양도되지 않는다고 주장했다.

로크는 원초적 사회계약을 설명하면서, 자연 상태의 인간이 "한 인민, 한 몸의 정치를 형성하기 위해 사회 속으로 들어간다"고 말한다(Locke 1964: 343). 그리고 그 단일한 결집체 내에서 "다수자가 나머지에 대해 행동하고 결정을 내릴 권리를 갖는다"고 말한다(349). 여기까지 보면 이런 주장은 충분히 정통적인 이론처럼 보인다. 그가 제시한 혁명에 대한 정당화의 대부분은 이런 주권적 '인민의 결집체'와 이 결집체가 권력을 맡긴 왕과의 관계에 관련돼 있다. 정체의 위기로 인해 홉스가 말하는 방식으로 이 결집체가 허물어질 수 있다는 주장이 종종 제기되었음에도(424, 429), 로크는 일반적으로, 하나의 결집체로서 인민이 그런 위기 속에서 살아남으며 그 권위를 재주장하고 정부를 다시 형성할 수 있다는 입장을 취하는 듯하다(385, 424; 또한 Franklin 1978도 참조). 그러나 도대체 어디서 이런 결속된 인민을 찾을 수 있단 말인가? 비록 한때 로크가 의회를 "정부에 형식을 만들고 생명과 일체감을 부여하는 영혼"이라고 묘사한 적은 있지만 의회는 아니다(Locke 1964: 425). 로크는 다른 곳에서 의회를 인민으로 오인해서는 안 되며, 인민은 단지 세금을 부여하고 입법을 할 수 있는 권력을 의회에 빌려준 것일 뿐 넘긴 것이 아니라고 분명히 하고 있다(380). 무엇보다, 입법부가 인민의 신뢰를 배신할 경우 "**입법부**를 제거하거나 **바꿀 수 있는 최고 권력**이 **인민**에게 여전히 남아 있다"(385; 강조 표시는 로크가 직접 한 것이다).

로크의 설명 중 가장 흥미로운 부분은 왕과 의회로부터 권위를 되찾기 위해 행동할 수 있음이 인민의 본질이라는 점이다. 이런 주장에 담긴 인민은 푸펜도르프의 주장처럼 세월의 뒤안길에서 잊혀진 추상적인 인민이 전혀 아니다. 로크는 분명하게 즉각적이고 과감한 정치 행동에 대해 말하고 있다. '인민의 몸'Body of the People만이 언제 혁명이 정당화되는가를 판단하는 유일한 결집체임은 분명하다(426). 그러나 이 결속체가 법적 차원에서 공동으로 구성된 하나의 결집체를 말하는 것은 분명히 아니며, 사실상 개인들의 결집체인 듯하다. 로크는 정부가 인민의 신뢰를 저버렸을 때, 개인들이 복종할 의무가 없으며 "모든 이는 자신의 의지에 따른다"고 말한다(426). 그럼에도 로크는 관련 개인들이 그들 사이에 공식적인 고리가 존재하지 않는 상황에서도 하나의 결집체로 행동할 수 있을 것이라고 기대한다. 앞서 보았듯 로크는 [하나의 인민 내] 다수자가 인민의 결집체를 위해 말하고 행동해야만 한다고 주장했다. 그러나 그의 혁명 이론 내에서는 이런 단서provision를 부여하려는 어떤 시도도 하지 않았을 뿐 아니라 그 어떤 시도도 현실적인 것이 될 수 없는 것이었다. 리처드 애쉬크래프트[13]가 주장하듯, 로크의 마음에 있었던 것은 개인들의 비제도적 동원일 가능성도 있다. 개인들은 이런 비제도적 동원을 통해 강력한 여론의 지지를 받아 냄으로써 인민으로 분명하게 인식될 수 있을 것이다. 실제로 1688년 제임스 2세에 반대해 거의 모든 분파들이 단결했을 때 이런 종류의 운동이 일어났다. 애쉬크래프트에 따르면, 로크는 하나의 '운동'movement, 다시 말해 "정치 권력의 명확한 조직적 표출보다는 도덕적 공동체"에 대해 말하고 있다(Ashcraft 1986: 310; 또한 Marshall 1994: 276도 참조).

로크의 이론은 모호하기로 악명이 높다. 로크의 의도와 그 급진주의의 범위를 두고 학자들 사이에는 많은 논쟁이 있다(예를 들어 Wootton 1993을 보라). 애쉬크래프트가 사회적으로 급진적인 운동의 강령을 쓴 활짝 피어난 혁명가로 그려 놓은 로크의 초상을 우리가 끝까지 따라야 하는

---

13) 리처드 애쉬크래프트(Richard Ashcraft, 1938~1995)는 로크에 관한 한 20세기 최고의 전문가로 꼽히는 학자다. 특히 로크의 혁명론에 대해 가장 권위 있는 해석자로 여겨진다.

지 의심스러울 수도 있다. 로크 당대와 이후의 대다수 사람들처럼, 로크 역시 인민들이 토지 소유 계급에 속한 이들 사이에서 자신들의 천부적인 지도자를 찾아내는 일을 아주 당연하게 여겼다. 그럼에도 그가 대부분의 정치 철학자들보다 혁명적인 정치 동원의 경험을 훨씬 더 고려했다는 점은 의심할 필요가 없다. 로크가 『통치 제2론』에서 제시한 인민 혁명에 대한 입장은 이론적이라기보다는 정치적으로 훨씬 더 잘 이해된다. 사회계약과 공동 결집체라는 추상적인 법적 장치에도 불구하고, 로크의 관심사는 개인과 집단을 화해시키고 부재absence와 현존presence을 결합시킬 수 있는 정치적 행동을 위한 대중 동원인 듯하다. 평상시에는 추상적인 집단적 인민의 권위는 예비적으로 존재하지만, (인민들이 쉽사리 호응해 나서지 않는[14]) 혁명의 순간에 동원된 인민은 배후에서 벗어나 공적 무대로 들어갈 수 있다. 바로 자유로운 개인들, 그러나 [고립된 개인을 넘어] 권력을 만들어 내고 주권을 행사하기 위해 하나의 결집체로서 행동하는 개인들이 만들어 낸 우연한 운동을 통해서 말이다.

이런 추측성의 로크 읽기는 학자들에게 설득력이 별로 없을 수도 있다. 여기서 필자가 주장하는 내용은 단순히 이 장의 서두에서 제기한 좀더 광범위한 문제, 다시 말해 어떻게 주권 인민을 두고 명백하게 모순적인 관점들이 영미권 전통에 매우 확고하고 자리를 잡았는지 이해할 수 있을까라는 질문에 대한 대답의 시작일 뿐이다. 여기서 필자가 펼친 주장은, 주권 인민의 다양한 측면들이 법학적인 측면에서 화해할 수 없는 것이라고

---

14) 로크는 인민 혁명에 대한 지나친 우려가 기우일 뿐이라고 생각했다. 로크에 따르면, 인민 혁명은 자주 일어나지 않는데 무엇보다 인민 스스로 이런 혁명에 잘 호응하거나 나서지 않기 때문이라고 말한다.

할지라도, 실천적인 측면에서 볼 때 때때로 정치적인 행동이 일어나는 그 순간에는 이해할 만하다는 것이다. 아마 1688~1689년의 경우[명예 혁명]를 이렇게 볼 수 있을 것이다. 다시 말해, (어떤 특정한 시간과 장소라는 환경하에서) 자신들을 권력과 권위를 만들어 낼 수 있는 충분한 신뢰성을 갖춘 인민으로서 내보일 수 있는 개인들의 동원된 결집체가 공적인 무대에 모습을 드러냄으로써 서로 모순되는 관점들이 순간적으로 화해할 수도 있다는 것이다. 그러나 인민 주권을 어떻게 이해할 것인가라는 질문에 대한 이런 임의적인 답변은 이 장의 서두에서 제기한 두번째 질문에 더 많은 압박을 가한다. 현대 민주주의의 맥락에서 인민 주권은 행사될 수 있는 것일까?

2. 인민 주권은 행사될 수 있는 것인가?

로크의 주권 인민은 혁명적인 행위를 할 수도 있지만, 이들이 봉기하는 것은 제한적 군주제를 복원시키기 위해서이지 민주주의를 형성하거나 그 자신들이 권력을 행사하기 위한 것은 아니었다. 그럼에도 주권 인민의 개념이 인민 동원의 경우에 타당할 수 있다고 한다면, 인민 주권이 좀더 정기적으로 지속적인 기반에서 행사될 수 있는 것인지 자연스럽게 질문할 수 있다. 이 절에서 필자는 다음 세 관점에서 이 질문에 답하고자 한다. 인민과 인민의 대표자들 간의 관계, '직접민주주의' 혹은 주민 전원 투표가 인민 주권 행사를 현대 민주주의의 일반적인regular 특징으로 만든다는 입장, 마지막으로 주권 인민이 지니는 일종의 일반의지에 대한 탐구, 다시 말해 루소의 독창적인 일반의지 혹은 (좀더 최근 이론들에 나오는) 일반의지가 공적 심의를 통해 달성될 수 있느냐를 살펴볼 것이다.

인민과 인민의 대표자들

급진적인 휘그파 당원들은 명예 혁명을, 영국의 자유로운 인민이 자기의 궁극적 권위를 확신하고 정체를 바꾸기 위해 하나의 결집체로서 행동한, 행위하는 주권 인민이 명백하게 표출된 경우로 여겼을지도 모른다. 그러나 바로 이어진 100여 년 동안, 의회가 주권이라는 원칙이 단단히 자리잡음에 따라 혁명적 분출과 헌정 행위 간의 차이가 강조되었다. 영국 헌법률constitutional law의 가장 기본적인 원칙은 사실상 의회 내 왕the King-in-Parliament만이 홀로 주권을 행사할 수 있다는 것이었다(Goldsworthy 1999: 181~188). 의심할 바 없이 인민은 왕·상원·하원이 자신들의 권위를 끌어낼 수 있는 궁극적인 원천이었다(영국 법률가들도 이에 동의했다). 1688년 보았듯이 아주 급박한 비상 상황 시 인민의 직접적인 행동은 심지어 필요한 것일 수도 있었지만, 그렇다고 이런 인민의 직접 행동이 헌법률 내에서 부응할 수 있는 것이라는 의미는 아니었다. 그 어떤 경우이든, 오래 내려온 헌정 전통에 따르면, 왕·상원·하원이 함께 모였을 때 인민의 모든 구성원들도 그 모습을 드러내고 행해진 일에 동의하는 것이기에 의회의 바로 그 행위들이 결국 인민의 행위였다. 17세기 초 제임스 1세하의 의회가 통과시킨 첫번째 법령은, 의회야말로 "왕국의 모든 전체 결집체, 그리고 모든 구체적 구성원들이, 직접이든 혹은 대의에 의해서든……이 왕국의 법에 의해서 개별적으로 모습을 드러내는" 고등법원이라는 선언을 통해 이 전통을 요약했다(Goldsworthy 1999: 96; 또한 Reid 1989: 12~14; Pitkin 1967: 246도 참조).[15] 이런 특유의 공식 안에는, 부재하지만 현존하는 것으로 여기며, 비록 서로 다른 개인들로 이루어져 있지만 하나의 단일한 결집체라는, 인민의 명백하게 상반된 특징적 성격들이 합쳐져 있다.

그럼에도 불구하고 영미권 전통 내에서 이런 모순되는 주제의 결합은, 18세기 중엽 영국의회가 미국 식민지에 세금을 부여하려 했을 때 대표의 개념에 제약을 가했다. 미국에서 있었던 사건들은 이런 구체적 권력들뿐만 아니라 의회 주권이란 전체 개념에 이의를 제기했다. 동원된 미국 인민은 '하늘에 호소했으며'appealed to heaven,[16] 로크가 일찍이 권유했던 것처럼 봉기를 일으켰다. 그리고 더욱 나아가 성문 헌법을 제정하는 인민 제헌 의회를 채택하여 자신들의 주권을 단호히 밝혔다. 제프리 골즈워시[17]는 이 사건이 "선출된 입법부의 권력은 궁극적으로 입법부가 대표하는 유일하게 진정한 주권인 인민들에게 귀속된다는 이전의 추상적이고 이론적인 발상에 구체적이고 실천적인 형태를 부여했다"고 본다(Goldsworthy 1999: 209). 새로운 공화국 정치 체제가 명료하게 '인민 정부'의 형태로 고안되는 동안, '우리 미국 인민'은 연방 헌법의 저자들로 공표되었다. 미국이 건국된 이래 인민 주권은 아주 분명하게 제도화되어 왔다. 심지어 의회 주권이 지속적으로 헌정 체제의 도그마가 되어 온 영국에서조차 보편적 유권자들을 두고 늘어난 책무들이 인민의 목소리로서 의회의 역할을 증진시켰으며, "의회의 법적 주권과 인민의 정치적 주권의 화해"를 (일정 정

15) 영국 입법부의 사법 기능을 이해하려면 역사적 이해가 필요하다. 11세기 노르망디의 윌리엄이 영국에 봉건제도를 도입한 이래 법을 만들기 이전에 왕으로부터 하사받은 토지를 직접 소유한 이들이 12세기경 의회 내에 형성한 왕실위원회(Curia Regis)라는 기구로부터 법적 조언을 받았는데 이 기구가 발전해서 분화하며 형성된 기구들 중 의회고등법원(High Court of Parliaments)에서 입법을 처리했다. 이로 이해 영국에서는 의회가 오랫동안 사법 문제를 처리했다.

16) '하늘에 호소'는 로크에서 나온 개념으로, 통치 주체가 인민의 생명·재산·자유를 보호하지 않고 공공복리를 해치는 경우 하늘에 대한 호소와 권력에 대한 저항, 마침내는 혁명으로 이어질 수 있다는 주장이다.

17) 제프리 골즈워시(Jeffrey Goldsworthy)는 오스트레일리아 태생의 법철학자이자 헌법학자로, 의회 주권의 근대적 방어와 관련된 논의로 잘 알려져 있다.

도까지) 가능하게 만들었다(Goldsworthy 1999: 219).

그러나 2장에서 보았듯이, 미국 헌법이 설립한 이 새로운 종류의 인민 정부는 이상하게 모호하다. 이 정부가 인민의the people's 정부가 되려 했다는 점에는 의심의 여지가 없다. 이야말로 급진주의자들이 요구한 것이었고 연방주의자들이 동의한 것이었다. 고대의 인민 정부와 미국의 인민 정부를 상이하게 만드는 현저한 특징은 다름 아닌 대의 정부였다.[18] 인민은 이 인민의 정부에서는 부재하는 것이었다. 베르나르 마냉은 현대 민주주의의 지속적인 특징이 돼 온 이런 현존과 부재라는 기이한 이중성을 가장 명확하게 분석했다. 마냉은 현대 대의 민주 정부를 두 가지 다른 대안과 구별하는데, 첫째가 직접 인민 자치 정부direct popular self-government이고 둘째는 마냉이 '절대 대의제'absolute representation라고 부르는 대안 체제다. 고전적 공화주의 모델에서 온 직접 인민 자치 정부는 통치하는 인민과 통치받는 인민 사이에 간극이 없다. 이런 직접 인민 자치 정부의 극단적 반대쪽에 홉스가 바로 정곡을 찌르며 만들어 낸, 마냉의 용어를 빌리자면, 절대 대의제가 있다. 절대 대의제에는 "인민들이 자신들을 대표하는 개인을 통해서만 정치적 행위자가 되고 자기를 표현할 수 있게 되며, 한 번 승인되면 이 대표자가 대표하는 사람들을 온전히 대신하게 되어 대표자를 뽑은 사람들은 대표자의 목소리 외에는 아무런 다른 목소리도 가질 수 없다"는 의미가 함축돼 있다. 그러나 마냉은 이런 홉스적인 이론이 "대표자

---

18) 여기서 우리는 '대의'(delegation)와 '대표'(representation)를 구분해야 한다. 대의는 선출된 자가 뽑아 준 구성원의 의사를 거스를 수 없는 반면, 대표는 선출된 자가 대표로 그 권리를 행사하는 동안 뽑아 준 구성원의 의사를 반드시 반영할 필요가 없다. 우리말로 '대의 정부'라 흔히 번역되는 이 용어의 실제 표현은 representative government로 '대표자 정부'가 더 정확한 번역이다. 이를 이해해야 마냉의 이론을 이해할 수 있다.

들이 철저한 자신감과 확신을 가지고 '우리 인민'을 말하지 않는 현대 대의 정부를 정확하게 그리고 있는 것은 아니"라고 주장한다. 마냉이 말한 것처럼 우리가 알고 있듯 대의 정부는 통치자와 피통치자 간의 '간극'을 개방적으로 남겨 놓고 있다. 그리하여 대표자들을 통해 대의됨에도 불구하고, 인민은 외부에 남아 때때로 "통치하는 자들과 분리되어 말할 수 있는 능력을 지닌 하나의 정치적 존재로서 자신들을 표출한다"(Manin 1997: 174; 또한 Pitkin 1967도 참조).

그렇다면, 현대 대의민주주의의 주권 인민을 이 결집체가/그들이[it/they] 정기적으로 선출하는[elects/elect] 대표자들과 구분된다고 보는 입장, [평상시에는] 부재한 예비적 권위이지만 그 존재를 느끼게 만들 수 있는 능력을 지닌 존재로서 보는 입장은 여전히 필요한 것처럼 보인다. 두 가지 상반된 입장이 가능하다. 하나는 인민을 개인주의 관점에서 이해하는 방식이며, 다른 하나는 좀더 결속된 관점에서 바라보는 것이다. 앞의 입장을 따르면, 인민은 주민 전원 투표라는 수단을 통하여 직접적으로 자신들의 주권을 행사할 수 있다. 뒤의 입장을 따르면, 심의의 절차를 통해서 결속된 인민의 의지에 이를 수 있다. 주권 인민을 [정치적 실천을 통해] 현존하게 만드는 방식으로서 이 두 방안은 각각 자체의 문제들을 지니고 있다. 이 양자의 경로를 따라가다 보면, 주권 인민으로 간주할 수 있는 존재가 **가끔씩** 모습을 드러내는 일과 활동적인 주권의 개념에 필요해 보이는 일상적 제도화의 사이에 간극이 존재함을 알 수 있다.

인민이 결정하게 하라! 주민 전원 투표와 인민 주권

현대 민주정체들에 사는 시민들에게 인민 주권의 행사가 어떤 의미냐고 묻는다면, 많은 시민들이 주민 전원 투표와 일반적으로 '직접민주주의'라는 이름 아래 행해지는 다른 실천적 방법들을 지적할 것이다. 그리고 (분리독립이나 혹은 병합, 주요 헌법 개정과 같이) 국가의 장래와 관련해 어떤 중요한 결정을 해야 하는 상황에 처하게 되면 자연스럽게 인민이 결정해야만 한다고 말하는 것을 볼 수 있을 것이다. 이 말은 이런 결정이 우리 유권자의 다수에 의해 이루어져야 한다는 것을 의미한다. 대중영합적 선동가들만이 이런 투표의 결과가 주권 인민의 결정으로 여겨질 수 있다고 가정하는 것은 아니다. 이 절의 목적은 이런 가정이 수긍할 만한 것인지를 고려해 보는 것이다.

주민 전원 투표는 선거만큼이나 다른 모양새와 형식으로 도입될 수 있으며 그 모든 방식이 민주적인 것은 아니다. 유럽의 경우 나폴레옹에서 히틀러에 이르는 독재자들이 써먹은 조작된 주민 전원 투표로 인해 직접 투표는 20세기 후반에 이르도록 많은 지역에서 나쁜 평판을 들었다. 그러나 최근의 몇 십 년 동안 헌정적 쟁점들과 관련된 주민 전원 투표가 점점 더 일상화되고 있고, 온라인 투표와 같은 새로운 기술적 발전으로 인해 고양된 다른 형식의 직접민주주의에 대한 관심이 확산되고 있다(budge 1996). 미국은 아주 긴 직접 투표의 역사를 지니고 있다. 비록 국가적 차원에서 이뤄지는 주민 전원 투표에 대한 헌법 조항은 없지만, (캘리포니아를 필두로 한) 일부 주들은, 그 어떤 조직이라도 충분한 수의 서명을 받는다면 자신들의 입법 제안을 투표에 부칠 수 있는 주민 발안에 익숙해져 있다. 직접민주주의의 고향이 스위스임에는 논란의 여지가 없다. 스위스의 시민들은 발안을 통해 제안된 새로운 법과 헌법 개정을 두고 지속적으로 투표하고 있다(Butler and Ranny 1994; Magleby 1984; Kobach 1993).

여기서 우리의 관심은 직접민주주의에 대한 찬반이 아니라 다음과 같이 좀더 제한된 질문이다. "직접민주주의의 실행은 주권 인민에 의한 행동과 동등한 것인가?" 이런 동일화는 광범위하게 [당연한 것으로] 가정되고 있으며 매우 명료한 것처럼 보인다(Bogdanor 1994: 24). 스위스는 최근에 있었던 인민 투표의 결과를 발표할 때 "스위스의 주권자들이 다음과 같은 제안들을 받아들였다(혹은 거절했다)"는 형식을 취했다(Linder 1994: 91). 그러나 이런 후자의 설명 방식은 겉으로 보이는 것처럼 그렇게 간단한 것이 아니다. 우리가 앞서 언급한 법적 주권과 인민의 '구성' 주권 간의 구분을 떠올려 본다면 쉽게 이를 알 수 있을 것이다. **법적** 주권은 다른 곳에서 기각될 수 없는 권위 있는 판단을 제공함으로써 논란을 해결하는 절차를 마련하는 것과 관련된 문제다. 현대 민주주의에서 이런 최종적 판결은 스위스에서 볼 수 있는 것과 같이 일종의 인민 투표a popular vote를 통해 공표될 수도 있을 것이다(Kobach 1993: 41). 그러나 대안적으로 보면, 영국에서 전통적으로 행해지듯이 의회에서 여왕의 행위를 통해 이런 판결을 내릴 수도 있으며 미국에서처럼 대법원이 해석하는 헌법에 근거해 이루어질 수도 있다.

다시 말해 제도적 관점에서 보자면, 주민 전원 투표와 주민 발안은 다양한 자유민주정체들 내부에서 질서 있게 정사political affairs를 수행하기 위해 사용하는 일련의 장치이다. 다른 절차들처럼 주민 전원 투표와 주민 발안은 장점과 단점을 지니고 있으며 주권 인민에 의한 행위라는 이 개념을 별달리 언급하지 않고도 고려할 수 있는 것들이다. 직접민주주의를 두고 일어나는 대부분의 학술 논의는 사실상 이런 실용적이고 절차적인 관점에서 수행된다(예를 들어 Saward 1998을 보라). 이런 논의들에서 인민 주권 개념을 완전히 배제할 수 있는가는 의문이지만, 그럼에도 (대중영합적이고 상식적인 가정들과는 대조적으로) 주민 전원 투표의 권위 있는 결과와 인민 주권의 결정이 서로 동등한 것일 필요는 없다는 점은 매우 분명하다.

그렇다면 왜 그럴 필요가 없는 것일까? 어떤 것들이 인민이 내리는 결정과 연관될 수 있는 것일까? 우리가 지금껏 보아 왔듯 주권 인민의 개념은 모호한 이중적 측면을 지니고 있다. 주권 인민은 구체적 개인들로서 인민을 의미하기도 하고, 한편으로 구체적 개인들이 구성원이 되어 지속하는 집단적 결속체로서 인민을 의미하기도 한다. 주민 전원 투표의 결과가 주권 인민의 결정이라고 말하는 것은, 개인 투표의 단순한 [결과] 기록 그 이상의 일이 있어났다고 주장하는 것이다. 이런 주장은 지속적이며, 결속되어 있는, 그러나 평상시에는 부재한 인민이 구체적 개별 사람들이 행한 투표 속에서 현존을 드러낸다는 의미이며, 또한 다수자 결정majority decision[19]에서 그러한 표들이 합쳐져, 패자들뿐만이 아니라 미래 세대 인민의 구성원들까지 속박하며 전체 인민의 선택을 전한다는 의미다. 우리가 어떤 혹은 모든 주민 전원 투표를 이런 관점들로 설명할 수 있다고 간단히 가정할 수는 없다. 오히려 특정 조건하에서 행해진 주민 전원 투표를 주권 인민이 선택하는 행위로 설명하는 것이 좀더 설득력이 있다. 한편으로, 이런 [상황과 조건에 따라] 수긍할 수 있는 정도에 차이가 있다는 사실은 주권 인민에 의한 행위라는 개념이 의미가 없는 것이 아님을 보여 준다. 반대로, 이는 직접민주주의 제도가 이런 행위를 전달하는 데 있어 흠잡을 데 없는 수단이 아님을 보여 주기도 한다.

그렇다면, 우리는 무엇을 근거로 특정 주민 전원 투표의 결과가 주권 인민이 내린 결정과 동등한 것이라는 주장이 더 혹은 덜 수긍할 만한 것임을 구분할 수 있을까? 이에 적합한 요소는 무엇인가? 이러한 질문들에 가

---

19) **[원주]** 스위스의 경우를 보면, 개별 투표와 스위스 연방을 구성하는 칸톤(Kanton)에서 이중 다수(double majority)를 차지해야 한다.

장 쉽사리 접근하는 방식은 이런 주장의 타당성을 약화시키는 조건들을 구체적으로 제시하는 것이다. 경계들과 집단적 정체성이 이와 가장 명백하게 관련되어 있다.

① **유권자들은 하나의 인민인가?** 정체의 경계들이 역사적으로 우연하게 확정되었다 할지라도, 정치가들과 이론가들은 대개 편리하게도, 이 경계들을 당연한 것으로 받아들이고 이 경계들이 하나의 정치 공동체, 즉 하나의 인민을 포함하고 있다고 가정한다. 그러나 반드시 그런 것만은 아니며, 어떤 사례들을 보면 전혀 그렇지 않다. 이런 사례들은 민주정치가 하나의 결속된 인민을 필요로 한다는 강력한 주장에 이르는데, 하나가 아닌 두 개의 인민이 존재하는 곳, 특히 둘 중 하나의 인민이 정체 내에 존재하는 경계들을 받아들이지 않는 곳에서 어떤 일이 일어날 수 있는지를 보여줌으로써 강력한 주장이 된다. 이런 상황하에 열리는 주민 전원 투표가 인민의 결정을 전하고 권위 있는 해결책을 제공할 것이라 기대할 수는 없다. 그 전형적인 예가 1973년 북아일랜드에서 있었던 국경 관련 투표border poll였다. (영국에 충실한) 프로테스탄트 **통합주의자들**Protestant Unionists과 (북부가 여전히 아일랜드 독립 공화국에 속하지 않고 영국령으로 남아 있는 상태의 아일랜드 분리독립을 절대 받아들일 수 없었던) 가톨릭 **민족주의자들**Catholic Nationalists 간에 충돌[20]이 일어나자, 영국 정부는 이를 '북아일랜드 인민'의 결정에 맡겨 문제를 풀고자 시도했다. 이 주민 전원 투표의 결과는 98.9%

---

20) 1920년 일어난 아일랜드 분립은, 아일랜드가 영국령의 북부 아일랜드와 독립된 아일랜드 공화국으로 분리된 것을 말한다. 북부 아일랜드 내부에서 프로테스탄트 통합주의자들은 영국과의 통합을 주장했던 반면, 분리독립을 주장했던 가톨릭 민족주의자들은 아일랜드 독립 공화국에 북부가 합류해서 완전한 아일랜드의 독립을 이루어야 한다고 주장했다. 이런 대립은 결국 아일랜드 주권(Irish sovereignty) 문제로 논란이 되었고, 급기야는 정치적 충돌로까

라는 엄청난 수치로 영국 내에 남는 것이었고, 통합주의자들은 이런 결정을 주권 인민의 의지가 명백히 표현된 것이라며 축배를 들었다. 이런 결정이 상당한 힘과 내구성을 지니고 있던 집단적 결속체로서 **통합주의자** 인민의 의지임은 의심할 여지가 없다. 그러나 이런 압승은 착시적인 것으로, 소수파인 가톨릭 **민족주의자** 인민이 대거 투표에 불참한 결과였다. 이들은 투표에서 압도적으로 질 것을 알고 있었을 뿐만 아니라 정체와 유권자의 경계가 그들 인민을 나누어 놓았기 때문에 이런 투표 결과의 유효성에 이의를 제기했다. 이들은 투표를 하지 않음으로써 자신들의 집단의지를 표시했다(Butler and Ranney 1978: 212).

이런 경계와 관련된 쟁점들은 주민 전원 투표의 결과를 주권 인민이 내린 결정으로 여기자는 주장의 타당성을 약화시킬 수 있는 조건 중 가장 확고한 증거를 제공하는 듯하다. 그러나 이 외에도 많은 다른 타당한 조건들도 있으며, 아래의 예도 이에 포함된다.

② **협박, 부패, 조작**. 심지어 99%에 이르는 만장일치의 결정조차도 만약 유권자들이 찬성하도록 강제되었다거나 찬성표를 던지도록 뇌물을 받았다면 타당성이 없는 것이다. 그리고 이런 노골적인 왜곡이 없다고 할지라도, 강력한 이익 집단들이 주민 전원 투표를 왜곡시켜 이런 결과를 주권 인민이 지지한 증거로 제시할 수도 있을 것이다. 정부가 자기의 목적에 부합하도록 주민 전원 투표 시기를 선택하고 자기 이익에 맞는 질문을 선정한 경우에, 주민 전원 투표의 결과가 정부의 의도대로 나왔다면 그 정당성

지 불거졌다. 이에 1973년 영국 정부는 문제를 해결하기 위해 북부 아일랜드 주민 전체의 의사를 묻는 주민 전원 투표를 실시했다. Senia Pašeta, *Modern Ireland*, Oxford: Oxford University Press, 2003은 이 과정을 아주 간결하고 깔끔하게 다루고 있다.

을 의심해 보아야 한다(비록 현대 민주정체들에서는 주민 전원 투표 결과가 정부의 의도대로 나오지 않을 수도 있지만 말이다). 심지어 공식적인 통제를 벗어나 시민들이 행하는 주민 발안조차도 반드시 풀뿌리 민주주의의 순수한 발현이라 여길 수 있는 것도 아니다. 캘리포니아의 직접민주주의는 필요한 자금을 지니고 있는 이들에게 직업적인 서명 수집과 의제를 만들고 홍보하는 전문지식을 제공하며 주민 발안이라는 번영하는 산업을 길러 내 왔다. 이런 일의 효과를 두고 실시한 데이비드 매글비[21]의 연구는 엄청난 자금 지출이 주민 발안의 성공을 긍정적으로 보장할 수 없는 반면 부정적인 효과는 훨씬 더 크게 일으키기 쉬움을 보여 준다. 예를 들어 어떤 하나의 주민 발안을 무너뜨리기 위해 사용된 자금은 그 비용만큼 효율적이었다(Magleby 1984: 147; 또한 Kobach 1993: 241~243도 참조). 이런 수단을 통한 조작이 성공적이라는 증거를 보면, 인민이 진정으로 자신의 의사를 밝혀 왔던 것인지 의심이 든다.

③ **인민의 무관심과 혼동**. 제임스 피시킨[22]은 (1978년 댈러스에서 지역 차원에서 실시되었던) 등록 유권자들 가운데 단지 2.1%만이 참여했던 주민 전원 투표를 언급한다(Fishkin 1991: 58). 아무리 헌신적인 대중영합주의자들이라 할지라도 미약한 속삭임 속에서 인민의 목소리를 듣는 일이 어려움을 알 것이다. 그러므로 결과 수준은 유의미한 고려 사항이다. 투표를 한 많은 사람들이 자신이 투표한 사안의 내용이 무엇인지 모른다는 증거는 유사한 함의를 지니고 있다. 투표 안건들은 때때로 혼란스럽게 짜여

---

21) 데이비드 매글비(David Magleby, 1949~)는 브리검영대학교 정치학과에서 석좌교수로 재직 중이며, 직접민주주의와 선거 홍보에 관련된 연구로 알려져 있다.

22) 제임스 피시킨(James Fishkin, 1948~)은 현재 스탠퍼드대학교 정치학과 교수이자 동 대학교의 심의민주주의 연구소 소장이기도 하다

있어, [어떤 경우] 한 법령에 긍정적인 지지를 표시하기 위해 유권자들이 의무적으로 '아니오'에 표를 던지도록 되어 있고, 이로 인해 결과적으로 유권자들이 무심코 자신이 의도하지 않은 쪽에 투표를 한다는 증거가 있다(Magleby 1984: 141~144).

④ **혼란스런 메시지.** 최근 수십 년 동안 민주주의를 연구하는 이들은 합리적 선택 이론가들이 밝혀낸 투표의 역설들에 맞서기 위해 엄청난 노력을 기울여 왔다. 투표의 역설들은 집단적 결정을 내리기 위해 개인들의 선택이 함께 모였을 때 생겨난다. 가능한 대안들 가운데 각 유권자들의 선호는 매우 합리적이며 일관성이 있지만, 이런 선호들이 합쳐졌을 때 각 개인의 선호는 자의적이고 일관적이지 못한 결과를 양산해 낸다. 잘 알려져 있는 바대로 윌리엄 라이커[William Riker]는 대중영합주의 또는 선거에서 투표의 요점은 인민의 의지를 밝혀내고 이를 공표하기 위한 것이라는 교조적 신념을 공격하기 위해 이 합리적 선택 이론을 활용했다(Riker 1982: xviii). 라이커가 내세운 주장을 두고 매우 섬세하면서도 기술적인 논의가 있었다(이런 논의는 Budge 1996; Weale 1999에 요약돼 있다). 그가 관심을 기울였던 선거와는 대조적으로 주민 전원 투표는 이런 종류의 공격에 덜 취약한 편이다. 그 이유는 주민 전원 투표가 그 성격상 개인의 선택과 집단적 결과의 관계를 투명하게 만들고자 유권자의 선택 사항을 두 가지로 제한하기 때문이다(Riker 1982: 59~60; Budge 1996: 148). 그러나 좀 종류가 다른 비일관성들이 일련의 주민 전원 투표 혹은 주민 발안에서 생겨날 수 있다. 어떤 주민 전원 투표는 같은 사안을 두고 서로 다른 입장이 나오는 비일관성을 만들어 내는데, 예를 들어서 비용이 많이 드는 정책은 인가하면서도 이에 드는 재원을 마련하기 위한 세금은 투표를 통해 거부하는 것이다.

다른 종류의 혼란스러운 메시지가 한 투표에서 나올 수도 있다. 일부 민감한 쟁점들을 두고 벌어지는 공방이 치열한 선거전은, 중요 쟁점들을 둘러싸고 광범위한 인민의 관심과 인식을 불러일으킨다. 그러나 이런 선거에서 드러난 다수결의 결과가 쟁점에 대한 결론이라고 받아들이기에는 그 표차가 너무 적은 수많은 사례들이 있었다. 만약 이를 두고 인민이 의사를 표시했다고 한다면, 끝이 둘로 갈라진 혀로 그렇게 말한 것이나 다름없다. 많은 사람들이 중요한 안건에는 관심을 거의 기울이지 않은 채 정부를 응징하려는 기회를 쥐려고만 하는 곳에서는 그 결과가 더 심하게 모호한 경우도 수없이 많다(Franklin et al. 1995). 물론 [안건을 무시하고 정부를 응징하기 위한] 네거티브 투표 자체가 인민이 내리는 진정한 결정에 이르게 될 것이라 주장할 수도 있겠지만 심지어 그마저도 당연한 것으로 받아들일 수는 없다. 스위스의 직접민주주의에서 꾸준히 나타나는 특징 중 하나는 '아니라고 말하는 사람'neinsager의 투표이다. 이는 상당한 비율을 차지하는 시민들이 어떤 안건이 제안되든지 일단 일률적으로 반대하고 보는 투표 성향을 말한다(Kobach 1993: 88; 또한 Butler and Ranny 1994: 172도 참조).

요약하자면, 편리한 의사 결정 절차로서 직접민주주의의 장점이 무엇이든 간에 그 결과를 주권 인민이 내린 결정으로 여기는 데 있어 주의해야 할 많은 이유들이 있다. 그러나 이런 결론의 함의는 첫눈에 보이는 것보다 훨씬 더 흥미로우며 덜 부정적이다. 우리가 [주민 전원 투표의 결과가 인민이 내린 결정이라는] 그런 해석을 배제할 수 있는 기반을 가지고 있다는 그 사실은 우리가 좀더 타당한 경우와 좀 덜 타당한 경우를 구별할 수 있음을 보여 준다. 다시 말해, 우리는 어떤 것이 인민의 진정한 결정인지 알고 있는 듯하다. 우리가 지금까지 살펴보았던 부정적 요소들을 뒤집어서 요약해 보자면, 주권 인민의 목소리를 들으라는 주장이 다음과 같은 조건 속에서 가장 타당성을 갖는다고 말할 수 있다. 정치 공동체[23]를 형성하려는 확고한 이해를 지닌 전체 유권자 집단이 광범위하게 이해하는 주제를 두고 자유로우며 부패 없는 투표에 참여해야 하고 이 유권자가 일반 공중을 드높게 부각시켜야 한다는 것이다. 안건들은 명확하게 표현되어야 하며, 편견에서 자유로워야 하고, 투표 참여율이 높을 뿐만 아니라, 다수가 압도적이어야 한다. 상당한 수준의 공적 토론과 정치적 동원 없이는 이런 조건들을 맞출 수가 없다. 이를 통해 개인 유권자들은 인민의 구성원으로서 서로가 공유하는 선택에 참여하고 있음을 알게 된다. 이런 종류의 주민 전원 투표는 그 결과에 정당성이 부여되는 주목할 만한 정치적 사건이며, 아주 드물게 (대개의 경우 국가의 독립과 관련된 투표에서) 이와 비슷한 일이 일어날 때(Butler and Ranny 1978: 8)[24] 우리는 주권 인민이 그 모습을 드러냈으며 행위하고 있다고 말할 수 있다.

그러나 이런 일이 일어난다면, 이는 주민 전원 투표 절차 때문이 아니라 주민 전원 투표를 둘러싸고 일어난 인민 동원 때문이다. 비록 하나의 결속된 인민이 때때로 개별 사람들의 투표를 통해 스스로를 표출할 수 있다 할지라도, 그 어떤 절차도 이를 보장할 수는 없다. 물론 주민 전원 투표와 주민 발안은 실용적인 기반에서 방어될 수 있다(Budge 1996). 그러나 유권자들에게 쟁점을 부여하는 일이 정치를 주권 인민에게 돌려주는 일이라는 대중영합적 주장은 잘못된 것이며, 우리는 이런 주장이 왜 잘못된

23) **[원주]** 우리가 3장에서 보았듯이 민족이 그 전형적인 형태이지만 반드시 그럴 필요는 없다.
24) **[원주]** 비록 2002년이긴 하지만, 지브롤터(Gibraltar)에서 있었던 주민 전원 투표에서는 88%의 투표율에, 영국과 연계된 현재의 영토를 그대로 유지하자는 입장이 98%를 기록했다.

것인지 분명히 밝혀야만 한다. 문제는 (라이커는 이렇게 말할 수도 있겠지만) 주권 인민이라는 전체 개념이 의미 없다는 것이 아니며, (야크가 주장하듯이) 주권 인민이 단지 하나의 추상체로서 의미를 갖는다는 것도 아니다. 진실은 이 각각의 두 주장보다 훨씬 더 혼란스럽고 복잡하다. 한편에서 보면, 결속된 인민은 때때로 추상적 집단 그 이상이 될 수 있으며 강력한 정치 현상을 만들어 내며 모습을 드러낼 수 있는 존재로 보이기 때문이다. 다른 한편에서 보면, 주민 전원 투표와 같은 절차들이 때때로 터져 나오는 정치적 에너지의 폭발이 흐름을 탈 수 있는 편리한 통로를 제공하는 반면, 그렇다고 하여 이런 절차들이 인민의 목소리를 잡아내거나 제도화시키는 데 있어 의존할 만한 것도 아닌 듯하다.

우리는 직접민주주의의 실천 속에서 주권 인민을 찾는 동안, 주권 인민이 현실에 완전히 부재하는 것이 아니라 명확하게 찾아내기 힘든 존재임을 알 수 있었다. 게다가 우리는 인민 주권이 현존한다면, 그것은 개인들을 사로잡는 동원된 공중의 맥락에 있다는 것도 알게 되었다. 바로 여기에, 인민과 집단적 선택을 두고 우리가 지금껏 살펴보았던 개인주의적이고 절차주의적인 접근법과는 전혀 다른 또 하나의 사고방식, 다시 말해 루소에서 나온 이상주의적 전통과의 친화력이 있어 보인다. 루소의 이상주의 전통은 '심의민주주의'의 형식으로 최근에 다시 활성화되었는데, 다음 절에서는 주권 인민이 이런 관점 내에서 가장 잘 이해될 수 있는 것인지 고려해 보고자 한다.

인민이 말하게 하라! 인민 주권과 심의

피시컨에 따르면 주민 전원 투표의 문제는, 민주주의의 임무가 "인민들이 자신들이 행사하는 권력에 대해 생각할 수 있는 조건하에서 인민들에게 권력을 되돌려 주는 것"(Fishkin 1991: 1)인 반면, 주민 전원 투표는 "공중이 아닌 인민"a people who are not a public(Fishkin 1995: 23)에 의한 결정에 이르게 된다는 것이다. 피시킨의 해결책은 자신이 '심의 여론조사'deliberative opinion poll라 부르는 것으로, 유권자 중 대표 표본을 추출하여 정보가 가용한 환경 아래 이들을 모아 쟁점을 두고 논의하게 한 다음, 투표를 통해 이들이 논의의 결론을 맺게 하는 것이다. 피시킨은 일반적인 여론조사와는 대조적으로 이런 종류의 여론조사는 정당성을 갖는다고 주장하는데, 이 여론조사에서는 모든 사람들이 쟁점과 관련된 정보를 지니고 논의할 수 있는 기회를 갖는 동안 인민이 생각**할 수 있는 것**을 내보이기 때문이다(Fishkin 1991: 81). 이런 주장에서는 모든 이들의 의지the will of all와 일반의지the general will를 대조시킨 루소의 메아리를 쉽사리 들을 수 있다. 이는 놀라운 일이 아니다. 비록 당대의 심의민주주의에 대한 논의들이 루소의 이론과는 중요한 측면에서 다르지만, 그의 정신은 이런 문헌들에서 드러나고 있다. 그러므로 루소의 입장에서 시작한다면 중요한 쟁점들을 명확히 하는 데 도움이 될 것이다.

루소의 인민 주권 이론은 복잡하고 다면적이다. 비록 루소의 유산이 자코뱅 집단주의Jacobin collectivism(및 심지어 '전체주의적 민주주의'totalitarian democracy)와 관련되어 왔지만(Talmon 1952), 루소는 사회계약 이론 전통의 계승자일 뿐만 아니라(Derathe 1950) 인민의 개인적 측면과 집단적 측면을 합치는 데 있어 생겨나는 문제점에 상당히 관심을 기울였다. 게다가 루소는 추상적인 주권 인민을 정치에 현존하게 만들고자 했던 공화주의적 열망을 지니고 있었다. 루소의 이론 내에서는 [개인적 측면과 집단적 측면의] 화해가, 공공선을 지향하고 이상적으로 정당한 것일 뿐만 아니라 동시에 (개인들로서 그리고 직접 모여든 결집체로서) 인민이 발휘하고자 하는 일반의지volonté générale라는 수단을 통해 이뤄진다. 하지만 원칙적으로 일반의지는 하나의 결속된 인민의 의지로서 정치적 삶의 문제에 대한 이상적인 합리적 해결책을 통합해 만들어 내야 하지만, 루소는 인민 스스로가 이런 화해의 솜씨를 발휘할 수 있을지는 미심쩍어했다(Rousseau 1987: 162) 이런 맥락에서 입법자lawgiver[25]라는 루소의 발상이 등장하는데 이 입법자는 일반의지가 무엇인지 알 수 있을 만큼 충분히 계몽된, 그리고 개별 시민들이 일반의지를 지향하는 조화로운 인민이 되게끔 할 수 있는 충분한 카리스마를 지닌 이다. 루소는 입법자가 "[그 자체로 온전하면서도 고독한 전체인—지은이] 각 개인들을 더 큰 전체의 부분으로 탈바꿈시킬 수 있다"고 말한다(Rousseau 1987: 163).

당대의 심의민주주의 이론들은 어떤 방식에서 보자면 루소의 이론을 개선시킨 것으로 볼 수 있다. 가장 중요한 차이는 이 전체 그림에서 입법자가 사라졌다는 점이다(혹은 보이지 않는 곳으로 물러났다고도 할 수 있다). 루소는 입법자들이, 상호 충돌하는 이익에 대한 계몽된 해결책 마련과 그 과정 뒤에서 인민의 합의를 형성하는 일 두 가지를 해야 한다고 보았는데, 이런 일들은 여전히 해야만 하는 일이다. 그러나 이제 인민은 이런 일들을 심의라는 수단을 통해 그들 스스로 해야 한다. 지난 20여 년 동안 심의민주주의와 관련해 많은 그리고 매우 섬세한 문헌들이 등장했는데 이 문헌들은 서로 다른 사안을 다루고 있다. 일부 이론가들은 집단 인민 의지의 성취라는 열망을 잘못 인식된 것으로 여기며, 결속된 인민의 의

25) 루소의 입법자는 법률 입안자(lawmaker)와 전혀 다른 개념이다. 무엇보다 입법자는 일반의지를 고려하며 법을 제정하지만 단순히 법률을 만드는 기술자인 법률 입안자는 근시적인 이익에 근거해 법을 만든다.

지를 이루는 문제보다 계몽된 의사 결정이라는 쟁점에 더 많은 관심을 기울이고 있다(예를 들어 Knight and Johnson 1994: 284). 그러나 심의민주주의가 지향하는 목적 중 하나가 주권 인민의 의지를 드러내는 것이라 자주 가정되고 있고(예를 들어 Bohman and Rehg 1997: ix), 심의의 실천이 그 자체로 개인들을 시민 결집체의 부분으로 탈바꿈시키는 루소의 작업과 유사한 일을 달성할 수 있다고 가정되고 있다. 개인적 견해와 이익을 가지고 토론에 참여하는 동안 우리는 다른 이들도 자신의 관점을 지니고 있음을 알게 되며 그들을 설득하기 위해서는 우리가 일반적인 이익과 원칙에 호소해야만 함을 알게 된다. 우리들은 이 과정에서 데이비드 밀러가 '공적 토론의 도덕적 효과'the moralizing effect of public discussion라 부르는 것을 경험한다(Miller 1993: 83; 또한 Cohen 1997: 77; Warren 2002: 183, 186도 참조).

이 이론에 따르면, 공적 심의에 지속적으로 참여하는 일은 연루된 사람들 사이에 공통의 업무로 맞물린 정치 공동체에 대한 소속감을 만들어낸다(Miller 1993: 83; Cohen 1998: 222; Barber 1984: 133~152). 루소처럼, 심의민주주의자들은 심의의 이상적 목표인 합의가 만장일치를 낼 개연성이 낮으며 투표에도 그 역할이 있음을 인정한다. 그러나 루소의 이론에서처럼 심의 과정을 마무리하는 다수의 결정은 서로 충돌하는 개인들의 의지의 임의적인 총합 그 이상으로 받아들여지며, 다수의 주장이 갖는 힘을 드러내는 증거로 여겨진다(Manin 1987: 359; Cohen 1997: 75; Rousseau 1987: 206). 낙관주의자들은 이런 "집단의지를 형성"(Manin 1987: 355)하는 가운데 혹은 "공동의 의도"(Richardson 1997: 377)를 형성하는 가운데 계몽되고 결속된 인민이 진정한 자기 결정을 내리길 바란다.

그렇다면 이런 희망은 얼마나 현실적인 것일까? 지금 현재 우리가 지향하는 목적을 위해 계몽의 문제는 잠시 제쳐 두자. 여기서 우리가 관심을 기울이는 것은 일반적인 심의민주주의에 대한 찬반의 문제가 아니라(Bohman and Rehg 1997; Elster 1998을 보라) 심의 과정이 행위하는 주권 인민을 명확하게 내보일 수 있는가라는 구체적인 질문이다. 여기서 훨씬 어려운 문제는, 우리가 논한 주민 전원 투표와 비교해 볼 때, 무엇을 심의가 실행된 예로 간주할 것인지 밝히기 어렵다는 데 있다. 일부 옹호자들에게 심의민주주의는, 우리가 익숙한 자유민주주의 정치와는 매우 다른 급진적인 이상이다(Dryzek 2000; Barber 1984). 하버마스로 대표되는 이들은 서구 민주주의 실천 속에 심의민주주의가 이미 어느 정도 존재하고 있다고 본다.

하버마스의 이론 내에서 인민 주권의 개념을 보면, 인민 주권은 잠깐 동안 그 모습을 드러내고 오롯이 자유민주정치의 복잡한 절차들 속으로 다시 모습을 감추는 것이다. 하버마스는 프랑스 혁명의 유산을 숙고하는 한 에세이에서, 프랑스 혁명이 남긴 유산의 일부인 집단주의적 관점에서 인민 주권을 바라보길 명백하게 거부한다.

> 정부가 지니는 모든 권위를 끌어낼 수 있는 인민은, 의지와 의식을 가진 하나의 주체를 구성하지 않는다. 인민은 단지 복수the plural로 모습을 드러내며, 이들은 하나의 인민**으로서** 결정을 내릴 능력도 전체로서 행동할 능력도 없다(Habermas 1996b: 469).

이런 맥락에서, 다른 문헌을 통해 하버마스는 의지를 지닌 하나의 '자아'self 혹은 '주체'subject로서 주권 인민의 어떠한 '화신'embodiment도 거부한다. '심의민주주의의 성공'이 집단적으로 행동하는 시민들이 아니라, 의사

소통과 상응하는 절차와 조건의 제도화에 기대는 "[권력이] **분산된 사회**"decentered society에 있다는 하버마스의 말은 엄청나게 개인주의적인 것으로 들린다(Habermas 1994: 7). 흥미롭게도 하버마스는, "인민 주권이라는 개념과 연결되어 있는 직관" 및 인민 주권이 연루되어 있는 "의사소통적으로 만들어진 권력"을 "비하하려는" 어떤 의도도 없다고 밝힌다. 그러나 하버마스가 제시한 인민 주권은 현대 민주정체의 작동에 기여하는 복잡한 공적 제도, 절차, 실행, 담론 전반에서 분리되어 떠돌고 있으며 흩어져 있다(Habermas 1994: 10; 1996: 486). 그럼에도 야크의 정당한 추상적 존재로서 인민관과 비교해 본다면, 상대적으로 하버마스의 관점은 실제적이다. 하버마스의 '절차화된'proceduralized 관점이 개인들 및 집단들이 공공의견, 정책, 법 제정의 형성에 기여하는 일을 가능하게 만드는 메커니즘과 연결되어 있기 때문이다. 이 관점은, 프랭크 I. 미켈먼이, "일부 사실적인 측면에서, 한 국가의 인민이 그 국가의 근본적인 법률을 제정하는 지속적인 사회적 프로젝트"ongoing social project of authorship[26]라 부르는, 행위하는 인민으로 실제로 인정할 만한 모든 것들을 배제한다(Michelman 1997: 147).

이 더 강력한 인민 주권관은 급진적인 심의민주주의자들에게 특히 호소력이 있다. 벤저민 바버[27]의 영향력 있는 '강한 민주주의'strong democ-

---

26) 미켈먼이 헌법의 저작권(constitutional authorship)이라 부르며 논의하고 있는 것이다. Frank I. Michelman, "Constitutional Authorship", ed. Larry Alexander, *Constitutionalism: Philosophical Foundations*, Cambridge: Cambridge University Press, 1998, pp. 64~98을 참고하라. 헌정주의 분야에서 반드시 읽어야 할 필수적인 논문이다. 미켈먼은 현재 하버드 법대 명예교수로 재직 중이다.

27) 벤저민 바버(Benjamin Barber, 1939~)는 미국의 정치 이론가로서 『지하드 대 맥월드』(*Jihad vs. McWorld*, New York: Ballantine Books, 1996)라는 저서로 널리 알려져 있다. 강한 민주주의를 만드는 기반으로서 시민 사회와 시민권의 역할을 강조했다.

racy라는 입장에서 보면, 심의의 요점은 시민들이 집단적으로 세계를 바꾸기 위해 행동할 수 있는 기반인 공통의 의지를 형성하는 것이다. 바버는 이론과 실천의 간극을 넘어서고자 노력하며, 대의제를 보완할 수 있고 개인들을 정치 공동체의 활동적인 구성원으로 탈바꿈시킬 수 있는 총제적인 참여 기구들을 위한 제안들—일주일에 한 차례씩 열리는 이웃 공동체 민회들neighbourhood assemblies을 포함한다—을 덧붙였다(Barber 1984). 바버가 내놓은 제안들은, 많은 심의민주주의자들이 제안하는 추상적인 논의와는 달리 매우 구체적이다. 하지만 우리는 오히려 이런 구체적인 제안들을 통해 왜 심의민주주의가 주권 인민을 현존하게 만드는 방식으로서 주민 전원 투표 민주주의 그 이상 신뢰할 만한 것이 아닌지 분명하게 볼 수 있다. 그 이유는 명백한데, 개인들에게 심의 공동체의 일부가 될 수 있는 기회를 제공하는 일이, 그 자체로는 주간 모임에 참가하고 올바른 정신을 갖도록 개인들을 유도할 수 없을 뿐만 아니라, 자신들이 공통의 노력을 하고 있는 일부라고 느끼도록 유도할 수도 없기 때문이다. '직접'민주주의와 마찬가지로 심의민주주의에서도 생략되어 있는 연결고리는, 비록 드물게 일어나긴 하지만, 그 자체만으로도 인민을 현존할 수 있게 만드는 집단 동원이다. 아마도 이런 연결고리의 부재는 활동적인 주권 인민이라는 입장에 회의를 불러일으키는 이유가 될 수도 있을 것이다. 그러나 그런 인민의 일상적 부재와 드문 현존, 양자 모두를 함께 취하고자 심오한 노력을 기울여 온 이론가가 있다. 그가 바로 브루스 애커먼[28]이다.

애커먼은 『우리 인민』*We the People*, 1991에서 미국의 역사적 경험에 관심

---

28) 브루스 애커먼(Bruce Ackerman, 1943~)은 현재 예일 법대 교수로 재직 중인 세계적인 법학자로, 헌법이라는 상위법 제정에서 인민의 지위를 공고히 하는 데 크게 기여했다.

을 두는데, 특히 헌법적 연속성과 예외적인 인민 동원으로 인해 체제 변화가 있었던 드문 위기들 사이의 상호작용에 관심을 기울인다. 그는 미국 헌법의 정신을 '이중적 민주주의'dual democracy로 특징짓는다. '일상 정치'normal politics가 이뤄지는 이 긴 기간 동안에는 인민이 선출한 정부가 인민을 위해 헌법의 틀 내에서 의사 결정을 행한다. 그러나 애커먼은, 심각하게 헌법을 변경하는 '상위법 제정'의 시기가 있으며 이 기간 동안에는 '미국 인민'이 결정적인 판결을 내린다고 보아도 좋다고 주장한다(Ackerman 1991: 6, 266; 1998: 5). 이런 순간은 드물게 일어나는데, 대다수 사람들이 대부분의 시간 동안 정치에 깊이 관여하지 않은 상태에 있기 때문이다(Ackerman 1991: 299; 1998: 6). 그러나 가끔씩 어떤 쟁점이나 위기에 대응하여 변화를 위해 일어난 운동이 그런 깊고 넓은 지지를 형성하고, 이 운동이 인민의 목소리라는 주장이 설득력이 생길 때가 있다. 이런 '헌정적 시기'constitutional moment[29]에서 볼 수 있는 동원의 거대한 규모는 "광범위한 의미에서 **인민이 목소리를 내어 왔음을** 반대자들조차 (씁쓸하지만) 받아들일 수밖에 없게 만든다"(강조 표시는 필자가 한 것이다. Ackerman 1991: 272; 1998: 409).

애커먼에 따르면 현재까지 이런 '헌정적 순간'이 미국 역사에서 세 차례 있었는데 미국 헌법이 최초로 채택된 시기, 남북전쟁 이후 재건 시대, 1930년대 뉴딜이다. 이 저서에서 애커먼의 목적 중 하나는 헌법 개정에서 그 강조점을 대법관들로부터 인민으로 다시 돌려놓음으로써 이런 종류의 운동을 더 촉진시키고 연관될 수 있는 새로운 제도적 구조를 제안하는 것이었다. 그의 체계는 심의와 직접적인 인민 투표를 모두 포함한다. 이

---

29) 앞에서 본 인민의 구성 주권이 발휘되는 순간이라고 보면 된다.

런 체계는 대의 정부를 보완하는 것이다. 그는 자신이 제안한 절차가 공중의 순간적인 분위기를 반영하는 신속한 주민 전원 투표보다 훨씬 더 부담이 크고 진정한 것이라고 강조한다. 한 운동이 진정한 것이라 간주되기 위해서는 '동원을 통한 심의'가 이뤄지는 장기간 동안 살아남을 수 있어야 한다(Ackerman 1991: 285; 1998: 4). 애커먼이 제안한 절차에서는 발안들이 진정으로 진지하게 인민의 지지를 얻지 못할 경우 그 힘이 다하기까지 충분한 시간적 여유가 있다. 그러나 애커먼의 제안은, 드물기는 하지만 하나의 결집체로서 인민이 스스로 통치를 선택할 경우, "미국에서는 인민이 통치한다"는 자기 신념의 정당성을 입증하려는 의도에서 이뤄진 것이다(Ackerman 1998: 92).

애커먼의 이론은 미국과 미국의 특수한 환경과 관련되어 있는 보기 드물게 구체적인 이론이며, 이 이론이 전적으로 의존하고 있는 역사적 해석은 불가피하게 논쟁적이다. 이 책에서 미국은 하나의 '민족적 공동체'national community로서 생생하게 그려지고 있으며(Ackerman 1991: 36), 바로 이런 측면이 (비록 평상시에는 예비적 상태이긴 하지만) 미국 인민이라는 것이 실제로 **존재한다**는 애커먼의 신념을 강화시킨다. 기묘하게도 '인민'People이라는 용어가 (복수형 동사와 쓰이면서) 대문자로 표시되어 있음에도,[30] 애커먼은 이 책의 2권 중반부에 이를 때까지 자신이 이 말을 통해 무엇을 의미하고자 하는지 설명하지 않고 있다. 애커먼은 자신이 미국 인민을 한 개인으로서 '목소리를 낼' 수 있는 '초인적 존재'superhuman being로 바라보는 그 어떤 인민관도 가지고 있지 않다고 하면서, 자신이 은유적으

30) 대문자로 시작되는 People은 하나의 (결속된) 특정 인민 집단을 의미하는데도 애커먼이 이를 개인들의 집합을 의미하는 복수형 동사로 표현하고 있는 모순을 지적한 말이다.

로 말하고 있다고 고백한다. "나에게 '인민'은……" 평범한 미국인들이 자신들의 사적인 삶에서 벗어나 '시민권의 기획' 속으로 들어가게끔 만드는, "정치 엘리트와 일반 시민들 간의 상호작용이 일어나는 확장된 과정을 이르는 이름이다"(Ackerman 1998: 187).

애커먼이 내세운 야심에 찬 과제가 성공적인지 아니면 실패인지에 대한 평가는 이 책이 다루는 범위를 넘어선 것이다. 그러나 그 평가에 상관없이 애커먼의 접근법은 현재 [필자가 내세우고 있는] 주장에 적절한 것인데 그 접근법이 주권 인민의 분출이 만들어 내는 권력과 권위뿐만 아니라 가끔씩 산발적으로 모습을 드러내는 주권 인민의 본질을 조명하고 있기 때문이다. 그리고 이 접근법은 또한 (미국이라는 특수한 환경 속에서) 그 현존하는 모습을 찾기 힘든 인민과 현대 대의 정부 기구 사이의 부자연스러운 관계를 인정하고 이에 부응하고자 노력하고 있다.

결론

인민 주권의 수수께끼는 인민 주권이 부여하는 권력과 권위에도 불구하고 이 개념이 영미권 정치 전통 내에서 특히 두드러지는 모순들에 시달리고 있다는 점이다. 주권 인민은[are/is] 한 몸인 동시에 생명을 가진 개인들의 집합이며 하나의 지속하는 집단적 결속체이다. 게다가, 이런 결속체는 평상시 정치의 무대에서는 추상적 영역에서 예비적 상태로 존재함에도 불구하고, 강력하고 권위 있는 정치적 행위 속에서 그 현존을 느끼게끔 할 수 있는 능력을 지니고 있다. 이런 문제를 대하면서 이 장에서는 다음과 같은 두 가지 질문에 대답하려 했다.

1. 인민 주권은 [이론적으로 일관되게] 이해될 수 있는 것일까? 이 개념을 명확하면서도, 그 상호 대조적인 특징들을 공정하게 조명하며 분석할 수 있을까?
2. 인민 주권은, 특히 현대 대의민주주의의 맥락에서 볼 때, 실제로 행사될 수 있는 것인가?

필자는 앞서 첫번째 질문에 대한 성공적이 답변이 두번째 질문을 답하는 데 문제를 일으킬 수 있다고 주장했다. 이제 우리는 그 이유를 살펴볼 수 있게 되었다. 필자는 우리가 인민 주권과 그 명백한 모순을 이해하고자 한다면, 우리가 주권 인민을 단순히 시간에 구애받지 않는 추상적인 존재로서뿐 아니라 정치 동원의 결과로 생각할 필요가 있다고 주장한다. 우리가 다루고 있는 대상은 단지 '상상의 공동체'만은 아니며(Anderson 1983) 드물긴 하지만 개인들이 의식적으로 인민으로서 단결하고 집단적 결속체로서 행동하는 거대한 규모의 운동 속에서 공적 무대에 모습을 드러내는, 가끔씩 행위하는 공동체an occasional community of action이다. 다시 말하자면, 우리가 관심을 기울이고 있는 대상은 개념 그 이상의 것이며 (때때로) 실제로 일어나고 있고(Brubaker 1996: 18 참조) 앞으로도 그럴 것이라 생각되는 것이다. 이런 일의 예를 볼 수 있는 고전적 사건들이 1688~1689년 영국에서 일어났으며 미국에서는 미국 혁명 기간 동안에 있었다. (생생히 기억할 수 있는 예로) 폴란드에서는 1980년대 연대 운동이 정점에 이르렀을 때 일어났다. 자유적 민주 제도들의 맥락 내에서 볼 수 있는 사례로는 애커먼이 인용한 예들, 혹은 위대한 정치적 순간들에 행해지는 결정적인 주민 전원 투표라는 경우가 있다. 이런 일들이 아주 명백히 일어날 경우, 그런 동원들은 권력과 권위를 만들어 내며 행위하는 주권 인민에 대한 기억—혹은 신화—을 후대에 남긴다.

헌정주의 관점에서 보자면, 이런 주권 인민은 아주 만족스럽지 못한 것이다. 이런 종류의 주권 인민은 아주 드물고 예측 불가능한 것이다. 주권 인민은 모든 잠재적 구성원들을 포함할 수 있을 만큼 포괄적인 존재가 전혀 아니며, **진짜**real 인민으로서 주권 인민의 위치는 항상 어느 정도 논쟁적일 수 있다. 주권 인민은 실제로 통치에 나서거나, 법적인 측면에서 주권으로서 제도화될 수 있는 그런 종류의 독립체가 아니다. 그럼에도 현대의 민주적 제도들이 주권 인민의 개념과 신화에 의해 유지되고 있으며, 다른 한편에서는 바로 이 주권 인민의 개념과 신화가 현대의 민주적 제도들에 그늘을 드리우고 있다.[31] 다음 장에 다룰 주제가 바로 이런 신화적 측면이다.

---

31) 지난 4장에서 살펴본, 대중영합주의가 현대 민주정체의 민주적 제도를 위협하는 현실이 대표적인 예가 될 수 있다.

6장/ 주권 인민의 신화

'우리가 인민이다'(Wir sind das Volk)[1].

5장에서 필자는, 이론적으로 모순이 있음에도, 주권 인민의 개념은 개별 사람들의 집합이 집단 행동을 취할 수 있는 하나의 결속체로 탈바꿈하는 성공적인 동원이 일어나는 극히 드문 정치적 실천의 측면에서 이해할 수 있다는 결론을 내렸다. 이런 동원은 [평상시] 부재한 인민absent people이라는 개념을 현실에 존재하는 강력한 것으로 짧은 순간 바꾸어 놓는다. 필자는 또한 이 개념의 정치적 힘을 이해하고자 한다면, 우리가 실제의 사건뿐만 아니라 신화에도 관심을 기울일 필요가 있다고 주장했다. 모든 '인민'의 모호성 가운데서도 가장 결정적인 것은, 일상적인 것과 신화적인 것 사이에 존재하는, 그리고 평범한 인구 구성원으로서 인민과 정치적 구원의 힘을 보유한 존재로 변모한 하나의 인민a People 사이에 존재하는 양향성ambivalence일 것이다. 이 양자 간을 오락가락하는 현상은 대중영합적인 정치적 수사뿐만 아니라 현대 정치 전반에 걸쳐 공통적으로 나타난다.

이런 주장에 몇몇 사람들은 눈살을 찌푸릴지도 모른다. 대중영합주의

1) [원주] '우리가 인민이다'는 1989년 동독 시위대들이 외친 구호였다.

자들의 화려한 수사에서 벗어나 보았을 때, 인민이 현대 서구 정치에서 진정으로 [대중영합주의자들이 떠들어 대는] 그러한 낯선 함의를 지니고 있는가? 이 인민의 개념을 어떻게 보냐는 질문을 받는다면, 우리 대다수는 인민이 단순히 그 명확성이 논란이 되는 영토적 경계 내에 우연히 거주하는 평범한 인간들의 집합인 인구 집단을 의미한다고 말할 것이다. 계급 간 구분이 흐려지면서 오랫동안 내려온 (위협과 연민의 대상이었던) '평민'이 '보통 사람들' 속으로 사라져 온 사이, 보통선거는 다른 사람들로부터 정치적 '인민'을 구별 짓는 시민권의 그 어떤 특권이나 의무도 없음을 뜻하고 있다. 이 인민이라는 용어는 시대의 분위기에 발맞추어 전반적으로 그 신화적 면모가 점점 옅어져 왔다. 그러나 이에 속아 넘어가서는 안 된다. 이 일상의 인민everyday people과 함께, 매우 다른 또 다른 인민이 서구의 정치적 상상력에 유령처럼 따라붙어 다니고 있다. 그 다른 인민은 정치적 정당성의 원천일 뿐만 아니라 때때로 정치를 억압, 부패, 따분함에서 구원할 수 있는 것처럼 보이는 신화적 존재로 탈바꿈하는 인구 집단population을 말한다.

이런 인민의 지속적인 권력을 의심한다면, 동부 유럽의 공산주의 붕괴의 도래를 알렸으며, 이 과정에 참여한 사람들과 지켜본 사람들 모두가 경험했던 초일상적extraordinary [2] 사건들을 숙고해 보아야 한다. 심지어 이

---

2) 역자는 정치에서 '초일상'의 개념을 『참여의 희망: 광장에서 민주주의를 만나다』(한울, 2009)에서 소개한 바 있다. 이 책에서 강조되는 인민이 동원되는 일시적인 순간, 그 짧은 순간이 일종의 초일상적인 정치적 순간이다. 이 초일상의 개념은 합법과 불법의 경계선에 해당되지 않는 '초법'(extra-legality)이라는 영역에 속한다. 여기서 초법은 법의 적용을 받지 않는다는 뜻이 아니라 일상에 적용하는 법으로는 설명할 수 없는 정당한 행위라는 뜻이다. 예를 들어, 시민불복종과 혁명이 그러하다. 시민불복종은 기존의 헌정 체제를 남용하는 이들로부터 헌정 체제를 보호하기 위해, 혁명은 기존의 체제를 전환시키기 위해 일어나는데, 오로지 이런 초일

를 목격했던 언론인들마저도 함께 공유했던, 이 사건들을 적셨던 정치적 열광과 감정의 분출은 정치에 갑작스럽게 등장하여 억압의 족쇄를 풀고 새로운 자유의 정체를 세울 수 있는 구원적 인민redeeming People이라는 오래된 신화를 통하여 구체화됐었다(Garton Ash 1990: 65, 77; Reich 1990: 86~87; Bakuniak and Nowak 1987: 403; Touraine et al. 1983: 5). 결속된 신념과 희망의 이런 순간적 분출은 엄청나게 강력한 것이었으며 거부할 수 없을 만큼 중대한 것이었다. 물론 이런 분출이 일으킨 먼지가 가라앉고 나서 보면, 이런 극도의 흥분은 일상적 정치의 관심사로는 부적합하게 보일 수 있다. 혁명의 즉각적인 여파 속에서 랄프 다렌도르프[3]는 과도한 정치적 열기를 가라앉히고자 노력하면서, "민주주의는 정부의 한 형태이지 인민의 감정을 분출하는 증기탕이 아니다"라고 말했다(Dahrendorf 1990: 10). 그럼에도 불구하고, 인민 주권이라는 이데올로기가 널리 퍼져 있는 이 세계에서 인민에 대한 신념이 이렇게 극도로 달아오른 순간의 중요성을 무시하기란 사실상 가능하지 않다.

그러므로 전체 인구 집단으로서 인민의 일상적 평범함과 대조되는, 신화로서 인민이라는 지치지 않고 이어져 오는 역사를 심각하게 받아들일 필요가 있다. 민족주의 정치 내에서 신화의 중요성은 널리 인정되고 있는데(예를 들어 Schöpflin 1997을 보라), 필자는 (일부 민족주의 신화와 중첩되는) 인민에 대한 신화들(Smith 2003)이 충분히 관심을 기울일 만한 것

상의 순간은 민주정치 혹은 민주정치로의 전환에만 존재할 수 있다. 전체주의 국가나 독재 국가에서는 일상이란 시간의 개념이 없는데, 주로 비밀경찰로 유지되는 이들 국가에서는 항상 비상 상황(emergency)이라는 시간의 축에 존재하기 때문이다.

3) 랄프 다렌도르프(Ralf Dahrendorf, 1929~2009)는 독일계 영국 정치학자이자 정치인이다. 철학자이며 사회학자이기도 했다. 주로 산업 사회의 계급 문제에 관심을 두었다

이라고 주장할 것이다. 이 장의 전반부는 과거와 미래 속에 설정된 신화들을 살펴볼 것이며 이런 신화들이 현재의 사건들 및 해석과 어떤 관련을 맺고 있는지 그 연결고리를 살펴볼 것이다. 후반부에서는 이런 현상과 관련된 일부 어려운 질문에 직접 부딪혀 보려 노력할 것이다. 우리는 이런 신화들을 어느 정도까지, 가면을 벗겨 내야 하는 단순히 조작적인 기능을 가진 텅 빈 장치로 취급할 수 있을까? 우리는 이런 신화들을, 좀더 진정한 것을 가리키는 지표들로, 더 정확히 말하자면 정치 권력과 권위에 대한 숨겨진 진실을 압축해 담아 놓은 것으로 여길 수는 없는 것일까?

1. 인민의 신화들

헨리 튜더[4]는 『정치 신화』*Political Myth*, 1972에서 '신화'는 단순한 속임수와 혼동해서는 안 되는 복합적인 현상이라고 주장한다. 튜더가 지적한 세 가지 특징은 여기서 특히 강조할 만한 가치가 있다. 그는 정치 신화가 극적인 형태를 지니고 있다고 이해한다. 그리고 정치 신화는 일종의 정치 결속체와 관계된 것이며, 실천적인 정치적 의미를 지니고 있다. 하나의 국가, 하나의 민족, 혹은 일부 다른 정치 집단의 공동의 이야기로서 정치 신화는 순전히 허구fiction[5]도 아니며 그렇다고 직접적인 역사도 아니다. 하지만 정치 신화는 정치적 경험을 이해하기 때문에 언급되는 것이다. 특히 정치 신화는 개인들이 자신들을 '우리'의 집단적인 이야기와 동일시하게끔 만들

---

4) 헨리 튜더(Henry Tudor)는 1950년대부터 1970년대까지 더럼대학교에서 재직했던 정치 이론가로 정치에서 신화 연구에 선구적인 업적을 남겼다.

5) 여기서 허구는 '꾸며 낸 이야기'라는 뜻으로 문맥에 따라 이렇게 번역한 곳도 있음을 밝혀 둔다.

며 개인들에게 행동 방식을 제공한다. 정치 신화는 현존하는 정치적 조건들에 정당성을 부여하거나 정치적 행동을 정당화한다는 점에서 현실적인 것인데, 그 어떤 특정한 신화라 할지라도 많은 다른 방식으로 들려줄 수 있으며 많은 다른 현실적인 조건들에 맞출 수 있다(Tudor 1972).

튜더가 주권 인민의 신화를 명확하게 논의하고 있는 것은 아니지만, 그가 한 대부분의 분석은 여기에서 적합한데 특히 과거에 대한 이야기와 미래에 대한 이야기 간의 구분이 그렇다. 과거를 돌아보는 주권 인민의 신화들은 정체들을 이루는 인민의 기원과 권위에 대한 건국 신화들을 포함한다(Smith 2003을 참고하라). 이러한 신화들은 지역적 건국 신화와 보편적 건국 신화로 또 다시 갈린다. 물론 이 양자는 상당히 상호작용하는 관계에 있다. 지역적 신화는 특정한 정체의 인민적 기원에 대한 유사-역사적quasi-historical 이야기를 들려주는 반면, 보편적 신화는 사회계약 이야기와 같은 것들인데, 사회계약에 따르면 모든 정당한 정체는 인민의 동의에 기반하고 있다.

지역적 건국 신화는 어떻게 한 특정 인민이 특정한 시대와 장소에서 전제 지배자들에 대항해 일어났으며 어떻게 인민 주권에 기반을 두고 자신들의 정체를 세우게 되었는지에 대한 이야기를 들려준다. 여전히 회자되고 있는 것 중 가장 신망을 얻고 있는 이야기는 스위스의 건국 신화이다. 이 신화는 어떻게 원래의 칸톤Kanton에 살던 농부들이 (그리고 그들 사이에 살던 윌리엄 텔William Tell이) 봉건적인 억압자들을 무찌르고 상호 협력을 맹세하기 위해 뤼틀리Rütli 초원에서 만났는지, 그리하여 인민의 자치 연방을 세우게 됐는지에 대해 들려준다. 좀더 널리 퍼져 반향을 얻은 또 다른 지역 신화는 프랑스 혁명이라는 프랑스 공화국의 건국 신화인데, 특히 인민들이 바스티유에서 일으킨 폭발적인 저항이 대표적이다. 프랑스 혁명이라는 극적인 사건에서 유일하게 진정한 행위자는 하나의 전체로서 인민이라 주장하기 위해 노력했던 19세기 역사가 쥘 미슐레[6]는 이 신화에 고전적 형태를 부여했다(Michelet 1967: x, xiii, 12, 162). 그러나 당대 정치에 미친 영향력의 관점에서 보자면, 인민과 관련해 모든 과거 지향적인 지역 신화 가운데 가장 중요한 것은 미국의 건국 신화이다. (성스럽게 선택된 인민이라는 종교적 신화와 얽혀 있는) 이 이야기는 박해를 피해 도망쳐 나와 메이플라워호에서 맺은 신약[7]위에 자신들의 정체를 세운 순례자 아버지들에서 시작해, 어떻게 미국 인민이 조지 3세에 대항하여 일어났는지, 그리고 어떻게 독립 전쟁에 승리하여 '우리 미국 인민'이란 권위를 가지고 자신들의 헌법을 만들었는지에 대한 이야기를 들려준다. 이런 각각의 신화들은 특정 정체에 정당성을 부여할 뿐만 아니라, 그 정체의 건국을 다시 상기시킬 필요가 있는 곳에서 그리고 인민들에게 권력을 되돌려 줄 필요가 있는 곳에서 그 기반을 제공한다.

이런 지역적 신화는 그 주제로 인해, 어떻게 인민이 원초적 자연 상태에서 정체를 설립하게 되는지에 대한 이야기를 들려주는 사회계약이라

---

6) 쥘 미슐레(Jules Michelet, 1798~1874)는 프랑스의 역사가로, 프랑스에 대한 19권의 위대한 역사서를 남겼다. 이 중 맨 마지막 세 권이 프랑스 혁명에 관한 것으로, 역사는 지도자나 제도뿐만 아니라 인민에 관심을 집중해야 한다고 주장했다.

7) Covenant, 즉 신약은 우리가 흔히 알고 있는 계약 개념과 다르다. 신약은 미래에 대한 믿음에 바탕을 둔 일종의 계약이다. 좀더 구체적으로 설명하자면, 일반적으로 계약은 약속과 동시에 모든 이들이 어떤 규칙의 적용을 받지만, 신약은 다른 사람들도 앞으로 이 약속을 지키리라는 믿음에서 맺는 계약 형태다. 예를 들어, 아직 태어나지도 않은 사람이 계약을 맺을 수는 없다. 아직 태어나지 않은 사람도 자신이 정하지는 않았지만 어떤 규칙을 지킬 것이란 신뢰를 바탕으로 맺는 계약 형태가 신약인 것이다. 정치 사상에서는 홉스의 사회계약론이 대표적인 신약이다. 홉스 스스로도 이를 계약(contract)이 아닌 신약이라고 표현하고 있는데, 홉스의 이론에서는 정치사회가 성립되는 순간 모든 이들이 이 국가 안으로 동시에 들어오는 것이 아니기 때문이다.

는 보편적 건국 신화와 얽혀 있다. 이런 보편적 신화는 지역적 신화와 비교해 볼 때 덜 역사적인 기반에 근거를 두고 있으며 환경적 영향을 덜 받는 반면 훨씬 추상적이며 가상적이다. 이런 보편적 신화의 전성기는 17세기와 18세기였는데, 수많은 실천적인 메시지를 지니고 다른 많은 형태로 회자되고 또 회자되었다. 그러나 민족주의 신화와 맑스주의 신화[8]가 위세를 떨친 위대한 시대 동안 이런 계약에 근거한 신화의 유행이 지나갔음에도 불구하고, 지금 현재 이런 계약의 보편적 신화는 상당히 회복된 상태이다. 20세기 후반, 자유주의적 민주주의 정치 철학liberal democratic political philosophy의 부활과 함께, 사회계약이란 신화의 메아리가 다시 한번 울려 퍼졌는데, 이런 메아리는 존 롤스John Rawls의 『정의론』*A Theory of Justice*, 1971에서 가장 잘 들을 수 있다(Rawls 1972).[9] 최근의 사회계약론을 보면, 역사성에 매달려 있는 그 어떤 주장도 사라지고 있는 추세이며, [자연 상태를 연상시키는 롤스의] 원초적 입장Original Position과 인민의 동의는 명백하게 가상적인 것으로 여겨지고 있다.[10] 그러나 인민이 정당한 정체를 세운 이야기는 여전히 설득력을 지니고 있다. 이것은 인민이 진정으로 그런 일을 했었다는 것이 아니라, 기회가 있을 때 그런 일을 할 수도 있었으며 했어야만 한다는 의미일 것이다.

---

8) 맑스주의 신화는, 예를 들어, 자본주의에서 착취당하는 프롤레타리아들이 스스로 봉기하여 새로운 사회 구조, 즉 공산주의를 설립할 것이라는 형태로 나타난다.

9) 캐노번은 참고문헌에서 『정의론』의 출판 연도를 1972년으로 기록하고 있지만, 원래 출판 연도는 1971년이다.

10) 롤스의 『정의론』은 기본적으로 칸트의 정언명령을 정치화시킨 것이다. 롤스의 계약론에서 가장 논쟁적이고 중요한 핵심 개념 중 하나가 바로 '원초적 입장'이다. 롤스는 원초적 입장을 너무 어렵게 생각할 필요 없이 서로의 입장을 바꿔 놓고 생각해 보는 칸트의 실천이성을 실행하는 과정으로 보면 된다고 말한다.

튜더가 보여 주듯, 신화는 언제나 다양한 버전으로 도래한다. 어떤 건국 신화이든 다른 정치적 메시지를 가지고 다른 방식으로 회자되고 또 회자된다(Tudor 1972: 47, 91). 원초적 계약Original Contract[11]이 관련된 곳에서는 이런 경우가 더 명확하다. 홉스는 인민의 동의에 기반을 둔 정체에 대한 이야기를 했다. 그러나 그가 말하듯 이 이야기의 가장 생생한 부분은 자연 상태에서 벌어지는 만인과 만인에 대한 투쟁이며 홉스가 그린 신화는 지배자에 대한 복종을 가르친다. 한 세대가 지난 이후, 로크는 인민이 자신의 생명·자유·재산을 방어하는 데 있어 저항할 수 있는 권리와 권력을 가지고 있다는 정반대의 정치적 메시지를 전하며 다른 방식으로 이런 이야기를 들려주었다. 18세기 이런 그리고 유사한 버전으로 유행하던 다수의 이야기들은 영국에 맞선 미국의 저항과 건국 신화를 만들어 내는 일을 고무하는 데 일조했다.

여기서 자유민주정치의 발전에서 신화의 자리를 잠시 살펴보는 것도 가치 있는 일이다. 우리는 자유주의의 개척자들을 계몽의 인간, 즉 합리주의자로 생각하는 경향이 있다. 존 로크와 토머스 제퍼슨Thomas Jefferson은 명백하게 자신들을 이런 방식으로 생각했다. 그러나 자유민주주의자들도 민족주의자들 혹은 맑스주의자들만큼이나 정치 신화의 영향에서 자유롭지 않다. 비록 그들이 정치를 다른 종류의 이야기라는 틀 내에서 보고 있긴 하지만 말이다(Canovan 1990). 새로운 정체의 설립과 이 정체에 정당성을 부여하는 일과 관련된 질문이 제기될 때마다 우리는 여전히 인민의 건국 신화로 방향을 틀고, 새로운 헌법[제정]을 (단순히 선거인 명부에 오를

11) 사회계약론에서 원초적 계약은 자연 상태에서 벗어나 정치사회로 진입하기 위해 인민이 정부와 맺는 계약을 말한다.

수 있는 개인들의 잡다한 집합이 아니라) 인민이 말할 수 있는 기회라 하여 주민 전원 투표에 붙임으로써 그 신화를 다시 작동시키고자 노력한다.

인민이 정체를 건국했다는 과거 지향적 신화들은, 인민이 자신들의 권력을 찾아오고 새로운 시작을 하려 할 때 생겨나는 정치적 쇄신이라는 미래 지향적 신화에 의해 보완된다(Billington 1980: 160; Sorel 1950 참조). 튜더는 건국 신화와 혁명 신화를 확연하게 구분한다. 아마도 그 이유는 그가 제시하는 혁명 신화의 예가 맑스주의 신화이기 때문일 것이다. 맑시즘의 특이한 점은 혁명 이후의 세계가 급진적인 새로운 것이 될 것이라는 점이다. 그것은 상실한 과거의 쇄신일 뿐만 아니라 새로운 류의 인간이 사는 완전히 낯선 종류의 사회다. 이런 전망은 명백하게 기독교의 천년왕국과 닮아 있다. 대조적으로 인민의 혁명 신화들은 과거와 더 밀접하게 맞물려 있다.[12] 인민의 혁명 신화들의 핵심 주제는 인민이 상실한 자신들의 권력과 자유를 회복할 때 찾아올 정치적 쇄신과 구원이다. 이것은 잠자는 영웅이 미래의 어느 날 되돌아와 자신의 왕국을 구원할 것이라는, 다시 말해 아서 왕King Arthur이 여전히 아발론에서 잠자고 있다는 군주제 지지자들의 좀더 오래된 신화와 친화력이 있을 것이다. 영국의 급진적인 집단들 내에서 오랫동안 내려왔던 인민의 쇄신에 대한 신화를 들려주는 혁명 신화는 노르만이 씌운 멍에를 벗어던진 영국 인민의 이야기다.[13] 17세기 수평주의자들에서 19세기 차티스트들에 이르는 급진주의자들은, [노르만 침공 이전] 앵글로색슨이 일군 자유의 날들 속에서 어떻게 영국인들이 스스로

---

12) 일부 맑스주의자들은 맑스주의 혁명 신화가 인민에 의한 신화라고 주장할 수도 있다. 그러나 이런 견해는 인민을 전체가 아닌, 프롤레타리아 계급 부분으로 쪼개어 볼 때 가능하다. 여기서 캐노번이 언급하는 인민의 신화는 특정 계급으로서의 부분이 아닌, 건국과 관련이 되어 있는 전체로서의 인민이다.

자치를 했으며 자신의 권리를 즐겼는지에 대한 이야기를 들려주었다. 급진주의자들은, 노르만 정복자들이 그들에게서 그 자유를 약탈해 갔으며 이런 정복의 유산에 대항하여 그들이 봉기하여 자신들의 권리를 되돌릴 시간이 오고 있다고 말했다(Hill 1968).

이런 기본적인 주제들—어떻게 인민이 자신들의 정당한 주권을 약탈당했으며, 그렇지만 그들이 봉기하여 주권을 되찾게 될 것이라는 주제들—은 (4장에 보았듯이) 지난 두 세기 동안 대중영합적인 정치와 맞물려 있는데 특히 미국이 그러하다. 미국 혁명에서 인민 주권의 원칙이 공식적으로 천명된 이래 지금까지, 미국의 대중영합주의자들은 다음과 같이 요약할 수 있는 이야기들을 들려줌으로써 급진주의적 행동을 동원하고자 노력하고 있다.

> 미국은 헌법 자체가 천명하고 있듯이 인민이 건국했다. 그 이래 내내 '돈의 권력'을 위해 일하는 정치가들이 인민의 주권을 약탈하고 속여 왔다. 그러므로 인민은 선의 세력과 악의 세력 간의 위대한 투쟁에서 자신들의 것을 되찾아 오기 위해 일어날 것이다.

구원과 쇄신이라는 대중영합주의자들의 신화는 자신들만의 옳음을 지니고 있으며 상당히 극적인 힘을 가진 이야기이다. 그러나 미국에서 특

---

13) 노르만의 정복자 윌리엄은 1066년 영국을 침공했고, 약 5년 뒤인 1071년 대부분의 영국 영토를 복속시켰다. 이로 인해 토종 영국 지배 계급이 제거되었고 프랑스어를 쓰는 왕족, 귀족 계급이 등장하며 영국은 커다란 정치 및 문화적 변동을 겪어야 했다. 영국인들은 지속적인 저항을 펼쳤고 1088년경 노르만 정복 시기는 끝났지만, 그 과정에서 겪은 정치 및 문화 변동은 지속적으로 영국에 영향을 미쳤다.

히 이런 이야기가 강력한 이유는 과거의 건국과 미래의 쇄신이 서로를 강화시키게끔 만드는 지역적 건국 신화를 반영하고 있기 때문이다.

그들이 과거의 건국을 다루든 혹은 미래의 쇄신을 다루든 간에, 인민의 신화들은 평범한 개별적 사람들이 강력하게 결속된 행위자로 변신하는 이야기들이다. 이런 이야기들이 지속된다면, 아마도 이 신화들이 현재에 부분적으로 적합하기 때문일 것이다. 튜더와 다른 비평가들이 내놓은 이런 주장들 중 하나는, 이런 신화들이 신화에 귀 기울이는 집단들에 의해 그리고 그 집단들에 대해 통합 효과를 가진다는 것이다(예를 들어 Schöpflin 1997: 35를 보라). 그러므로 민족들은 다음 세대들에게 자신들의 영광스러운 과거와 전통적인 적들에 맞선 투쟁을 들려줌으로써 그들의 민족 공동체nationhood를 전달한다. 맑스주의의 프롤레타리아들은 서로에게 계급 투쟁과 영광스러운 혁명의 미래를 들려줌으로서 연대감을 형성하기도 했다. 그러나 어떻게 이런 것을 인민에게 적용할 수 있을까? 지난 장에서 보았듯이 집단적 주권을 인민에게 부여하는 데 있어 맞는 난제 중의 하나는 명백하게 평상시에는 그들이 하나의 집단을 전혀 형성하지 않는다는 것이다. 우리가 고려해 온 이런 신화들이, (자주 일어나듯이) 민족 혹은 프롤레타리아 신화들 중 하나 혹은 양자 모두와 뒤섞이지 않는다고 할 때, 이들 민족 혹은 프롤레타리아 신화들과 비교할 만한 통합 효과를 갖는다고 할 수 있을까?

만약 그렇다면, 그런 일은 좀더 복잡한 방식으로 일어날 것인데, 이 신화들이 일반적인 경험 속에서 보자면 지속적으로 실망스러웠던 인민의 통합에 대한 기대를 만들어 내기 때문이다. 우리 인민이 어떤 방식으로든 정치적 권위의 원천이라는 믿음을 따르는 건국 신화는, 우리가 하나의 결속체로서 권력을 행사할 수 있으며, 한 측면에서 강력한 행위자임을 즐기고 있다는 인상을 심어 준다. 그러나 우리가 민주적 과정들을 통해 (개인 유권자로서 혹은 다양한 집단의 구성원으로서) 정치에 개입할 수 있음에도 불구하고, 이런 활동과 효과 간에 명백한 연결고리가 거의 존재하지 않으며 인민으로서 우리가 정치를 통제하고 있다는 느낌도 분명히 존재하지 않는다. 클로드 르포르[14)]가 말하듯이, 권력의 자리는 텅 빈 채 남아 있거나 혹은 주권 인민이 어떤 식으로든 권력과 무관한 채 남아 있다(Lefort 1986: 279). 확고하게 자리 잡은 민주정체들은 실제로 하나의 결속된 인민이 그럴듯한 외연을 갖추기에는 적합하지 않은 곳이다. 이 정체들에서는 정치적 자유의 본질이 상반된 이익과 의견의 차이를 장려하기 때문이다. 이런 곳에서 일상의 정치는 우리를 결속시키는 것들이 아니라 우리를 갈라놓는 것들과 연결돼 있다. 민주정체의 시민들은 우리 인민이 궁극적 주권이라는 신화를 반쯤은 진실이라 믿고 있을 수도 있다. 그러나 인민에게 예약되어 있는 권력의 자리에서 우리가 볼 수 있는 것은 정치가들, 로비스트들, 언론 담당자들의 다툼이다.

기능주의자들의 관점에서 보면, 현대 민주정체들에서 당연시되는 인민의 건국 신화는 현존하는 민주적 정치 체제를 정당화하는 데 제한적으로 쓰이는 것일 수 있다. 그러나 결정적으로 이런 신화들은 인민이란 행위자를 통한 미래 쇄신의 가능성을 믿고자 하는 신념에 의해 보완된다(이런 신념은 선거에 대한 환멸을 느끼는 경험을 한 뒤에도 살아남는 듯하다). 그 결과는 우리에게, 한편에서는 민주주의에 대한 마지못한 수긍을, 다른 한편

14) 클로드 르포르(Claude Lefort, 1924~2010)는 프랑스의 철학자이자 활동가이다. 좌파였으나 소련식 공산주의의 관료주의에 비판적이었으며, 권력과 법 그리고 지식의 질서 간에 놓여 있는 차이에 대해 관심을 기울였다.

에서는 르포르가 말하는 '비어 있는 권력의 자리'로 옮겨 가면서 마침내 주권의 권위를 행사하는, 행위하는 진정한 주권 인민을 보고자 하는 열망을 남겨 놓는다. 이런 열망이야말로 이런 시나리오와 엇비슷한 그 어떤 수긍할 만한 것이라도 신비로운 권력을 가질 수 있는 이유일 수 있다. 우리에게 의지만 있다면, 행위하는 인민이라는 신화가 우리 앞에서 (혹은 텔레비전 카메라 앞에서) 확연하게 실연되는 아주 드문 전율을 느끼는 순간들에 대한 불신을 떨쳐 버릴 수 있다는 점은 의심할 바가 없다. 우리는 동부 유럽에서 공산주의의 붕괴에 이른 사건들을 통해 이를 목격했다. 처음에는 1980년대 초 폴란드의 연대 운동Solidarity movement에서 보았고, 그다음은 1989년 대중 시위들에서도 보았다. 특히 동독의 경우가 그러했다. 그곳에 지루한 현재mundane present로 진입해 들어와 활기를 찾은 민주주의의 건국 신화가 존재하는 듯했다. 우리는 동부 유럽에서 공산주의가 붕괴되는 동안 텔레비전 화면 위에 펼쳐졌던 소위 '인민 권력'People Power이 모습을 드러낸 현장들을 회상하면서, 집단적 인민이 신화적인 드라마 속에서 주인공이 되는 일이 가능하다고 말할 수도 있을 것이다. 단지 후일담으로 전해지는 이야기의 측면에서뿐만 아니라 이 인민들이 공적인 무대에 모습을 드러낸 것처럼 보인다는 좀더 즉각적인 측면에서도 그렇다. 실제로 이런 신비로운 측면은 텔레비전의 출현 이후 그 정치적 중요성이 높아지고 있다. 텔레비전은 1989년 일어난 사건들이 극적인 형태를 취하는 데 일조했으며 수백만에 이른 시청자들은 이런 사건들이 현존하는 것임을 알게 되었다(Schöpflin 1997: 25).

이런 인민의 단결이라는 신명 나는 측면은 재빨리 사라질 운명이었다. 공산주의 지배를 내던진 인민들은 진정으로 자신들의 미래를 집단적으로 통제하려 하지 않았고, 구원적 세계에 모습을 드러내려고 하지 않았다. 그들이 기대할 수 있었던 최선은 유럽연합 국가에서 작동하고 있는 종류의 지루한 민주정치였다. 그러나 정치적으로 문제가 되었던 것은 사람들이 행위하는 인민이라는 신화를 매우 광범위하게 믿게 된 것이었다. 라이프치히에서 '우리가 인민이다'를 연호함으로써 자신들의 '인민의 공화국'의 지배자들을 화나게 만들었던 시위대들처럼, 참가자들 자신이 이를 믿게 되었으며, 서구의 언론인들과 텔레비전 시청자들이 믿게 되었고, 심지어 붕괴하던 공산주의 정부가 믿게 되었다. 이런 사건들은 **감동적인 것**이었는데, 단지 이를 목격했던 일부 사람들의 감정을 자극했다는 측면에서뿐만 아니라 인민이 움직이고 있다는 실천적인 측면에서도 그랬다. 참가자들은 인민 주권의 신화를 실연해 보이는 가운데, 자신들이 개인들을 동원하고 그리하여 인민의 권력을 길러 내고 새로운 정체들에 인민의 승인을 부여한 정도만큼 인민 주권의 신화를 현실로 만들 수 있었다.

비록 순간적인 것이었지만, 이런 가슴을 뒤흔든 사건들은 두 가지 견고한 유산을 남겼다. 그 하나는 인민 동원이라는 명료한 정치적 효과로서, 공산주의를 붕괴에 이르게 하고 새로운 민주정체를 수립하는 데 기여한 점이었다. 다른 또 하나의 유산으로는 인민의 행동과 건국이라는 일련의 새로운 신화들을 남겼다. 현재 우리가 논의하고 있는 민주공화국들은 자신들만의 지역적 건국 신화들을 가지고 있다. 그러나 좀더 광범위하게 보자면 이 유산은 인민의 권력, 인민에 의한 건국, 인민에 의한 쇄신이란 보편적인 민주적 신화들을 강화시켰다.

나는 이 절에서 만약 우리가 인민의 정치를 이해하고자 한다면, 정체를 무너뜨리고 창조하는 '인민 권력'을 길러 내면서 권위에 정당성을 부여하고 인민에게 행동하도록 시동을 거는 [주권 인민의] 신화들에 주목할 필요가 있다고 주장했다. 이런 신화들과 입법 행위들의 정치적 효능을 인정하는 일을 예외로 한다면, 우리는 이런 신화들을 어떻게 간주해야 하는 것일까? 이런 신화들은, 진실이 아니며 환상 혹은 속임수라는 측면에서 '신화적인 것'일까? 결정적으로, 집단적 영웅인 인민은 그 자체로 하나의 신화인 것일까?

2. 꾸며 낸 이야기로서 인민

『인민의 발명』*Inventing the People*, 1988은 주권 인민에 밀접한 관심을 기울여 온 소수의 학자 중 한 사람인 에드먼드 모건[15]이 쓴 책의 제목이다. 자신의 "목적이 인민의 허상을 밝혀내는 것이 아니다"라고 밝히고 있음에도 (Morgan 1988: 15), 모건은 주권 인민을 정치 엘리트들이 자신들의 목적을 위해 세심하게 만들어 내고 사용해 온 하나의 '꾸며 낸 이야기'라고 반복해 말한다. 이 엘리트들의 원래 목적은 인민과 마찬가지로 꾸며 낸 이야기인 왕의 신성한 권리에 도전하기 위한 것이었다. 모건에 따르면 이런 거짓 이야기를 꾸며 내는 데 있어 결정적인 역할은 찰스 1세에 반대하는 과정에서 영국 의회가 했다. 모건은 왕으로부터뿐만 아니라 유권자들로부터 해방되기 위하여 "대표자들이 자기들을 위한 주장으로서 인민 주권이라는 것을 만들어 냈다.……바로 이 인민의 이름 아래 그들은 정부에서 무엇보다 강력한 세력이 되었다"고 말한다(Morgan 1988: 49~50).

모건은 계속하여 미국 혁명이 진행되는 동안 인민을 대의하기로 되어 있는 사람들이 이런 꾸며 낸 이야기를 사용했는지 추적하며, 그가 인민

15) 에드먼드 모건(Edmund Morgan, 1916~2013)은 미국의 역사학자로 예일대학교 명예교수직까지 역임했다. 미국 식민지 역사가 주요 관심사였으며 영국사에도 밝았다고 한다.

을 두고 '허구적'이라고 했을 때, 이는 단지 이 인민의 권력의 대표자들이 이 개념을 이용했다는 점에서 '허구적'일 뿐만 아니라 결속된 주권 인민이란 바로 이 개념 자체가 '허구적'인 것임을 분명히 한다. 모건은 이 개념이 실제로 신성한 권리에 근거한 군주라는 발상보다 훨씬 현실과 동떨어진 것이라 주장한다.

> 왕은, 그의 신성함이 얼마나 의심스러워 보이건 간에 상상할 필요가 없었다. 그는 보이는 현존이었다. 그는 왕관을 쓰고 왕권을 지니고 있었다. 반대로 인민은 그 자체로는 결코 보이는 존재가 아니다. 인민에게 주권을 부여하기 전에 우리는, 우리가 인격을 부여한 어떤 것이 존재한다고 상상해야만 한다. 마치 그것이 생각할 수 있고, 행동하고 의사를 결정할 수 있으며, 그 결정을 수행할 능력이 있는 하나의 단일한 결집체인 양 말이다 (Morgan 1988: 153).

모건의 분석은 언급할 필요가 있는 쟁점들을 더욱 선명하게 만드는데, 이 인민을 하나의 '허구'라고 부르는 일이 다음과 같은 네 가지 서로 다른 함의 중 하나 혹은 그 이상을 지닐 수 있기 때문이다.

- '허구'를 특정한 한 행위자 혹은 행위자들이 특정한 시기와 장소에서 세심하게 만들어 냈다는 주장이다. 모건에 따르면 1640년대 영국 의회가 그랬다.
- '주권 인민'과 이들이 취하게 돼 있는 어떠한 겉모습이나 집단 행동이 실재reality와는 상반되는 것으로서 '허구'라는 것일 수도 있다. 아마도 (모건이 함의하고자 했던) 그 근거는 단지 개인들만이 실재할 수 있다

는 점일 것이다.

- '허구'는, 지배자들이 상상의 '인민'을 자신들의 정당성을 믿도록 유도하기 위해 이용하는 곳에서 정치적 목적들을 위해 쓰는 속임수를 언급하는 것일 수 있다.
- '주권 인민'을 하나의 '허구'라고 부르는 것은 이런 거짓 인민에 부여된 그 어떠한 정치적 행동, 동의 혹은 정당성도 엉터리이며, 그러므로 이에 기대고 있는 정체들은 진정으로 전혀 정당하지 않음을 함의하는 것일 수도 있다.

비록 이런 네 가지 단계들이 하나의 논리적인 발전을 이루지만, 이런 단계들이 함께 유지되거나 무너지는 것은 아니다. 모건은 주권 인민을 의심하는 태도를 지니고 있었지만, 정작 자신은 마지막 단계를 취하길 망설이며 이른바 주권 인민에서 이끌어 낸 정치적 정당성은 부끄러운 일이라는 결론을 내리길 꺼린다(Morgan 1988: 14~15). 그는 또한 ('허구' 대 '실재'라는) 두번째 단계에서 흔들리면서 때때로 (특히 미국 식민지에서 혁명이 일어난 시기라는) 일부 조건하에서는 결속된 주권 인민이라는 것이 결국에는 완전히 거짓만은 아니라는 데 거의 동의한다(Morgan 1988: 90, 122, 137, 237). 그가 지적하길 원했던 요점의 대부분은 그 용법이 훨씬 다듬어져 있는 '신화'라는 말 속에서 덜 논쟁적으로 표현될 수도 있다. 비록 우리가 앞서 제기한 의심스런 사안들을 회피할 수 없기는 하지만 말이다. 주권 인민을 언급함에 있어 '허구'보다 '신화'라는 말이 분명하게 선호되는 한 가지 측면은, '신화'라는 말은 정교하고 구체적으로 만들어진 것이라기보다는 세대를 걸쳐 온 집단적 상상력의 한 산물을 말하는 것이기 때문이다. 17세기 중엽 영국에서 주권 인민의 '발명'에 대한 모건의 이야기는 부정확한 것이다. 이 개념이 사용된 새로운 쓰임새들을 지적한 것은 옳지만, 이런 쓰임새들이 인민에서 비롯된 권력에 대한 친숙한 이야기들이 없는 상태에서는 그 효과가 훨씬 덜 하기 때문이다.[16] 그러나 비록 우리가 이런 상상된 주권 인민을 허구라기보다 신화로서 생각한다 할지라도, 여전히 모건이 의심하는 입장에서 제기하는 다른 질문이 우리에게 남는다.

- 주권 인민이is/are 하나의 신화라면, 그 말은 주권 인민it/they이 진정으로 존재할 수 없거나 행동할 수 없다는 의미인가?
- 주권 인민의 신화는 단순히 인민을 대의하기로 되어 있는 이들이, 자신들이 통제하는 인민들을 속이기 위해 쓴 하나의 조작 수단인가?
- 하나의 신화적 인민이 진정한 정치적 정당성을 부여할 수 있는가?

3. 신화와 정치적 실재로서 인민

모건이 주권 인민을 의심한 기반 중 하나는, 단지 개인들만이 실재할 수 있으며 그러므로 상상된 결속체는 진짜가 아니라는 (영미권 세계에서는 공통적인) 가정에 그 근거를 두고 있는 것처럼 보인다. 우리는 5장에서 사회적 결속체들의 존재론적 지위가 엄청나게 복합적인 것임을 보았는데, 그 대다수가 높은 수준의 제도적 연대institutional solidarity에 이르러 있기 때문이다. 그럼에도 불구하고 앞선 논의에서 주권 인민은 [주민 전원 투표 등을 통해 집단의지를 표현하는] 그런 제도적 결속체로 완전하게 포획하기에는 너

---

16) **[원주]** 2장에서 볼 수 있듯, 이 신화에 대한 변형들은 어떻게 로마의 포풀루스가 권력을 황제에게 넘겨주었는지에 대한 이야기까지 거슬러 올라갈 수 있다.

무 규명하기 어려운 것이란 결론을 내렸다. 우리가 이런 파악하기 어려운 특징을 모건의 방법론적인 개인주의보다 훨씬 심오한 이론적 틀을 지닌 수단을 통해 접근할 수 있다면 이는 도움이 될 것이다. 사회학자 피에르 부르디외Pierre Bourdieu는 우리가 경험하고 있는 세계를 이루는 상상된 결속체들에 대해 흥미로운 이야기를 들려준다. 특히 '이름 붙이기'의 중요성이 그러한데, 이름을 붙임으로써 우리가 묘사하는 집단을 마법처럼 하나의 존재로 만든다.

많은 측면에서 이런 집단체들에 대한 부르디외의 접근법은 모건의 접근법만큼이나 회의적이다. 모건이 '허구'에 대해 말하는 것처럼, 부르디외는 이런 결속체들이 만들어지는 과정과 사회에서 행사되는 '상징적 권력'을 묘사하기 위해 마술과 마법이란 용어를 쓴다. 겉으로 볼 때 정체성, 분류, 집단의 경계들에 대한 학문적 주장들은 실제 "인민이 사회 세계의 분할에 대한 올바른 정의를 알고 믿을 수 있게 만드는, 그들이 이를 인식하고 인정하게 만드는, 그리고 이런 정의를 부여함으로써 결과적으로 **집단들을 만들고 해체하는** 권력의 독점을 획득하려는 투쟁"이라 할 수 있다 (Bourdieu 1991: 221). 사람들이 자신과 타자를 이런 집단적 정체성의 관점에서 보게 되면, 이런 집단들은 사회 세계의 일부가 된다. 부르디외가 관찰하듯이, "많은 혼란스러운 사회에서 **이름 붙이기**와 이름 붙이기의 힘virtue을 통해 존재를 만들어 내는 거의 마술적인 힘이 왜 정치 권력의 기본적인 한 형태를 형성했는지 쉽게 이해할 수 있다"(Bourdieu 1991: 236).

인간은 그들의 세계를 상징적인 관점에서 이해하고 그에 따라 행동하기 때문에, 이런 마법의 과정이 주문을 외워 만든, 그리하여 상식적인 인식의 일부분이 된 하나의 결속체는 '허구적인 것'이라기보다는 명백하게 '실재적인 것'이다. 사회 세계에 살고 있는 자라면 그 누구라도 이런 결속체를 하나의 객관적인 현존으로서 직면하기 때문이다. 그럼에도 불구하고 부르디외는 이런 집단이 행하는 것처럼 보이는 활동들의 진정성에 대하여 회의적이며, 이런 집단의 이름이 지닌 권위가 권력을 남용하고 사람들을 속이는 수단으로 이용될 수 있음을 정확하게 인식하고 있다. 부르디외는 '인민'을 포함한 여러 결속체들을 살펴보면서, "한 집단이 대변인, 바로 자신을 대신해 자신의 자리에서 자신을 위해 말함으로써 그들이 속한 집단을 현존하게 만드는 자에게 권력을 대리시킬 때에만 존재할 수 있게 되는, 바로 그 정점"에서 가장 명확히 나타나는 '성직자의 수수께끼'the mystery of ministry에 대해 말한다(Bourdieu 1991: 249). 우리는, 누군가 한 집단을 대변하고 그 집단의 대표자로서 행동할 때에야 이 집단이 존재하며 권위를 대리시킬 수 있는 능력이 있다고 가정하는 경향이 있다. 그러나 부르디외는 (홉스주의자들과 유사한 주장을 펼치며) 대리란 개인들의 집합체를 하나의 '신비로운 결집체'mythical body로 변모시키는 '마법의 행위'라고 주장한다. 이 과정에서 결집체와 그 개인 구성원들은 자신들의 하인 노릇을 하기로 되어 있는 대표자들에게 자신들이 만들어 낸 권력을 넘김으로써 그 통제권을 상실하게 된다(Bourdieu 1991: 209). 그는 심지어 이런 집단들이 공적인 장에 모습을 드러내는 순간에조차 연루되는 조작들에 비꼬는 듯 비판을 가한다. 예를 들어 '노동 계급'의 대표자들은 "대의를 통해 존재하는 계급the class-in-representation을 일종의 극적인 시위들을 통해 상징적으로 표출한다"(Bourdieu 1991: 250). 다시 말해 정치적 시위에서 모습을 드러낼 수 있는 한 결속체를 그냥 '허구'라고 부를 수는 없을지라도, 그 진정성은 여전히 의문스럽다는 것이다.

부르디외는 사회 결속체들이 현실에 실재한다는 것이—심지어 때로 공적 무대에 가시적으로 등장한다는 것이—조작에 대한 의문을 없애

버리지는 않음을 보여 준다. 이 장에서 앞서 논의한 모든 신화들 속에서, 인민의 형상은 권위의 형상, 곧 사실상 궁극적 정치 권위였다. 만약 이런 형상이, 부르디외의 정치 마법가들이 '마법을 부릴' 때 혹은 '시위를 벌일' 때만 그 모습을 갖추는 것이라면 그 권위는 어떻게 되는 것일까? 그러나 우리는 이런 회의주의에 안주하기 전에, 신화적 인민mythic People이 취하는 일부 외연들이, 좀더 자발적이며 좀 덜 어두운 정치적 조작의 기술과 연관됐다는 측면에서 다른 외연들보다는 더 진정한 것은 아닌지 고려해 볼 필요가 있다.

신화적 인민은 실제 두 가지 면모를 지니고 있는데, 한편에서는 정치적 마법가들이 불러일으키는 하나의 정신으로서의 형상이며, 다른 한편에서는 좀더 자발적이며 좀 덜 통제되는, 가끔 일어나는 하나의 운동으로서의 형상이다(Brubaker 1996: 16 참조). 만약 이러하다면, 인민의 신화들은 좀더 다른 측면에서 나타나는데, 이런 신화들을 이용하는 이들이 단순히 위에서 아래로 전달하는 상징적 권력의 표현으로서만 아니라 또한 드물지만 기억할 만한 집단 행동의 사건을 통해 만들어진 풀뿌리 권력의 표현으로도 나타난다. 이런 드물게 일어나는 '인민 권력'의 표출을 이해하기 위해, 우리는 이중적 접근법을 사용해 거의 조작적인 '마술'에 대한 연구를 운동에 대한 분석으로 보완할 필요가 있다. 이런 드물게 일어나는 인민의 표출은 '사회 운동'으로 알려진 집단적 정치 행동의 에피소드들과 일부 밀접한 관계에 있다. 사회 운동은 유동적인 것으로 악명이 높은데, 잘 알려진 한 연구에 따르면, 세대를 넘어서는 지속성은 조직의 형태에 의해서가 아니라 정치 활동이 진정된 이후 집단 정체성의 지속을 통해 가능해진다. "운동은 그 특성상 '가시적'visible 단계와 '잠재적'latent 단계 사이를 오락가락한다." 문제의 집단적 정체성은 "정적인 동시에 역동적이다". 한쪽에 환기시켜야 할 견고하고 지속적인 정체성이 있지만 다른 한쪽에는 집단 행동 속에서 그리고 집단 행동을 통하여 만들어 내고 지속적으로 재정의해야 할 것이 있다. 집단 정체성은 상징, 기억, 이야기, 의식적 관례를 통하여 보존되고 전달된다(Della Porte and Diani 1999: 85~89, 97~98).

비록 이런 설명은 녹색당Greens 같은 예를 염두에 두고 고안된 것이었지만, 또한 인민 권력과 관련한 최근의 사건들에도 적용할 수 있을 것이다. 분명하게 개념과 신화로서 '주권 인민'은, 유동적인 정치적 열기가 그 형상을 만들고 집단 행동을 통해 강력하게 자각되는 집단적 정체성을 규정하는 데 아주 적합하다. 적어도, 문헌을 통해 충분히 입증된 사회 운동 현상들은, 공적 무대에 인민의 등장이 부르디외의 조작적 마법에 따라 행사될 필요가 없음을 시사한다. 이런 표출이 자발적일 수도 있다는 가능성이 존재하는 것이다. 그러나 이것이, 인민을 내세우는 그 어떤 자발적 운동이라도 틀림없이 진정하거나 권위 있다는 말은 아니다. (우리가 5장에서 보았듯이) 심지어 선거나 주민 전원 투표 같은 공식적 의례들조차도 주권 인민의 현존을 보장하지 못하는 것이 사실이라면, 비공식적이고 유동적인 인민 권력의 표출에 대한 신뢰도는 더욱더 의심스러움이 분명하다.

인민 권력의 일부 복잡성은 주목할 만한 참여자로서 옌스 라이히[17]가 내놓은 1989년 동독 혁명에 대한 설명을 보면 명백해진다. 라이히는 자신들이 벌인 운동이 '평범한 사람들의 한 전체적 단면'을 포함하는 대표적 사례임을 분명히 하려 했던 애초의 소수 이견자들의 노력을 다시 살펴본다. 그는 평범하고 방어력이 없는 사람들—한 주 한 주가 지나갈수록

17) 옌스 라이히(Jens Reich, 1939~)는 독일의 과학자이자 시민 운동가이다. 동독 시절 시민 권리 운동으로 유명해졌다.

이런 사람들의 수는 많아졌다——이 촛불 행진이라는 의식을 통해 정권의 권력에 도전했던 드라마와 영웅주의를 생생하게 묘사한다. “작고 연약한 불을 밝힌 수많은 이들이 말했다 ‘우리가 여기에 있다! 단결된 우리를 아무도 꺾을 수 없다. 우리가 인민이기 때문이다!’” 라이히는 이런 참가자들 사이의 고양된 분위기를 두고, 참가자들이 “참으로 무모하고, 극적이면서도 깊은 인상을 남긴 표현을 하게끔 만들었다”고 묘사한다(Reich 1990: 73, 87). 그러나 보통 사람들이 인민으로 탈바꿈하는 이런 라이히의 설명에서 분명해지는 것은, 이런 표출을 진정한 것으로 만드는 정치적 무대의 결정적 중요성이다. 인민의 대의와 동원을 독점했던 억압적 정체인 독일민주 공화국the German Democratic Republic이라는 배경에 저항했던 어떠한 자발적인 공적 행동이라도 과장된 의미를 띠었다. 라이히는 공산주의 지도자들조차 “그들이 거리 시위대의 권력과 의미를 과대평가했다”는 점에서 이런 종류의 가시적 환상에 빠져들었음에 주목한다. 민주정체의 지도자들은 거리 위의 군중들이 진정한 인민이라는 점에 훨씬 쉽게 설득되지 않는다. “서구의 지배 엘리트들은 사람들이 와서 소리치고 잠시 뒤 배고프고 지루하면 집으로 돌아간다는 사실을 오래전부터 알고 있었다. 당신은 단순히 시위가 ‘끝나길 기다리기만 하면’ 된다”(Reich 1990: 86).

‘인민 권력’과 관련해 모든 최근의 사건 중 인민의 풀뿌리 운동으로서 그 진정성을 가장 강력하게 주장할 수 있는 예는, 1980년대 아무도 기대하지 않은 가운데 떠오른 폴란드의 ‘연대’Solidarity 운동이다. 심지어 참여했던 사람들에게조차 놀라움의 원천인 듯 보이는 이 사건에서 이런 일이 일어나도록 마법을 부리거나 통제한 마법사는 없었다.[18] 이 운동의 가장 충격적인 특징 중 하나는 경이롭고도 고무적인 그 규모였다. 그 정점에 이르렀던 시기에 이 운동은, 공권력이 위협적인 적대감을 드러내는 가운데, 4천만이 채 되지 않는 인구 중 1천만 명을 동원했다. 이 운동이 이런 동원을 해낼 수 있었던 이유는, 인민을 단지 정당성의 주권적 원천으로서뿐만 아니라 약자underdogs 및 민족이라는 세 측면에서 대표했기 때문이다. 이는 인민의 다양한 의미들의 결합이었으며 서로의 측면을 엄청나게 강화시킨 신화의 원천이었다. 노동조합으로서 시작한 '연대'는 폴란드 민족주의의 풍부한 신화에 깊이 의존하고 있었으며 이 신화는 종교적 헌신과 뒤섞여 있었다. 이 운동이 전체 폴란드 주민의 지지를 받았다고 말하는 것은 아니다(Tymowski 1991~1992: 168). 그러나 이 운동은, 거대한 풀뿌리 운동이 내보인 [탁월한] 규율과 제약의 측면에서 분명히 인상적이었다. 이 사건을 지켜본 많은 사람들에게, 이 운동은 행위하는 인민이 자신을 진정으로 표출한 것이었다(예를 들어 Goodwyn 1991; Laba 1991; Tauraine 1983; Bakuniak and Nowak 1987을 보라). 그렇다면 이 사건을 셸던 월린이 환호한 '도망자 민주주의'fugitive democracy[19]의 순간들 중 하나로 여겨야만 하는 것일까? 다시 말해 로크가 주장했듯이 "권력이 '공동체'로 되돌아

---

18) **[원주]** 연대 운동과 관련하여 가장 눈에 띄는 이견을 지닌 지식인 중 한 사람이었던 야체크 쿠론(Jacek Kuron, 1934~2004)은 1980년 8월의 사건들에 대해 다음과 같이 말했다. "나는 그 일이 불가능하다고 생각했다. 그 일은 불가능한 것이었다. 나는 여전히 그 일이 불가능했다고 생각한다"(Tymowski 1991~1992: 165).

19) 월린은, 민주주의란 평범한 시민들이 공통의 관심사를 찾고 이를 실현하기 위해 행동을 취하는 가운데 정치적 존재가 될 수 있는 정치적 잠재력과 관련된 프로젝트라고 보았다. 이런 맥락에서 그는 민주주의를 시민 행동의 직접적인 표출로 이해했다. 월린의 이런 민주주의 이해에서 특이한 점은, 시민들이 자신들을 평상시 늘 표출할 수 없다는 데 있다. 이런 시민들의 직접 행동은 일시적으로만 가능하다. 그러므로 민주주의는 하나의 에피소드처럼 순식간에 나타났다 도망자처럼 사라져 버리는, 순간적인 운명을 지녔다. 이렇게 보면 민주주의는 정부의 형태도 아니고, 정치 체제도 아닐 수 있다. 결국 도망자 민주주의는 민주적 행위의 순간적인 분출을 의미한다(Sheldon Wolin, "Fugitive Democracy", ed. Seyla Benhabib, *Democracy and Difference*, Princeton: Princeton University Press, 1996, pp. 31~45).

간", 그리고 "정치적인 것이 기억되고 재창조된" 짧은 찰나의 혁명적 순간으로 보아야 하는 것일까?(Wolin 1994: 21, 23; 또한 Goodwyn 1991: 117도 참조). 이야말로 정치적 신화들이 우리로 하여금 갈망하게 만드는 그런 순간들이다. 이제 함께 우리가 이런 사건들로부터 이끌어 낼 수 있는 결론이 무엇인지 살펴보도록 하자.

결론

다른 모든 정치 신화들처럼 인민이 등장하는 신화들이 환상과 조작을 위한 충분한 기회들을 제공한다는 점은 의심할 바가 없다. 그럼에도 우리는 아주 드물긴 하지만 하나의 결속된 인민의 출현을 단순히 '허구' 혹은 '마법사들'의 연기와 거울로 일축해 버릴 수 없을 때—폴란드의 연대는 분명하게 이런 경우 중 하나다—가 있음을 인정해야만 한다. 때때로 우리는, 한 정체를 위협할 수 있는 집단적 권력과 새로운 정체에 정당성을 부여하고 실제로 그 권력을 유지하는 집단적 권위를 만들어 내는, 정치적 실재political reality로서의 인민과 직면하는 듯하다(Arendt 1963). 그러므로 다음과 같이 말하는 것이 공평할 듯하다. 일부 신화들은 개별 사람들이—아마도 순간적인 것이겠지만—'하나의 인민'a people을 형성하고 [결속된] '인민'the people으로서 행동하는 곳에서 정치 권력이 탄생한다는, 그리고 때로는 오래전 포풀루스 로마누스가 보여 주었고 더 최근에는 미국 인민들이 그랬듯이 견고하면서도 지속적인 방식으로 정치 권력이 되어 탄생한다는 정치에 대한 진실의 한 자락을 담고 있다. 그러나 우리가 이런 점에 동의한다 하더라도, 이를 결속된 인민이라면 가지게 되는 권력과 권위 양자 모두에 대해 좀더 회의적으로 바라보는 의견들과 균형을 맞출 필요가 있다. 권력이 관심사가 된 곳에서는, 무엇보다도 인민 동원—허구적인 것도 아니며 '주문을 외워' 만든 것도 아닌—이 역사 전반을 통하여 분명하게 파괴 외에는 아무런 목적도 없이 집단적 권력을 만들어 냈던 경우들이 있었다. 선동적 군중 폭력에 대한 두려움은 존재해 왔고 많은 경우에 단단한 기반을 지닌 채 지속되고 있다(Canovan 2002c 참조). 이런 점을 상기해 보면 신화적인 인민과 관련해 다음과 같이 더 나아가 질문을 해볼 필요가 있음을 알 수 있다. 심지어 인민 동원이 충격적이거나 무용한 것도 아닌 드문 사례에서조차, 그리고 실제로 이런 동원을 통해 인민에게서 정당성을 부여받은 새로운 정치 질서가 들어서는 드문 경우조차, 우리는 얼마나, 예를 들어 '우리 미국 인민'과 같은, 결속된 인민의 권위에 경의를 표해야 하는 것일까?

분명하게 이런 인민을 존중심을 지니고 대할 수 있는 근거가 존재하며, 아마도 그 근본적 이유를 간결하게 설명할 수 있을 것이다. 서구 국가의 시민들은 그들이 즐기고 있는 상대적으로 문명화된 정치적 조건들을 너무나 당연한 것으로 받아들이는 나머지 정치가 대부분의 시대와 장소에서 전반적으로 포식적이었다는 것을 잊고 있다. 덜 포식적이면서 부분적으로 공공선관觀을 갖춘 정치를 달성하는 일은 어떤 조건들하에서도 쉽지 않은 것이며 특정한 전제 조건이 부재한 가운데서는 불가능한 것일지도 모른다. 이런 전제 조건들 중의 하나가 바로 신화에 의해 지탱되며, 정치 권력을 만들어 내고 감시할 능력이 있는 하나의 결속된 인민인 것처럼 보인다(Canovan 1996). 마이클 오크쇼트가 [자유민주주의를] '회의의 정치'politics of scepticism라 부른 많은 좋은 이유들이 있긴 하지만, 쥐꼬리만 한 '신념의 정치'politics of faith[20]조차 없다면 자유민주주의는 지탱될 수 없을 것이라 보인다(Oakeshott 1996).[21]

그러나 적정한 존경심은 무비판적인 경의를 수반하진 않는다. 어떤 사람들은 관습, 왕, 교회 혹은 정당과 같은 권위의 다른 원천에 대한 믿음을 잃고 인민을 숭배하기에 이르렀다. 여기에서 제시된 주장 중 그 어떤 것도 이런 결론을 요구하지는 않는다. 모든 신화들 중에서도 가장 강력한 (그리고 가장 오도된) 신화는, 바로 지루한 일상 정치의 표면 뒤 어딘가에, 최선을 다하며 일상 정치를 헤쳐 나가야 하는 책임으로부터 우리를 구해낼 수 있는 그 어떤 궁극적인 권위의 원천이 존재한다는 믿음이다.

---

20) 마이클 오크쇼트(Michael Oakshott, 1901~1990) 사후에 출간된 책 제목이 『신념과 의심의 정치학』(*The Politics of Faith and the Politics of Scepticism*, New Haven: Yale University, 1996)이다. '회의주의'라고 해야 더 정확한 번역이겠지만, 신념과 상응 관계를 맞춘다는 점에서 '회의'라고 번역했다. 이 책에서 오크쇼트는 정치 사상이 크게 목적 연합(enterprise association)과 시민 연합(civil association)을 지향하는 두 학파로 나뉘어 있다고 말한다. 목적 연합은 인간이 보편선을 구분하고 이해할 수 있는 능력이 있다는 신념의 정치에 근거해 있기 때문에 국가가 구성원들에게 진보, 구원과 같이 보편적 원칙을 부여하고 이에 참여하길 강제하는 반면, 시민 연합은 이런 인간의 능력을 의심하는 회의의 정치에 근거해 있기 때문에 원칙적으로 법의 관계로 형성된다. 신념의 정치는 공공선을 증진시키고자 권력을 쓰는 것을 긍정적으로 보는 반면, 회의의 정치는 정부가 어떤 좋은 일을 하려고 하기보다는 나쁜 일을 사전에 막는 정도까지만 정부의 권력을 사용해야 한다고 본다. 오크쇼트는 이 두 입장이 서로 극복할 수 없는 네메시스의 관계를 이룬다고 말한다. 여기서 오크쇼트의 이런 개념 구분에 근거한 캐노번의 주장은, 인민의 권력이 긍정적으로 사용될 수 있다는 신념이 전혀 없다면 자유민주주의 정체 내에서 공공선을 달성하는 일이 어려우며 근본적으로 자유민주주의 정체 자체가 유지될 수 없다는 것이다.

21) **[원주]** 오크쇼트 스스로 인정한 것이었다.

7장/ 결론

필자는 인민의 상호 충돌하는 측면들이, 인민에게 궁극적인 정치적 권위를 부여하는 일과 관련하여 이런 혹은 저런 방식으로 모두 연결되어 있는, 중요하면서도 풀리지 않는 정치적 쟁점을 가리키고 있음을 보이려 노력했다. 2장에서는 이런 측면들이 긴 논쟁의 역사를 통해 지속되고 변천해 온 일부 경로를 대략적으로 살펴보았다. 3장에서는 쉽게 가늠할 수 없는 '하나의 인민'a people의 경계들이 제기하는 쟁점들을 살펴보면서, 민족적 및 반민족적인 정치 공동체관들, [인류로서] 인민 일반 및 구체적 인민의 관계와 연관된 좀더 폭넓은 문제들을 탐구했다. 4장에서는 정치 공동체의 부분과 전체 모두를 의미하는 인민의 수용력을 살펴보는 가운데 대중영합주의의 역동성 및 대중영합주의와 현대 민주주의의 불편한 관계를 고찰해 보았다. 5장에서는 주권 인민으로 관심을 전환하여, 구체적 개인들의 집합으로 인민을 보는 관점과 집단적이면서도 대개는 추상적 독립체로 인민을 보는 관점 사이에 깊이 내재한 모호성을 살펴보면서 이론적이며 실천적인 문제들 맞닥뜨렸다. 이런 문제들은 아마도 개인들이 일시적 동원에 나서는 드문 경우에만 풀린다고 할 수 있을 것이다. 6장은 돌발적이며 변화가 심한 정치적 행위를 주제로 살펴보는 가운데, (적어도 신화의 영역에서는) 전체 인구 집단으로서의 인민이 구원적 현존redeeming presence으로서의 인민으로 변모하는 것을 허용하는 이상한 이중적 삶과, 이런 이중적 삶이 제기하는 허구 및 진정성과 관련된 쟁점들을 살펴보았다.

인민은 의심할 바 없이 가장 덜 정확하면서도 가장 난잡한 개념들 가운데 하나다. 그러나 바로 이런 이유로 이 개념을 두 가지 측면에서 철저히 정치적인 개념으로 간주해야 한다는 주장이 있다. 그 중 하나는 인민이 정치적으로 두드러진 존재라는 점과 연관이 있는데, 이는 그냥 듣기 좋으라고 하는 말이 아니다. 이 주장에 따르면, 인민은 모든 정치가들의 친구다. 이 개념에 내재한 불명확성과 모호성, 울림과 일상성의 결합은, 이 개념이 모든 형태의 대의 이상을 간편하게 지지하게끔 만든다(Canovan 1984 참조). 그러나 인민을 철저히 정치적인 것으로서 설명하고자 하는 더 흥미로운 이유가 있는데, 이 개념의 성격을 보여 주는 특징들이 정치 자체의 우연성을 반영하고 있기 때문이다. 지금까지 보았듯 인민은 특히나 개방적이고 확고하게 정의되지 않은 개념이다(Laclau 2005 참조). 이 개념의 많은 측면이 일종의 결속체를 언급하고 때로 하나의 구체적이며 규정된 집단을 언급할 수 있음에도 불구하고, 이 개념은 그 성격상 무정형적이다. 무정형성으로 보자면 규정하기 어렵기로 악명 높은 '민족'보다도 훨씬 더하다. 인민은 확고히 규정된 성격, 경계, 구조 혹은 영구성을 지닌 집단으로 한정시킬 수가 없다. 비록 인민에게 이런 측면들이 있을 수 있음에도 말이다. 게다가 인민에 내재한 공간적 정의의 결여는 시간상의 불연속성으로 인해 더욱 복합적이 된다. 우리는 인민이, 예측할 수 없이 등장했다가 다시 사라지는, 드물게 일어나는 동원에 대한 언급으로 여겨질 수 있음을 보았다.

이런 특징들로 인해 분명한 의미와 영구한 구조를 찾고자 하는 정치 분석가들이 좌절하고 있지만, 이런 특징들은 정치를 규정하는 고도의 성격이기도 하며, 특히 가장 분석하기 어려운 정치적 측면들이기도 하다. 플라톤 이래 정치를 연구하는 이들은, 그들이 발견할 수 있는 안정성이라면 그 어떤 것이라도 열성적으로 부여잡으려 하면서, 사건들과 외연들 appearances의 유동성 뒤에 있는 명료성과 영구성을 찾고자 노력해 왔다. 분명하고 정확한 개념들, 관료적 계층 질서 및 정치 조직과 헌법의 구조들, 일반적인 투표 유형 및 정권 교체의 순환 시기 등 이런 특징들의 중요성은 거부할 수 없는 것이지만, 이런 특징들에 대한 집중은 좀더 규정하기 어려운 현상에 대한 관심을 외면하는 경향이 있다. 그러나 일반 정치—특히 현대 민주정치—를 특징짓는 것은 개방성과 우연성이다. 그리고 새로운 발안들과 신념들의 급속한 등장, 개인들이 강력한 집단으로 탈바꿈하는 예측하지 못한 동원, 운동의 돌발적인 부상과 쇠퇴, 열정과 무관심 사이를 오가는 예측할 수 없는 분위기의 변화 등을 포함하는 [정치적] '사건들' events이 일반 정치를 특징짓는다. 이런 특징들은 인민의 개방성에 투영되며, 평범한 개인들이 함께 모여 하나의 정치적 결집체를 이루고 이전에 아무도 없던 자리에 권력을 만들어 낼 수 있다는 그 잠재력을 반영하고 있다 (Arendt 1972: 143).

그러므로 결론을 내리자면, 인민이라는 개념—혹은 좀더 정확하게 말해, 이 용어와 관련된 수많은 신념과 담론—은 다루기 어려운 것일 수 있지만, 오늘날의 정치에서 이 개념이 없다면 정치를 실행하기는 더욱 어려울 것이다. 분명하게도 우리에게는 이 개념을 무시할 여유가 없다.

옮긴이 후기

'국민' 속에 숨겨진 '인민'

'인민'. 서구 사회 대부분의 정치학자들은 '인민은 어디에도 있고 어디에도 없다'고 말한다. 이런 주장을 우리 사회에 적용시켜 보면 그다지 적절해 보이지 않는다. 우리 사회에 인민은 어디에도 없는 것처럼 보이기 때문이다. 분단의 현실 속에 인민은 오로지 군사분계선을 넘어 북쪽에만 존재하는 것처럼 보인다. 그리고 우리는 인민이란 말을 낯선 것, 쓰지 말아야 할 낡은 금기시된 용어로 대한다. 하지만 인민이란 말이 우리 사회에서 그 실체를 감춘 채 널리 쓰이고 있는 용어가 있다. 바로 '국민'이다. 이제 서구 정치학자들이 쓰는 '인민은 어디에도 있고 어디에도 없다'는 표현에서 인민의 자리에 '국민'이란 말을 넣어 보자. '국민은 어디에도 있고 어디에도 없다.' 이제 독자들은 이 말을 좀더 쉽게 이해할 수 있을 것이다. 정치인들은 국가 주권으로서 국민을 언제 어디에서나 이야기하지만 일상에서 국민은 자신이 지니고 있는 최고 권력을 사실상 행사하지 않는다. 일상의 정치에서 국민은 정치 엘리트에게 권력의 행사를 맡겨 두고 깊은 겨울잠에 빠져든 듯 움직이지 않는다. 이런 점에서 보면 인민은 어디에도 있고 어디에도 없다는 이 말이 조금은 와 닿을 것이다.

인민이란 말에 거부감을 느끼는 이들은, 우리에게 인민을 대체한 국민이라는 용어가 있는 현실에서 굳이 인민이란 용어를 쓸 필요가 있느냐고 물을 수도 있겠다. 분명 적절한 대체 용어가 있다면 이 말은 옳다. 그러나 국민은 인민이 지니고 있는 다층적 의미 중 '국가의 구성원'이란 한 층의 의미밖에 표현하지 못하는 용어다. 사실 인민의 경계가 국가 구성원의 경계와 일치하지 않는다는 점에서 국민이란 용어는 인민이 지닌 여러 개념 중 그 어떤 것도 정확하게 표현하지 못하고 있다. 인민은 국민보다 훨씬 크고 복잡한 개념이다. 인민이라는 훨씬 더 큰 개념을 국민이라는 더 작은 개념 속에 숨겨 놓았다는 점에서, 인민을 국민이란 말로 대체시키는 것이 정치적으로 효과적일지는 모르겠으나 개념적으로 올바른 일이 아니란 점은 분명하다.

인민이란 누구인가?

'인민이란 누구인가?' 정치학에서 인민은 그 개념의 모호성으로 악명이 높다. 개념이 모호한 만큼 정치가들에게 인민은 일종의 만병통치약이다. 당대 모든 정치인은 어떤 방식으로든 인민에게 호소한다. 그러나 인민의 문제는 정치인들이 어떤 때는 하나된 주권자로, 어떤 때는 소외된 서민들로, 어떤 때는 분열된 개인들로 필요에 따라 다양한 방식으로 그려 낼 수 있다는 데 있다. 이런 점에서 인민은 통합과 분열의 가능성을 동시에 안고 있는 개념이다. 그렇기에 인민의 개념은 한편으로 무척이나 위험한 개념이다. 누가 어떻게 사용하느냐에 따라 인민은 실제 정치적 분쟁의 대상이 되기 십상이다. 공산주의 붕괴 이후 발칸 반도는 자신들이 인민이라 주장하는 집단들의 경쟁의 장이었고, 그 정치적 결과는 엄청난 폭력이었다. 사실 이런 위험한 경쟁이 남의 일만은 아니다. 우리가 살고 있는 이 한반도에서도 하나의 우리 인민We, the Korean People이 두 개의 국가로 나뉘어 서로가 정통성을 주장하며 한국전쟁을 벌였고 2천 700만의 인구 중 600만이 넘는 사상자를 내고 1천만 이상이 이산가족이 되었다. 그리고 지금껏 그 호전적인 적대적 관계는 지속되고 있다.

이 모호함과 이에 따른 위험성 탓이었을까? 인민은 그 연계된 개념으로서 '민족'과 더불어 당대 정치학자들이 여간해서 손대고 싶어 하지 않는 개념이다. 정치학 내에서 개념 정의를 담당하는 주축 학문은 정치 이론이다. 그러나 20세기 중반 이후 서구 사회의 정치 이론가들은 인민을, 민족을 상대하길 꺼려 왔다. 인민과 민족이라는 대의명분 아래 일어난 셀 수 없는 가혹한 정치적 폭력이 개인의 권리를 향상시키는 데 주력했던 이 정치 이론가들을 때로 두려움 속으로 몰아넣으며 질리게 만들었음이 틀림없다. 게다가 서양의 민주정체에서조차 유행하고 있는 대중영합주의의 확산은 정치 이론가들이 인민이라는 개념을 더욱 멀리하게끔 만들었다. 10여 년 전, 박사논문 주제를 선택하며 인민이란 개념을 진지하게 마주하기 이전까지 역자 역시 그렇게 생각했다. 강력한 민족주의의 영향 아래 상대적으로 눌려 있는 개인의 권리를 향상시키는 것이 우리 사회가 당면한 과제라고 믿고 있던 역자에게 인민과 민족은 그 자체로 모호할 뿐만 아니라 함부로 꺼내 쓰기엔 필요 이상으로 위험한 개념이었다.

이 두 개념 중 민족은 그나마 상대적으로 그 정체성을 분명히 하려는 연구 성과가 있었다. 한편에서 민족이 상상된 공동체라는 베네딕트 앤더슨의 연구가 폭발적인 반응을 얻으면서, 또 한편에선 자유주의적 민족주의liberal nationalism라는 발상의 확대와 더불어 한때 민족에 관한 다양한 연구서들이 쏟아져 나왔다. 반면 인민의 개념 자체에 관한 체계적인 연구는 여전히 찾아보기 힘들다. 여러 학자들이 인민이란 이 모호한 개념을 둘러싸고 벌인 학술적 논의들이 드문드문 단편적으로 있었지만, 인민이 누구인지에 대한 체계적인 연구로서 학술적 논의는 사실상 없다고 해도 과언이 아니다. '인민은 어디에도 있지만 어디에도 없다'는 모호함을 넘어 인민이 '모습을 직접 드러냈을 때 보여 준 폭발력'을 학자라면 자연스럽게 경계할 수밖에 없기 때문이다.

마거릿 캐노번의 『인민』

마거릿 캐노번의 『인민』*The People, 2005*은 20세기 후반 (대중영합주의가 일반화되며 인민에 관해 경계심이 특히나 더한) 영미권에서 출간된 거의 유일무이한 인민에 관한 체계적인 연구서다. 이 연구서는 영어라는 언어에 내재한 인민의 문제를 주로 다루고 있지만, 대륙에서 진행된 다양한 인민에 관한 연구들 역시 넓게 포용하고 있다는 점에서 더 의미 있는 책이라 할 수 있다. 더불어 이 연구서는 지구화 시대에 새롭게 생성된 인민의 확장된 의미까지 모두 포함하고 있다는 점에서 세계시민주의까지 포용하고 있다.

캐노번은 한나 아렌트에 관한 연구로 그 명성을 얻은 정치 이론가다. 1974년 출간한 『한나 아렌트의 정치 사상』*The Political Thought of Hannah Arendt*으로 주목받기 시작하여, 1992년에 출간한 『한나 아렌트: 정치 사상의 재해석』*Hannah Arendt: A Reinterpretation of Her Political Thought*으로 아렌트 학계에서 최고의 연구자로 발돋움했다. 아렌트 연구와 더불어 캐노번의 학문적 관심은 당대 정치 이론가들이 상대적으로 소홀히 했던 민족과 인민이다. 좀 더 세부적으로 말하자면, 캐노번의 출발점은 인민을 둘러싸고 벌어지는 대중영합주의였다. 영국의 대중영합주의자였던 G. K. 체스터턴에 관한 연구서인 『G. K. 체스터턴』*G. K. Chesterton*, 1978에서 시작해 『대중영합주의』*Populism*, 1981, 『민족 공동체와 정치 이론』*Nationhood and Political Theory*, 1996을 출간했다. 특히 민족에 관한 연구서인 『민족 공동체와 정치 이론』으로 다시 한번 국제적으로 학계의 주목을 받았다. 여기서 캐노번은 정치 이론이 민족을 외면하기보다는 정면으로 맞서야 한다고 역설한다. 이후 10여 년의 오랜 작업 끝에 나온 연구서가 바로 『인민』이다. 캐노번이 인민을 늘 경계하고 때로는 경멸했으며 주권이란 개념을 멀리한 한나 아렌트 연구자로 그 명성을 얻었다는 점을 생각해 보면, '민족'과 '인민', '주권 인민'에 대한 관심은 뜻밖으로 보인다. 물론 『인민』의 곳곳에 아렌트와의 접점이 있기는 하지만, 이는 역자 후기를 넘어선 내용이라 더 이상 언급하지 않겠다. 여기서 중요한 사안은 캐노번이 인민의 위험성에 대해 충분히 인지하고 있었다는 점이다. 그럼에도 캐노번은 이 개념이 위험하다는 이유로 피하기보다는 민족을 대할 때와 마찬가지로 정면으로 맞서고 있다.

인민의 다양한 문제들

각 언어마다 인민을 뜻하는 단어들이 있다. 피플people, 푀플peuple, 포크Volk 등 역사와 맥락에 따라 조금씩 다른 의미를 지니고 있지만, 인민을 뜻하는 이 용어들은 세 가지 측면에서 공통적인 의미를 지니고 있다. 주권, 민족, 그리고 (정치 엘리트에 의해 배제된) 평민. 여기에 영미권에서의 인민, 소위 '피플'은 '인류'를 뜻하기도 하는데 지구화 시대의 세계시민주의 프로젝트에서는 이 인류가 하나로서의 정치적 인민으로 확장되는 단계에 이르렀다. 정리해 보자면, 인민은 소외된 계급이자 전체로서 최고 주권자이며,

하나의 개별 민족이자 인류 전체를 뜻하는 혼란스런 개념이다. 문제는 이뿐만이 아니다. 하나의 예로 민주주의에서 '인민 주권'은 이제 누구도 손댈 수 없는 개념으로 자리 잡았다. 하지만 민주주의에서 그 주인을 뜻하는 '데모스'는 인민과 동의어라 할 수 있을까? 역사적으로도 인민은 로마공화국의 포풀루스에서 탄생한 개념인 반면, 데모스는 고대 아테네에서 탄생한 개념이었다. 정체로서 공화국은 찬양되었지만 민주주의는 상대적으로 미움과 경멸의 대상이었다. 이런 역사적 상황 속에서 어떻게 인민은 민주주의와 결합하여 데모스의 자리를 차지한 것일까? 만약 데모스의 자리를 대체한 것이 아니라면 데모스와 동의어가 된 것일까? 더 나아가 인민은 어떻게 권력을 행사하며, 실제 그 권력을 행사하고 있기는 한 것일까? 이런 복잡한 인민의 지층을 우리가 명확히 규정하고 그 개념을 확실히 규정할 수 있긴 한 것일까?

캐노번은 이 도전적인 질문들을 모두 집결시켜 풀어놓는다. 아니 캐노번이 살펴보고 제기하는 문제는 훨씬 더 넓고 복잡하며 다층적이다. 예를 들어 우리와 타자를 구분하는 하나의 정체성을 갖는 집단으로서 인민의 경계는 어디일까? 인민은 국경을 따라 구분되는 것일까? 그러나 우리는 인민이 단순히 국경을 따라 구분되지 않는다는 것을 알고 있다. 한반도에서 우리 인민은 남과 북의 땅에만 존재하는 것이 아니다. 식민지 유산으로 일본에 남겨진 재일 동포, 한국전쟁으로 인해 남미에 살고 있는 디아스포라, 이주로 인한 해외 동포와 같이 다양한 방식으로 '우리 인민들'의 부분이라 주장할 수 있는 사람들이 존재하며 그 경계는 모호하다. 심지어 이 중 많은 이들이 더 이상 우리 국적을 가지고 있지 않고, 재일 동포들의 경우 남과 북도 아닌 '조선' 국적을 가진 이들도 있다. 우리는 누구를, 그리고 어디를 우리 인민의 경계로 설정해야 하는 것일까? 이 문제는 개념상의 혼란이란 수준으로 남지 않는다. 새로운 통일 시대, 새로운 국가가 들어설 때 우리는 우리 인민의 경계를 어떤 방식으로든 새로이 설정해야만 한다. 누구를 포용하고 누구를 배제할 것인가? 예를 들어 한국인 남편을 따라 한국 국적을 취득한 영국 출신의 제인은 우리 인민인 반면, 식민지 유산으로 일본에 남겨진 조선인 3세는 우리 인민이 아니라고 할 때 우리는 이를 공정한 경계라고 부를 수 있을까?

더 나아가 캐노번은 이 글을 시작하며 언급했던, '인민은 어디에나 있지만 어디에도 없다'는 주장과 관련하여 중요한 문제를 내놓는다. 사실 이런 주장은 인민이 정치 권력 투쟁에 이용만 당할 뿐 일상에서 어떤 권력도 행사하지 못하는 현실을 냉소하는 말에 가깝다. 한마디로 '인민의 부재'를 말하는 것이다. 그렇다면 인민은 언제 어떻게 그 모습을 드러내는 것일까? 인민은 언제 직접 행동에 나서며 왜 일상에서는 침묵하게 되는 것일까? 캐노번은 인민의 권력을 일상적 '부재'와 일시적 '현존' 사이에 있는 것으로 묘사하며, 일상의 침묵에서 깨어나 스스로 모습을 드러내는 동원의 순간에 주목하라 말한다. 부재하던 인민이 현존하는 권력으로 변모하는 매개로서 초일상적인 동원에 주목하고 있는 캐노번의 분석은 매우 설득력이 있는데, 권력은 공공장에 그 모습을 드러낼 때만 존재한다는 아렌트의 '현상학적 요구'를 반영하고 있다.

나아가 캐노번은 이런 인민의 초일상적 동원을 정치 신화라는 입장에서 분석한다. 사회계약이라는 보편적 건국 신화, 미국 건설이라는 지역적 건국 신화 모두가 이런 초일상적 동원에 기반하고 있으며, 이 모든 보편적이고 지역적인 신화의 내용이 인민이 어떻게 침묵에서 깨어나 스스로 자기를 보호할 정체를 형성하며 스스로를 구원했는지에 대해 말한다고 주장한다. 주권자로서 인민이 정체의 건설자이자 구원자로서 역할했다는 것이다. 캐노번은 동구 공산권이 무너지던 순간에 길거리로 쏟아져 나온 인민의 현존을 예로 들며 만약 이런 신화를 받아들일 수 있다면, 흩어져 있는 개별자로서 우리가 공통의 목적을 지니고 하나의 결속된 집단으로 변모해 행동에 나서는 초일상적 순간을 만들어 낼 잠재력이 있음을 의미한다고 보아도 좋으리라 역설한다. 이런 초일상적 동원이 신화적 요소를 띠는 이유는 이런 동원이 너무 짧은 순간에 일어나고 한편으로 합리성만으로 설명하기엔 어려운 우연성의 요소를 지니기 때문이다. 하지만 대부분의 정치 공동체에 이런 동원의 정치 신화가 존재한다는 것은, 캐노번의 말처럼 구원자로서의 주권 인민이 정치를 지탱하는 사실상의 한 축임을 의미하는 것은 아닐까?

통일 시대와 지구화 시대, 그리고 인민의 재구성

역자가 인민에 관심을 가지게 된 것은 두 가지 이유에서다. 첫째, 앞서도 잠시 언급했듯이 통일 시대의 문제 때문이다. 한반도에는 자신들이 '우리 인민'의 정통성을 지니고 있다고 주장하는, 두 개의 국가로 분열되어 있는 하나의 인민이 있다. 지금의 현 상황이 유지되며 통일 시대가 왔을 때, 이 땅에 탄생하게 될 새로운 우리 인민이 우월한 1등 시민과 열등한 2등 시민으로 나뉘어 분열의 길을 걸을 가능성은 누구에게나 확연하다. 이런 분열과 갈등을 차단하는 길은 실질적으로 양자 간의 정체성을 통합할 수 있는 새로운 우리 인민을 어떻게 만들어 내는가에 달려 있을 것이다.

두번째로는 지구화 시대의 문제 때문이다. 인민이 지구화 시대와 관련해 맞고 있는 중대한 문제는 두 수준에서 확인할 수 있다. 첫째는 이주이고, 두번째는 정치적 지역주의이다. 이주자의 문제와 관련해 본다면, 우리나라는 현재 아시아에서 일본에 이어 가장 많은 이주자들이 드나들고 있다. 국제결혼을 비롯해 다문화 가정의 숫자는 해마다 폭발적으로 늘어나고 있다. 그러나 어느 나라에서나 이주의 문제는 소외된 계층을 동원하고자 하는 대중영합주의자들에게 일종의 텃밭이다. 이주의 문제는 한 인민을 포용보다는 배제의 방향으로 이끄는 경향이 있다. 인류에 기여하는 국가가 되자고 외치다가도 우리 인민의 내부로 진입하는 이주자들에게 적대적인 것이 인민의 속성이기 때문이다. 이들을 어떻게 포용할 것인가는 우리 사회가 당면하고 있는, 그리고 지속적으로 맞이하게 될 중대한 문제다. 이제 어떻게 포용하는 인민을 만들어 낼 것인가는 이주의 문제와 관련해 중요한 과제가 될 것이다.

그다음은 지역주의의 문제다. 유럽연합은 최초의 정치적 지역화의 사례로서 우리에게 많은 생각할 거리를 던져 주고 있다. 이 과정에서 유럽연합은 통합된 공동체를 위해 '유럽 인민'의 건설에 나섰고, 그 새로운 유럽 인민의 권리를 '유럽 시민권'에 불어넣었다. 그렇다면 이런 일이 동아시아에서도 가능한 것일까? 중국의 경우 그 인구 규모와 정체 자체 속성의 다름으로 인해 해결하기 힘든 문제가 있다고 하더라도, 한국, 일본, 대만이 유럽연합처럼 하나의 정치 공동체를 형성하는 건 불가능한 일일까? 어떤 이들은 역사적 문제가 이를 가로막으리라 단언하지만 유럽 역시 두 번의 세계대전을 거친 경험이 있다. 만약 유럽연합과 같은 지역 정치 공동체를 만드는 일이 동아시아에서도 가능하다면 그것은 유럽의 경우처럼 새로운 인민을 건설하는 일에서 시작해야 하는 것일지도 모른다. 유럽연합이 유럽연합을 건설하면서 맞았던 각종 도전들을 체계적으로 보여 주고 있는 『인민』은 우리가 앞으로 있을지도 모를 도전적 과제에 맞설 때 필요한 단초들을 제공하고 있다.

돌이켜 보면 박사논문을 쓰며 『인민』을 만났으니 이 책을 만난 지도 꽤 오랜 시간이 지났다. 출간을 손꼽아 기다리며 받아 본 이 책을 꼭 우리말로 옮기고 싶었고 그 와중에 그린비에 판권이 있다는 사실을 알게 되었다. 이 책의 번역을 의뢰했을 때 조금의 주저함도 없이 번역을 맡겨 준 그린비에 감사드린다. 더불어 친절하고도 꼼꼼하게 교정을 보아 주신 김현정 선생님께도 고마운 맘을 전한다. 이 젊고 밝은 편집자의 상냥하고도 집요한 질문 공세가 이 역서의 마무리에 큰 힘이 되었음을 밝혀 둔다. 마지막으로 한국어판 서문을 흔쾌히 써 준 마거릿 캐노번에게도 고개 숙여 고마운 맘을 건넨다. 이 번역서가 통일 시대 및 지구화 시대의 인민의 재구성의 문제를 이해하는 데 있어 조금이라도 도움이 되길 바라는 마음으로 글을 접는다. 최선을 다했다. 그래서 좋은 여름이다.

2015년 여름

김만권

참고문헌

Ackerman, B. 1991: *We the People I: Foundations*, Cambridge, Mass.: Harvard University Press.

_____ 1998: *We the People II: Transformations*, Cambridge, Mass.: Harvard University Press.

Allcock, J. B. 1971: "Populism: A Brief Biography", *Sociology*, vol.5, 371-387.

Anderson, B. 1983: *Imagined Communities: Reflections on the Origin and Spread of Nationalism*, London: Verso.

Archibugi, D. and Held, D. (eds.) 1995: *Cosmopolitan Democracy: An Agenda for a New World Order*, Cambridge: Polity.

Arendt, H. 1963: *On Revolution*, London: Faber and Faber.

_____ 1970: *On Violence*, London: Allen Lane.

_____ 1972: *Crises of the Republic*, San Diego: Harcourt Bruce.

_____ 1998: *The Human Condition*, Chicago: University of Chicago Press.

Aristotle. 1992: *The Politics*, ed. T. J. Saunders, London: Penguine.

Ashcraft, R. 1986: *Revolutionary Politics and Locke's Two Treaties of Government*, Princeton: Princeton University Press.

Augustine, Saint. 1998: *The City of God Against Pagans*, ed. R. W. Dyson, Cambridge: Cambridge University Press.

Bachrach, P. 1967: *The Theory of Democratic Elitism: A Critique*, Boston: Little Brown.

Baehr, P. 1998: *Ceasar and the Fading of the Roman World: A Study in Republicanism and Caesarism*, New Burnswick, NJ: Transaction.

Bagdanor, V. 1994: "Western Europe", eds. D. Butler and A. Ranny, *Referen-*

dums Around the World: The Growing Use of Direct Democracy, London: Macmillan, 24-97.

Bagehot, W. 1872: *The English Constitution*, 2nd edn., London: Henry S. King.

Bailyn, B. 1967: *The Ideological Origins of the American Revolution*, Cambridge, Mass.: Harvard University Press.

Bakuniakm, G. and Nowak, K. 1987: "The Creation of a Collective Identity in a Social Movement: The Case of 'Solidarnosc' in Poland", *Theory and Society*, vol.16, 401-429.

Barber, B. 1984: *Strong Democracy: Participatory Politics for a New Age*, Berkeley: University of California Press.

Barry, B. and Goodin, R. E. (eds.) 1992: *Free Movement: Ethical Issues in the Transactional Mifration of People and of Money*, New York: Harvester Wheatheaf.

Beer, S. H. 1993: *To Make a Nation: The Rediscovery of American Federalism*, Cambridge, Mass.: Harvard University Press.

Betz, H.-G. 1994: *Radical Right-Wing Populism in Western Europe*, London: Macmillan.

_____ 2002: "Conditions Favouring the Success and Failure of Radical Right-Wing Populist Parties in Contemporary Democracies", eds. Yves Mény and Yves Surel, *Democracies and the Populist Challenge*, New York: Palgrave, 197-213.

Biagini, E. F. 2000: *Gladstone*, London: Macmillan.

Billington, J. H. 1980: *Fire in the Minds of Men: Origins of the Revolutionary Faith*, London: Temple Smith.

Black, A. 1980: "Society and the Individual from the Middle Ages to Rousseau: Philosophy, Jurisprudence and Constitutional Theory", *History of Political Thought*, vol.1, 145-166.

_____ 1992: *Political Thought in Europe 1250-1450*, Cambridge: Cambridge University Press.

Blackstone, Sir W. 2001: *Commentaries on the Laws of England*, ed. W. Morrtison, vol.I, London: Cavendish.

Blau, J. L. (ed.) 1947: *Social Theories of Jacksonian Democracy: Representative Writings of the Period 1825-1850*, New York: Hafner.

Bogdanor, V. 1994: "Western Europe", eds. D. Butler and A. Ranney, *Referendums Around the World: The Growing Use of Direct Democracy*, London: Macmillan, 24-97.

Bohman, J. and Rehg, W. (eds.) 1997: *Deliberative Democracy: Essay on Reason and Politics*, Cambridge, Mass.: MIT Press.

Bonwick, C. 1977: *English Radicals and the American Revolution*, Chapel Hill: University of North Carolina Press.

Boorstin, D. J. 1988: *The Americans: The National Experience*, London: Cardinal.

Bourdieu, P. 1991: *Language and Symbolic Power*, Cambridge: Polity.

Bright, J. 1868: *Speeches on Questions of Public Policy*, vol.2, ed.J. E. Thorol Rogers, London: Macmillan.

Brubaker, R. 1996: *Nationalism Reframed: Nationhood and the National Question in the New Europe*, Cambridge: Polity.

Bryce, J. 1888: *The American Commonwealth*, London: Macmillan.

Budge, I. 1996: *The New Challenge of Direct Democracy*, Cambridge: Polity.

Burgh, J. 1971: *Political Disquisitions*, vols.I-III, New York: Da Capo Press.

Burke, E. 1834: *The Works of the Right Hon*, vol.I, London: Holdsworth and Ball.

Butler, D. and Ranney, A. (eds) 1978: *Referendums: A Comparative Study of Practice and Theory*, Washington, DC: American Enterprise Institute.

_____ (eds) 1994; *Referendums Around the World: The Growing Use of Direct Democracy*, London: Macmillan.

Butterfield, H. 1949: *George III, Lord North and the People, 1779-80*, London: G. Bell and Sons.

Calhoun, C. 1982: *The Question of Class Struggle: Social Foundations of Popular Radicalism during the Industrial Revolution*, Oxford: Blackwell.

Canning, J. 1980: "The Corporation in the Theory of the Italian Jurists", *History of Political Thoughts*, vol.1, 9-32.

_____ 1988: "Law, Sovereignty and Corporation Theory 1300-1450", ed. J. H. Burns, *The Cambridge History of Medieval Political Thought, c.350-c.1450*, Cambridge: Cambridge University Press.

_____ 1996: *A History of Medieval Political Thought, 350-1450*, London: Routledge.

Canovan, M. 1977: *G. K. Chesterton: Radical Populist*, New York: Harcourt Brace Javanovich.

_____ 1981: *Populism*, London: Junction Books.

_____ 1982: "Two Strategies for the Study of Populism", *Political Studies*, vol.30, 544-552.

_____ 1984: "'People', Politicians and Populism", *Government and Opposition*, vol.19, 312-327.

_____ 1990: "On Being Economical with the Truth: Some Liberal Reflections", *Political Studies*, vol.38, 5-19.

_____ 1996: *Nationhood and Political Theory*, Cheltenham: Edward Elgar.

_____ 1998: "Crusaders, Sceptics and the Nation", *Journal of Political Ideologies*, vol.3, 237-253.

_____ 1999: "Trust the People! Populism and the Two Faces of Democracy", *Political Studies*, vol.47, 2-16.

_____ 2000: "Patriotism is Not Enough", *British Journal of Political Science*, vol.30, 413-432.

_____ 2002a: "Taking Politics to the People: Populism as the Ideology of Democracy", eds. Mény and Surel, *Democracies and the Populist Challenge*, New York: Palgrave, 25-44.

_____ 2002b: "Democracy and Nationalism", eds. A. Carter and G. Stokes, *Democratic Theory Today*, Cambridge: Polity, 149-170.

_____ 2002c: "The People, the Masses, and the Mobilization of Power: The Paradox of Hannah Arendt's 'Populism'", *Social Research*, vol.69, 187-206.

_____ 2004: "Populism for Political Theorists?", *Journal of Political Ideologies*, vol.9, 241-252.

Carter, A. 2001: *The Political Theory of Global Citizenship*, London: Routledge.

Cassese, A. 1995: *Self-Determination of Peoples: A Legal Reappraisal,* Cambridge: Cambridge University Press.

Chesterton, G. K. 1933: *Collected Poems*, London: Nethuen.

Cicero 1999: *On the Commonwealth*, ed.J. E. G. Zetzel, Cambridge: Cambridge University Press.

Cohen, J. 1997: "Deliberation and Democratic Legitimacy", eds. J. Bohman and W. Rehg, *Deliberative Democracy: Essay on Reason and Politics*, Cambridge, Mass.: MIT Press, 67-91.

_____ 1998: "Democracy and Liberty". ed.J. Elster, *Deliberative Democracy*, Cambridge: Cambridge University Press, 185-231.

Cole, G. D. H. 1948: *A History of the Labour Party from 1914*, London: Routledge and Kegan Paul.

Commager, H. S. (ed.) 1949: *Documents of American History,* 5th edn, New York: Appleton-Century-Crofts.

_____ (ed.) 1951: *Living Ideas in America*, New York: Harper and Bros.

Crook, D. P. 1965: *American Democracy in English Politics 1815-1850*, Oxford: Oxford University Press.

Dahrendorf, R. 1990: *Reflections on the Revolution in Europe*, London: Chatto and Windus.

Della Porte, D. and Diani, M. 1999: *Social Movements: An Introduction*, Oxford: Blackwell.

Derathé, R. 1950: *Jean-Jacques Rousseau et la Science Politique de son Temps*, Paris: Presses Universitaires de France.

Di Tella, 1997: "Populism into the Twenty-first Century", *Government and Opposition*, vol.32, 187-200.

Dornbusch, R. and Edwards, S. 1990: "Macroeconomic Populism", *Journal of Development Economics*, vol.32, 247-277.

Dryzek, J. S. 2000: *Deliberative Democracy and Beyond: Liberals, Critics, Contestations*, Oxford: Oxford University Press.

Dufour, A. 1991: "Pufendorf", eds. J. H. Burns and M Goldie, *The Cambridge History of Political Thought, 1450-1700*, Cambridge: Cambridge University Press.

Dunbabin, J. 1988: "Government(c.1150-1450)", ed. J. H. Burns, *The Cambridge History of Medieval Political Thought, c.350-1450*, Cambridge: Cambridge University Press, 477-519.

Elster, J. (ed.) 1998: *Deliberative Democracy*, Cambridge: Cambridge University Press, 185-231.

Epstein, J. A. 1994: *Radical Expression: Political Language, Ritual and Symbol in England, 1790-1850*, Oxford: Oxford University Press.

Feldherr, A. 1998: *Spectacle and Society in Livy's History*, Berkeley: University of California Press.

Filmer, Sir R. 1949: *Patriarcha and Other Political Writings*, ed. P. Laslett, Oxford: Basil Blackwell.

Finley, M. I. 1983: *Politics in the Ancient World*, Cambridge: Cambridge University Press.

Fishkin, J. 1991: *Democracy and Deliberation: New Directions for Democratic Reform*, New Haven: Yale University Press.

_____ 1995: *The Voice of the People: Public Opinion and Democracy*, New Haven: Yale University Press.

Folz, R. 1974: *The Coronation of Charlemagne*, London: Routledge and Kegan Paul.

Foote, G. 1985: *The Labour Party's Political Thought: A History*, London: Croom Helm.

Fortescue, Sir J. 1997: *On the Laws and Governance of England*, ed. S. Lockwood, Cambridge: Cambridge University Press.

Franklin, J. H. 1978: *John Locke and the Theory of Sovereignty*, Cambridge: Cambridge University Press.

Franklin, M. N., Van der Eijk, C. and Marsh, M. 1995: "Referendum Outcomes and Trust in Government: Public Support for Europe in the Wake of Maastrich", ed. J. Hayward, *The Crisis of Representation in Europe*, London: Frank Cass, 101-117.

Freeden, M. 1996: *Ideologies and Political Theory: A Conceptual Approach*, Oxford: Clarendon Press.

Gallagher, M. and Uleri, P. V. (eds) 1996: *The Referendum Experience in Europe*, London: Macmillan.

Garton Ash, T. 1990: *We the People: The Revolution of 1989 Witnessed in Warsaw, Budapest, Berlin and Prague*, Cambridge: Grante.

Gierke, O. 1950: *Natural Law and the Theory of Society 1500-1800*, ed. E. Barker, Boston: Beacon Press.

Gilbert, M. (ed.) 1968: *Lloyd George*, Englewood Cliffs, NJ: Prentice Hall.

Goldie, M. 1980: "The Roots of True Whiggism 1688-94", *History of Political Thought*, vol.1, 195-236.

Goldworthy, J. 1999: *The Sovereignty of Parliament: History and Philosophy*, Oxford: Oxford University Press.

Goodwyn, L. 1976: *Democratic Promise: The Populist Moment in America*, New York: Oxford University Press.

_____ 1991: *Breaking the Barrier: The Rise of Solidarity in Poland*, New York: Oxford University Press.

Gordon, T. 1737: *The Works of Tacitus, with Political Discourses*, London.

Gough, J. W. 1936: *The Social Contract*, Oxford: Oxford University Press.

Greenfeld, L. 1992: *Nationalism: Five Roads to Modernity*, Cambridge, Mass.: Harvard University Press.

Grimm, D. 1995: "Does Europe Need a Constitution?", *European Law Journal*, vol.1, 282-302.

Habermas, J. 1994: "Three Normative Models of Democracy", *Constellations*, vol.1. 1-10.

_____ 1995: "Remarks on Dieter Grimm's 'Does Europe Need a Constitution?'",

European Law Journal, vol.1. 303-307.

_____ 1996a: "Citizenship and National Identity", *Between Facts and Norms: Contributions to a Discourse Theory of Law and Democracy*, Cambridge, Mass.: MIT Press.

_____ 1996b: "Popular Sovereignty as Procedure", *Between Facts and Norms: Contributions to a Discourse Theory of Law and Democracy*, Cambridge, Mass.: MIT Press.

_____ 1999: "European Nation-State and the Pressures of Globalization", *New Left Review*, vol.235, 46-59.

_____ 2001: "Why Europe Needs a Constitution", *New Left Review, Second Series*, vol.11, 5-26.

Haider, J. 1995: *The Freedom I Mean*, Pine Plains, NY: Swan Books.

Hallis, F. 1930: *Corporate Personality: A Study in Jurisprudence*, London: Oxford University Press.

Hamilton, A., Jay, J. and Madison, J. 1886: *The Federalist: A Commentary on the Constitution of the United States*, London: T. Fisher Unwin.

Hayward, J. (ed.) 1995: *The Crisis of Representation in Europe*, London: Frank Cass.

Hazlitt, W. 1991: *Selected Writings*, ed. J. Crook, Oxford: Oxford University Press.

Hicks, J. D. 1961: *The Populist Revolt*, Lincoln: University of Nebraska Press.

Hill, C. 1968: "The Norman Yoke", *Puritanism and Revolution*, London: Panther Books, 58-125.

_____ 1974: *The Many-Headed Monster: Change and Continuity in Seventh-Century England*, London: Weidenfeld and Nicolson, 181-204.

Hobbes, T. 1960: *Leviathan*, ed. M. Oakeshott, Oxford: Basil Blackwell.

_____ 1983: *De Cive*, ed. H. Warrender, Oxford: Clarendon Press.

Hofstadter, R. 1964: *Anti-Intellectualism in American Life*, London: Jonathan Cape.

_____ 1968: *The Age of Reform: From Bryan to F. D. R*, New York: Alfred A. Knopf.

Holden, B. 1993: *Understanding Liberal Democracy*, 2nd edn., New York: Haverster Wheatsheaf.

_____ (ed.) 2000: *Global Democracy: Key Debates*, London: Routledge.

Holmes, S. 1995: *Passion and Constraints: On the Theory of Liberal Democracy*, Chicago: University of Chicago Press.

Holton, S. S. 1986: *Feminism and Democracy: Women's Suffrage and Refrom Politics in Britain, 1900-1918*, Cambridge: Cambridge University Press.

Homo, L. 1929: *Roman Political Institutions from City to State*, London: Kegan Paul, Trench, Trubner.

Hont, I. 1994: "The Permanent Crisis of a Divided Mankind: 'Contemporary Crisis of the Nation State' in Historical Perspective", *Political Studies*, vol.42, Special Issue, 166-231.

Horace 1994: *Epistles*, Book.I, ed. R. Mayer, Cambridge: Cambridge University Press.

Hutchings, K. and Dnnreuther, R. (eds) 1999: *Cosmopolitan Citizenship*, Basingstoke: Macmillan.

Immerfall, S. 1998: "Conclusion: The Neo-Populist Agenda", eds. H-G. Betz and S. Immerfall, *The New Politics of the Right: Neo-Populist Parties and Movements in Established Democracies*, London: Macmillan, 249-261.

Ionescu, g. and Gellner, E. (eds) 1969: *Populism: Its Meanings and National Characteristics*, London: Weidenfeld and Nicholson.

Jackson, R. 1999. "Introduction: Sovereignty at the Millennium", *Political Studies*, vol.47, Special Issue, 423-456.

Johannsen, R. W. (ed.) 1965: *The Union in Crisis, 1850-1877*, New York: The Free Press.

Joyce, P. 1991: *Visions of the People: Industrial England and the Question of Class, 1848-1941*, Cambridge: Cambridge University Press.

______ 1994: *Democratic Subjects: The Self and the Social in Nineteenth-Century England*, Cambridge: Cambridge University Press.

Kantorowicz, E. 1957: *The King's Two Bodies: A Study in Medieval Political Theology*, Princeton: Princeton University Press.

Kazin, M. 1995: *The Populist Persuasion: An American History*, New York: Basic Books.

Kingdom, R. M. 1991: "Calvinism and Resistance Theory, 1550-1580", eds. J. H. burns and M. Goldie, *The Cambridge History of Political Thought, 1450-1700*, Cambridge: Cambridge University Press, 218-253.

Knight, J. and Johnson, J. 1994: "Aggregation and Deliberation: On the Possibility of Democratic Legitimacy", *Political Theory*, vol.22, 277-296.

Kobach, K. W. 1993: *The Referendum: Direct Democracy in Switzerland*, Aldershot: Dartmouth.

Koselleck, R. 1985: *Futures Past*, ed. K. Tribe, Cambridge, Mass.: MIT Press.

Kymlicka, W. 1995: *Multicultural Citizenship*, Oxford: Oxford University Press.

Laba, R. 1991: *The Roots of Solidarity: A Political Sociology of Poland's Working-Class Democratization*, Princeton: Princeton University Press.

Laclau, E. 1979: *Politics and Ideology in Marxist Theory-Capitalism-Fascism -Populism*, London: Verso.

_____ 2005: "Populism: What's in a Name?" ed. F. Panizza, *Populism and the Mirror of Democracy*, London: Verso, 32-49.

Lawson, G. 1992: *Politica Secra et Civilis*, Cambridge: Cambridge University Press.

Lefort, C. 1986: *Political Forms of Modern Society: Bureaucracy, Democracy, Totalitarianism*, Cambridge: Polity.

Linder, W. 1994: *Swiss Democracy: Possible Solution to Conflict in Multicultural Societies*, New York: St. Martin's Press.

Linklater, A. 1998: *The Transformation of Political Community*, Cambridge: Polity.

_____ 1999: *Cosmopolitan Citizenship*, eds. K. Hutchings and R. Dannreuther, Basingstoke: Macmillan, 35-59.

Lintott, A. 1999: *The Constitution of the Roman Republic*, Oxford: Oxford University Press.

Lipset, S. M. and Raab, E. 1971: *The Polity of Unreason: Right-Wing Extremism in America, 1790-1970*, London: Heinemann.

Livius, T. 1974: *Ab Urbe Condita*, vol.I, Oxford: Clarendeon Press.

Locke, J. 1964: *Two Treaties of Government*, ed. P. Laslett, Cambridge: Cambridge University Press.

Lovett, W. and Collins, J. 1969: *Chartism: A New Organization of the People*, New York: Humanities Press.

Machiavelli, N. 1970: *The Discourses*, ed. B. Crick, Harmondsworth: Penguin.

Mack, M. P. (ed.) 1969: *A Bentham Reader*, New York: Pegasus.

Magleby, D. B. 1984: *Direct Legislation: Voting on Ballot Propositions in the United States*, Baltimore: Johns Hopkins University Press.

Mair, P. 2002: "Populist Democracy Versus Party Democracy", eds. Mény and Surel, *Democracies and the Populist Challenge*, New York: Palgrave, 81-98.

Manin, B. 1987: "On Legitimacy and Political Deliberation", *Political Theory*, vol.15, 338-368.

_____ 1997: *The Principles of Representative Government*, Cambridge: Cambridge University Press.

Manning, P. 1992: *The New Canada*, Toronto: Macmillan.

Marcus, J. 1995: *The National Front and French Politics*, London: Macmillan.

Marshall, J. 1994: *John Locke: Resistance, Religion and Responsibility*, Cambridge: Cambridge University Press.

McLean, I. 1989: *Democracy and New Technology*, Cambridge: Polity.

McMath, R. C. 1993: *American Populism: A Social History 1877-1898*, New York: Hill and Wang.

Mény, Y. and Surel, Y. 2000: *Par le peuple, pour le people: Le populisme et les démocraties*, Paris: Fayard.

______ (eds) 2002: *Democracies and the Populist Challenge*, New York: Palgrave, 139-154.

Michelet, J. 1967: *History of the French Revolution*, Chicago: University of Chicago Press.

Michelman, F. I. 1997: "How Can the People Ever Make the Laws? A Critique of Deliberative Democracy", eds. J. Bohman and W. Rehg, *Deliberative Democracy: Essay on Reason and Politics*, Cambridge, Mass.: MIT Press, 145-471.

Mill, J. S. 1962: *Considerations on Representative Government*, Chicago: Henry Regnery.

Millar, F. 1998: *The Crowd in Rome in the Late Republic*, Ann Arbor: University of Michigan Press.

______ 2002: *The Roman Republic in Political Thought*, Brandeis: University Press of New England.

Miller, D. 1993: "Deliberative Democracy and Social Choice", ed. D. Held, *Prospects for Democracy: North, South, East, West*, Cambridge: Cambridge University Press.

______ 1999: "Bounded Citizenship", eds. K. Hutchings and R. Dannreuther, *Cosmopolitan Citizenship*, Basingstoke: Macmillan, 60-80.

Morgan, E. 1988: *Inventing the People: The Rise of Popular Sovereignty in England and America*, New York: W. W. Norton.

Mudde, C. 2002: "In the Name of the Peasantry, the Proletariat, and the People: Populism in Eastern Europe", eds. Mény and Surel, *Democracies and the Populist Challenge*, New York: Palgrave, 214-232.

Müller, W. 2002: "Evil or the 'engine of democracy'? Populism and Party Competition in Austria", eds. Mény and Surel, *Democracies and the Populist Challenge*, New York: Palgrave, 155-175.

Musgrave, T. D. 1997: *Self-Determination and National Minorities*, Oxford: Oxford University Press.

Nussbaum, M. et al. 1996: *For Love of Country: Debating the Limits of Patriotism*, Boston, Mass.: Beacon Press.

Oakeshott, M. 1996: *The Politics of Faith and the Politics of Scepticism*, New Haven: Yale University Press.

O'Brien, C. C. 1988: *God Land: Reflection on Religion and Nationalism*, Cambridge, Mass.: Harvard University Press.

Oldfield, A. 1990: *Citizenship and Community: Civic Republicanism and the Modern World*, London: Routledge.

Orwell, G. 1941: *The Lion and the Unicorn: Socialism and the English Genius*, London: Secker and Warburg.

Paine, T. 1989: *Political Writings*, ed. B. Kuklick, Cambridge: Cambridge University Press.

Palmer, R. R. 1959: *The Age of the Democratic Revolution*, vol.I, Princeton: Princeton University Press.

Pitkin, H. 1967: *The Concept of Representation*, Berkeley: University of California Press.

Pocock, J. G. A. 1975: *The Machiavellian Moment: Florentine Political Thought and the Atlantic Republican Tradition*, Princeton: Princeton University Press.

_____ 1987: "The Concept of Language and the Metier D'historien", ed. A. Pagden, *The Languages of Political Theory in Early-Modern Europe*, Cambridge: Cambridge University Press.

_____ 1992: "Introduction", J. Harrington, *The Commonwealth of Oceana and A System of Politics*, Cambridge: Cambridge University Press.

Pole, J. R. 1978: *The Pursuit of Equality in American History*, Berkeley: University of California Press.

Pollack, N. (ed.) 1967: *The Populist Mind*, Indianapolis: Bobbs-Merrill.

Pufendorf, S. 1717: *Of the Law of Nature and Nations*, London: Printed for R. Sare et al.

Rahe, P. 1992: *Republics Ancient and Modern: Classical Republicanism and the American Revolution*, Chapel Hill: University of North Carolina Press.

Rawls, J. 1972: *A Theory of Justice*, Oxford: Oxford University Press.

Reich, J. 1990: "Reflection on Becoming an East German Dissident, on Losing the Wall and a Country", ed. G. Prins, *Spring in Winter: The 1989 Revolu-*

tions, Manchester: Manchester University Press, 65-97.

Reid, J. P. 1989: *The Concept of Representation in the Age of the American Revolution*, Chicago: Chicago University Press.

Reynolds, S. 1984: *Kingdom and Communities in Western Europe, 900-1300*, Oxford: Oxford University Press.

_____ 1995: *Ideas and Solidarities of the Medieval Laity*, Aldershot: Variorum.

Richardson, H. S. 1997: "Democratic Intentions", eds. J. Bohman and W. Rehg, *Deliberative Democracy: Essay on Reason and Politics*, Cambridge, Mass.: MIT Press. 349-382.

Riker, W. 1982: *Liberalism Against Populism: A Confrontation Between the Theory of Democracy and the Theory of Social Choice*, San Francisco: W. H. Freeman.

Robbins, C. 1959: *The Eighteenth-Century Commonwalthman,* Cambridge: Mass.: Harvard University Press.

Rousseau, J. J. 1911: *Emile*, London: Dent.

_____ 1962: *The Political Writings*, 2 vols., ed. C. E. Waughan, Oxford: Basil Blackwell.

_____ 1987: "On the Social Contract", ed. D. A. Cress, *Basic Political Writings*, Indianapolis: Hackett.

Salmon, J. H. M. 1991: "Catholic Resistance Theory, Ultramontanism, and the Royalist Response, 1580-1620", eds. J. H. burns and M. Goldie, *The Cambridge History of Political Thought, 1450-1700*, Cambridge: Cambridge University Press, 218-253.

Sartori, G. 1962: *Democratic Theory*, Detroit: Wayne State University Press.

Saward, M. 1998: *The Terms of Democracy*, Cambridge: Polity.

Schaar, J. H. 1981: *Legitimacy in the Modern State*, New Burnswick: Transaction.

Schnapper, D. 1994: *La communauté des citoyens: sur l'idée moderne de la nation*, Paris Gallimard.

Schöpflin, G. 1997: "The Function of Myth and a Taxonomy of Myth", eds. G. Hosking and G. Schöpflin, *Myth and Nationhood*, London: Hurst, 19-37.

Shakespeare, W. 1967: *Coriolanus*, London: Penguin Books.

Sharp, A. (ed.) 1998: *The English Levellers*, Cambridge: Cambridge University Press, 412-442.

Shils, E. 1956: *The Torment of Secrecy*, London: William Heinemann.

Skinner, Q. 1978: *The Foundations of Modern Political Thought*, Cambridge:

Cambridge University Press.
Smith, G. 1976: "The Functional Properties of the Referendum", *European Journal of Political Research*, vol.4, 1-23.
Smith, R. M. 2003: *Stories of Peoplehood: The Politics and Morals of Political Membership*, Cambridge: Cambridge University Press, 412-442.
Sorel, G. 1950: *Reflection on Violence*, New York: Collier Books; London: Macmillan.
Stedman Jones, G. 1983: *Languages of Class: Studies in English Working Class History, 1823-1982*, Cambridge: Cambridge University Press, 412-442.
Surel, Y. 2002: "Populism in the French Party System", eds. Mény and Surel, *Democracies and the Populist Challenge*, New York: Palgrave, 139-154.
Taggart, P. 1995: "New Populist Parties in Western Europe", *West European Politics*, vol.18, 34-51.
_____ 2000: *Populism*, Buckinghan: Open University Press.
_____ 2002: "Populism and the Pathology of Representative Politics", eds. Mény and Surel, *Democracies and the Populist Challenge*, New York: Palgrave, 62-80.
Talmon, J. L. 1952: *The Origins of Totalitarian Democracy*, Lodnon: Secker and Warburg.
Tarchi, M. 2002: "Populism Italian Style", eds. Mény and Surel, *Democracies and the Populist Challenge*, New York: Palgrave, 120-138.
Telos, 20 March 1991: "The Empire Strikes Out: A Roundtable on Populist Politics", no.87, 3-37.
_____ 20 June 1991: "Populism vs. the New Class", no.88, 2-36.
The Economist, 27 April 2002: "After the Cataclysm", 25-27.
_____ 4 May 2002: "Political Games", 14-16.
Thom, M. 1995: *Republics, Nations and Tribes*, London: Verso.
Thomson, E. P. 1963: *The Making of English Working Class*, London: Victor Gollancz.
Tierney, B. 1982: *Religion, Law, and the Growth of Constitutional Thought, 1150-1650*, Cambridge: Cambridge University Press, 218-253.
Tocqueville, A. de. 1862: *Democracy in America*, 2 vols, trans. H. Reeve, London: Longman, Green, Longman, and Robert.
Touraine, A., Dubet, f. Wieviorka, M. and Strzelecki, J. et al. 1983: *Solidarity: The Analysis of a Social Movement*, Cambridge: Cambridge University Press.

Tuck, R. 1979: *Natural Rights Theories: Their Origin and Development*, Cambridge: Cambridge University Press.

______ 1991: "Grotius and Selden", eds. J. h. Burns and M. Goldie, *The Cambridge History of Political Thought, 1450-1700*, Cambridge: Cambridge University Press, 499-529.

Tudor, H. 1972: *Political Myth*, London: Pall Mall.

Tymowski, A. W. 1991~1992: "Workers vs. Intellectuals in Solidarnosc", *Telos*, pp.157~174.

Ullmann, W. 1965: *A History of Political Thought in the Middle Ages*, Harmondsworth: Penguin.

Venturi, F. 1960: *The Root of Revolution*, London: Wiedenfeld and Nicholson.

Viroli, M. 1995: *For Love of Country: An Essay on Patriotism and Nationalism*, Oxford: Oxford University Press.

Walker, R. B. J. 1999: "Citizenship after the Modern Subject", eds. K. Hutchings and R. Dannreuther, *Cosmopolitan Citizenship*, Basingstoke: Macmillan, 171-200.

Ware, A. 2002: "The United States: Populism as Political Strategy", eds. Mény and Surel, *Democracies and the Populist Challenge*, New York: Palgrave, 101-119.

Warren, M. 2002: "Deliberative Democracy", eds. A. Carter and G. Stokes, *Democratic Theory Today*, Cambridge: Polity, 173-202.

Weale, A. 1999: *Democracy*, London: Macmillan.

Weiler, J. H. H. 1995: "Does Europe Need a Constitution? Demos, Telos, and the German Maastricht Decision", *European Law Journal*, vol.1, 219-258.

Westlind, D. 1996: *The Politics of Popular Identity: Understanding Recent Populist Movement in Sweden and the United States*, Lund: Lund University Press.

Whelan, F. G. 1983: "Democratic Theoy and the Boundary Problem", eds. J. R. Pennock and J. W. Chapman, *Liberal Democracy*, Nomos 25, New York: New York University Press, 13-42.

Wolin, S. 1994: "Fugitive Democracy", *Constellations*, vol.1, 11-25.

Wood, G. S. 1992: *The Radicalism of the American Revolution*, New York: Alfred A. Knopf.

Wootton, D. (ed.) 1986: *Divine Right and Democracy: An Anthology of Political Writing in Stuart England*, London: Penguin.

______ 1991: "Leveller Democracy and the Puritan Revolution", eds. J. H. Burns and M. Goldie, *The Cambridge History of Political Thought, 1450-1700*, Cambridge: Cambridge University Press, 412-442.

_____ 1993 (ed.): "Introduction", J. Locke, *Political Writings*, London: Penguin.

Wortman, R. 1967: *The Crisis of Russian Populism*, Cambridge: Cambridge University Press.

Yack, B. 1996: "The Myth of the Civic Nation", *Critical Review*, vol.10, 193-211.

_____ 2001: "Popular Sovereignty and Nationalism", *Political Theory*, vol.29, 517-536.

_____ 2012: *Nationalism and the Moral Psychology of Community*, Chicago: The University of Chicago Press, 2012.

찾아보기

【ㅁ】

【ㅂ·ㅅ】

【ㅇ】

【ㅈ·ㅊ】

【ㅋ·ㅌ·ㅍ·ㅎ】